한국융연구원연구총서 1

Studies from C.G.Jung Institute of Korea on Analytical Psychology 1:

Analytical Psychology and Christian Mysticism

분석심리학과 기독교 신비주의

김성민 저

학지사

한국융연구원 연구총서 첫 권 발간에 부쳐

한국융연구원은 C. G. 융의 분석심리학을 전문적으로 연구·수련하기 위하여 1997년 설립된 교육, 연구 및 상담기관입니다. 그동안 이 연구원은 국제적으로 공인된 교육수련을 해 오면서 크고 작은 연구 성과들을 축적해 왔습니다. 그것은 연구원들이 필수적으로 거쳐야 할 세미나에서 발표되고, 논평과 지도를 통해 수정·보완된 꿈에 나타난 원형적 상징에 대한 에세이, 전문 과정 연구원의 세미나 발표인 민담의 분석심리학적 해석에 관한 논문, 그리고 문화현상이나 임상사례를 분석심리학적으로 분석·고찰하고 엄격한 심사를 통과한 본 연구원의 수료 논문들입니다.

한국융연구원 평의원회에서는 일찍부터 이들 연구물을 토대로 본원 교수진들이 참여한 연구총서를 차례로 발간할 계획을 세워 왔습니다. 그런데 마침 학지사에서 그 취지를 이해하여 본원의 연구총서의 간행을 흔쾌히 받아들여 그 첫 권이 세상에 나오게 되었으니 무엇보다 기쁘고 또한 감사한 마음입니다. 저자 김성민 교수가 본원 수료논문인 「J.-M 드 귀용의 신비체험에 대한 분석심리학적 고찰」을 포함한 기독교 신비체험에 관한 논문으로 '제6회 소망학술상'을 받으면서 그 출판을 서두르게 된 것 또한 한국융연구원의 연구총서 발간을 앞당기는 계기를 마련했습니다. 김성민 교수의 논문을 연구원 총서 첫 권에 포함시키자는 제안을 주저 없이 응낙해 주신 점에 대해 평의원회를 대표하여 깊이 감사드립니다.

김성민 교수는 일찍이 프랑스 스트라스부르 대학에서 융에 관한 논문으로 학위를 받았고, 프랑스인 분석가로부터 분석을 받는 등 분석심리학에 깊은 관심을 기울이고 있던 중 한국융연구원 설립 후 한국융연구원에 입문하여 근 10년의 수련을 마치고, 2009년 2월 본원 수료와 함께 국제적으로 공인된 융 학파 분석가가 되셨습니다. 그의 성실, 근면함과 학문적인 철저함이 이 책에 실린 그의 논문 구석구석에 배어 있음을 독자들은 느낄 것입니다. C. G. 융이 항상 강조한 바와 같이 종교적 체험의 중요성을 알고 '덮어놓고 믿는 종교'를 넘어 '생각하는 종교', 앎으로써 더욱 깊어지는 믿음을 바라는 적지 않은 사람들에게 이 책이 많은 깨우침을 줄 것으로 확신합니다.

끝으로 한국융연구원 연구총서의 첫 단추를 끼우는 편집 작업에서 번거로움을 마다 않고 전향적으로 협조해 주신 학지사 편집부 여러분의 노고에 깊은 감사를 드립니다. 한국융연구원 연구총서의 간행을 전적으로 수용해 주신 학지사 사장님께 거듭 감사를 드리고, 앞으로 제2, 제3의 연구총서를 좋은 내용과 체제로 독자들에게 선보일 것을 약속합니다.

2012년 2월
한국융연구원 평의원회를 대표하여
이 부 영

서 문

모든 종교의 창시자들은 일상적이지 않은 체험을 하였고, 그 종교들은 그들을 이은 후대의 신비가들을 통하여 계속해서 풍부해졌다. 그러나 이상한 것은 모든 종교에서 신비주의를 수상하게 생각하였고, 심지어 억압하기까지 했다는 점이다. 그 이유는 신성의 깊은 곳까지 체험하지 못하고 떠드는 일부 신비주의자들의 탓도 있지만, 근본적인 이유는 신비주의가 본래 인간의 이성으로는 도저히 파악할 수 없는 '신비'에 대해서 말하기 때문일 것이다. 신비가들은 여태까지 인식되었던 것보다 더 깊은 인간 실재의 심층, 즉 그동안 무의식에서만 감지되던 실재reality에 대해서 말하기 때문인 것이다. 그러나 프랑스의 철학자 앙리 베르그송이 말한 지속la durée의 관점에서 보면, 인간의 정신은 신비가들의 직관을 통해서 한 단계 더 고양되어 갔음을 알 수 있다. 왜냐하면 신비가들은 생명의 흐름이 장애를 만나서 막혀 있는 지점을 뚫고, 더 높은 단계로 나아가게 해 왔기 때문이다. 그 결과 신비가들은 인간이라는 종種이 더 높은 단계로 진화해 가는데 새로운 전기를 마련해 주었고, 인류는 그들 덕분에 점점 더 높은 정신성을 향해 나아갈 수 있었다.

스위스의 분석심리학자 C. G. 융은 신비가들이 다가갔던 인간 존재의 심층을 그들과 다른 방법으로 다가가려고 하였다. 그는 신비가들이 금욕, 고행, 관상을 통해서 다가갔던 인간의 심연深淵을 꿈, 환상, 증상 등 정신현상과 영지주의나 연금술 등 종교적인 문서를 통해서 다가가려고 했던 것이다. 그때 만나게 되는 것이 집단적 무의식인데, 집단적 무의식은 우리가 꿈이나 환상을 통해서 다가가고, 종교인들이 신적인 존재를 만날 수 있는 영역이다. 그래서 모든 종교의 경전이나 신비가들의 문서에는 이 영역에 대한 진술이 기록되어 있다. 사실 융처럼 종교에 관심을 기울였고, 그에 관해서 논문을 많이 쓴 정신의학자도 없을 것이다. 그가 종교에 관심을 가지고 있었던 이유는 현대 사회에서 정신의학이 탄생하기 전 인간의 정신건강을 담당했던 것이 종교였기 때문이다. 종교는 고대 사회로부터 사람들이 어려움에 봉착했을 때, 그것을 극복해 나아가는 데 힘을 제공하였고, 혹시라도 좌절하는 경우 그것을 이겨낼 수 있는 자원을 제공하였던 것이다. 모든 종교에는 선/악, 길/흉, 정/사를 통합하는 강력한 상징이 있으며, 사람들은 그 상징에 그들이 실제로 존재한다고 믿었던 신의 이미지를 투사하여서 그 도움으로 어려움을 극복해 나갔던 것이다. 그래서 융은 모든 고등종교는 정신치료를 위한 훌륭한 상징체계라고 주장한 바 있다.

여기에서 우리가 다루려는 신비가들 역시 그들에게 다가왔던 삶의 곤경을 극복하는 과정에서 하나님을 깊이 체험하였고, 그 체험을 통해서 곤경을 극복하고 그 전보다 훨씬 더 높은 차원의 삶을 살았다. 신비체험이 그들의 내적 분열을 통합시켰고, 삶 전체를 변환시켰던 것이다. 과거 신비주의에 대한 연구는 대부분 현상학적인 관점에서 이루어졌다. 각각의 신비가들이 어떤 종류의 체험을 하였고, 그 신비현상들은 어떤 것이며, 그것들은 종교적으로 어떤 의미가 있는지 등을 연구하였던 것이다. 그러나 종교심리학에서는 관점을 달리한다. 그들이 그 체험을 하게 된 내적인 동기가 어떤 것이고, 어떻게 내적 분열을 통합시켰으며, 그들이 체험을 통해서 어떻게 정신적 발달을 이루었는지를 고찰하는 것이다. 신비가들의 체험을 철저하게 발달적 관점에서 보면서, 그때 작용했던 상징의 심리학적 의미를 살펴보려는 것이다. 그런 관점에서 볼 때, 위대한 신비가들은 모든 사람이 겪을 수 있는 전형적인 삶의 곤경을 다른 사람보다 더 깊이 겪었고, 그것을 해결하는 과정에서 신적 실재를 더 깊이 체험했던 사람이라고 할 수 있다. 그들 역시 인간이면 어쩔 수 없이 겪어야 하는 고통을 겪었지만, 보통 사람들보다 그것을 더 예민하게 느꼈고, 더 치열하게 싸웠기 때문에 더 깊이 내려갈 수 있었던 것이다. 그래서 그들의 체험은 다른 사람들의 마음 깊은 곳에 커다란 반향을 불러일으켰다.

이 책에서 다루려는 신비가들은 세 명이다. 12세기 이탈리아의 아시시에서 활동했던 성 프란체스코, 17세기 프랑스의 태양 왕 루이 14세 치하에서 활동했던 마담 귀용, 18세기 영국에서 활동했던 종교개혁의 마지막 주자走者 존 웨슬리가 그들이다. 그들의 삶과 체험을 살펴보고, C. G. 융의 분석심리학적 입장에서 조명해 보려고 하는 것이다. 이 세 사람을 선택한 이유는 그들의 체험이 원형적인 체험이었기 때문이다. 그들의 체험 역시 다른 사람들도 다 겪을 수 있는 것이지만, 그들은 본성적인 예민함으로 그들에게 다가온 고통을 더 깊이 겪었고, 그것을 종교체험을 통하여 해결하는 과정에서 인간성의 더 깊은 곳에 도달하였기 때문이다. 그래서 그들은 그다음에 오는 또 다른 신비가들의 마음속에 깊은 울림을 주었고, 그들에게 그들 나름대로의 길을 향해서 나아가게 하였던 것이다. 특히 웨슬리의 체험은 과거에 비해서 의식이 많이 발달한 현대인들이 나아가야 하는 길을 먼저 나아간 것이 아닌가 하는 생각이 든다. 그는 신비경에 머물기보다는 하나님의 말씀을 의식화하여 자신의 몸으로 육화시키려고 했던 것이다.

생명은 지구상에서 탄생한 다음 인간에 이르기까지 여러 가지 어려움을 극복하면서 장구한 역사 속에서 이어져 왔다. 물질적인 부분과 정신적인 부분으로 구성된 생명은 물질적인 부분의 제약 때문에 그 흐름이 막힌 적도 있었지만, 그것이 막힐 때마다 극복하면서 발달해 왔던 것이다. 현대 사회에 들어와 생명의 흐름은 과학기술의 발달 때문에 많은 위협을 받고 있다. 기상이변, 환경파괴, 핵문제 등은 지구상에서 생명체들이 계속해서 존속할 수 있을까 하는 우려를 자아내기도 한다. 그러나 그런 위협들은 과거에도 유형은 다르지만 없지 않았을 것이다. 그러면 이제 현대인들은 역사의 또 다른 국면에서 어떻게 대응할 것인가? 융은 그의 말년에 그런 고뇌를 많이 하면서, 그의 생애 마지막 저서로 《융합의 비의 mysterium coniunctionis》를 펴냈다. 모든 대극對極이 더 높은 차원에서 통합되는 경지를 소망했던 것이다. 이 세상에서 대극 사이의 갈등은 더 높은 차원에서 융합되어야 파괴적인 재난으로 이어지지 않기 때문이다. 신비가들은 그런 융합을 절대의 공간에서 체험했던 사람들이다. 그렇다면 가공할 만한 기술적 능력을 얻은 현대인들은 어떻게 해야 할 것인가? 그의 내면에 있는 창조적인 성향과 파괴로 치달으려는 성향, 에로스의 원리와 권력 의지의 원리 사이를 어떻게 융합할 것인가?

현대 사회에 들어와서 신비체험에 대한 보고는 그 전에 비해서 많이 들리지 않는다. 의식이 발달한 현대인들은 그 전과 다른 방식으로 신적 실재를 체험하기 때문일 것이다. 아니면 신적 실재를 향해서 나아가게 해 주는 상징이 많이 탈령화脫靈化 되어서 그런지도 모른다. 사실이 그렇다면, 현대인들은 그 실재와의 관계를 어떻게 회복할 것인지 고민해야 한다. 그렇지 않을 경우, 현대인들은 일상적인 삶의 무료함에서 벗어나지 못하거나, 불분명한 충동이나 격정에 사로잡히고, 무의미성과 허무감에서 벗어나지 못하는 등 파괴적인 세력에 희생되고 말기 때문이다. 그런 현상을 우리는 현대 세속 사회에 만연되어 있는 불경不敬과 악마적인 현상에서 많이 목격하고 있다. 현대인들이 신적 인간성humanité divine을 잃어버렸기 때문이다. 그런 의미에서 삶의 심층에 다가가려고 했던 신비가들의 체험은 현대인들에게도 많은 의미를 줄 수 있을 것이다.

이 책은 두 가지 의미에서 특별한 책이다. 하나는 한국기독교학회에서 제정한 '제6회 소망학술상'을 수상한 것이고, 다른 하나는 '한국융연구원 연구총서'로 발간되는 것이다. 부족한 책을 선정해 준 한국기독교학회와 '한국융연구원 연구총서'에 포함될 수 있도록 허락한 한국융연구원의 이부영 원장님과 평의원님들께 감사드린다. 아울러서 동 연구총서의 출판을 흔쾌히 허락해 주신 학지사 김진환 사장님께도 감사의 말씀을 드린다.

차 례

한국융연구원 연구총서 첫 권 발간에 부쳐...3

서 문...5

C. G. 융과 기독교 ...15

융의 사상과 그의 아버지의 영향 ...16

프로이트와의 결별과 무의식 체험 ...21

융의 심리학과 종교적 특성 ...31

융의 심리학과 집단적 무의식 및 자기 ...38

융의 심리학과 정신에너지론 ...46

융의 심리학과 심리학적 유형론 ...53

종교와 상징 ...58

결론: 현대 사회의 종교적 상황과 대극의 통합 ...66

참고문헌 ...74

아시시의 성 프란체스코의 회심체험과 분석심리학 ...77

회심체험의 의미와 목적 ...78

회심체험의 의미와 특성 ...78

회심체험의 과정 ...84

아시시의 성 프란체스코와 회심체험 ...91

중세 유럽 사회와 성령의 시대 ...92

아시시의 성 프란체스코의 회심 이전의 삶 ...98

아시시의 성 프란체스코와 회심 ...101

성전의 재건: 외적 재건과 내적 재건 ...105

작은 형제회의 탄생과 수행 ...108

아시시의 성 프란체스코의 인간성과 피조물과의 대화 ...114

영혼의 어두운 밤과 그리스도의 성흔 ...118

아시시의 성 프란체스코의 회심체험에 대한 분석심리학적 해석 ...123

회심체험과 리비도의 정체 및 퇴행 ...124

금욕수행: 동물적 충동의 희생 ...137

Lady Poverty와 정신에너지의 상징적 변환 ...146

결론: 아시시의 성 프란체스코의 영성과 현대 사회 ...156

참고문헌 ...159

잔느-마리 드 귀용 부인의 신비체험과 분석심리학 ...163

서언: 잔느-마리 귀용 부인의 신비주의에 대한 단상 ...164

17세기 프랑스 사회의 종교적 상황과 신비주의 ...170

17세기 프랑스 사회의 종교적 상황 ...170

신비주의와 그 발달 단계 ...173

신비주의와 상징 ...179

순례의 상징 ...179

결혼의 상징 ...183

죽음과 재생의 상징 ...187

잔느-마리 드 귀용 부인의 삶과 신비주의 ...194

첫 번째 시기: 어려운 탄생, 부모로부터 버려짐, 유년 시절의 고난 ...195

두 번째 시기: 고난과의 투쟁과 그 극복, 회심체험과 그 후의 변화 ...200

세 번째 시기: 어둠 속에서의 죽음, 영혼의 어두운 밤과 신비적 죽음 ...204

네 번째 시기: 새로운 탄생, 영적인 결실과 박해 ...209

마지막 시기: 또 한 번의 고난과 새로운 삶 ...213

잔느-마리 드 귀용 부인의 신비주의와 그 특성 ...222

귀용 부인의 신비주의의 특징 ...222

신비체험에 이르는 길 ...245

새로운 교회와 새로운 삶 ...262

잔느-마리 드 귀용 부인의 신비주의에 대한 분석심리학적 고찰 ...269

여성의 개성화와 인격의 새로운 중심 ...269

신비적 죽음과 연금술 ...283

침묵의 소통과 전이 ...294

누멘(numen) 체험과 기독교의 하나님 ...300

신비주의와 정신병리: 귀용 부인에게 있어서 자기애와 매저키즘 ...306

결론 ...318

참고문헌 ...324

존 웨슬리의 회심체험과 기독교 신비주의 ...329

웨슬리의 회심체험과 신비주의 ...330

신비주의와 기독교 신비주의 ...334

신비주의의 단계와 인간 정신의 발달 ...340

웨슬리의 삶과 신비주의 ...346
첫 번째 회심: 목사 안수와 1725년 ...346
두 번째 회심: 복음적 회심과 1738년 ...352
그리스도인의 완전에 대한 추구: 1764년 이후 ...360

웨슬리의 신학과 신비주의 ...365

결론: 신비주의와 정신적 발달 ...375

참고문헌 ...381

결론 ...383

찾아보기 ...392

C. G. 융과 기독교

융의 사상과 그의 아버지의 영향

프로이트와의 결별과 무의식 체험

융의 심리학과 종교적 특성

융의 심리학과 집단적 무의식 및 자기

융의 심리학과 정신에너지론

융의 심리학과 심리학적 유형론

종교와 상징

결론: 현대 사회의 종교적 상황과 대극의 통합

융의 사상 형성과 그의 아버지의 영향

스위스의 분석심리학자 C. G. 융은 매우 독특한 정신의학자다. 그는 정신과 의사로서 프로이트와 함께 현대 정신분석학의 기초를 마련하였지만, 그의 삶과 사상은 현자나 철학자 같았기 때문이다. 그래서 그는 그런 종류의 질문을 많이 받았고, 그 질문 앞에서 자신의 사상은 종교나 철학은 아니지만, 사람들이 세계관을 세우는 데 도움을 줄 수 있을 것이라고 대답하였다.[1)]

그의 사상에는 종교와 관계되는 것들이 많았고, 다른 어느 심층심리학자들보다 신이나 종교현상에 대해서 더 많이 다루었기 때문이다. 그중에서 주목할 만한 것은 그와 마르틴 부버와의 논쟁이다. 부버는 1952년 융이 말하는 신은 너무 주관적이고 심리학적인 존재라서 사람들과 인격적 관계를 맺을 수 없고 객관적으로 역사役事하는 신도 아니라고 비판하였다. 그에 대한 답변으로 융은 자기는 어디까지나 정신과 의사이며, 자기가 말하는 것은 신이 아니라 사람들이 신이라고 생각하는 이미지일 뿐이라고 대답하였

1) Jung CG(2001) : 《정신요법의 기본문제》, 솔 출판사, 서울, pp62-64.

다. 그가 관심을 기울이는 것은 신학적인 문제가 아니라, 사람들의 정신건강에 영향을 미치는 종교현상이고, 그런 범위 안에서만 신에 대해서 논의한다는 것이었다.[2)]

종교에 대한 융의 이러한 태도는 그와 아버지의 관계에서 비롯된 것이다. 왜냐하면 그는 목사였던 그의 아버지가 하나님에 대한 올바른 이미지를 가지고 있지 못하여 삶에서 커다란 고통을 받았는데, 그는 아버지가 해결하지 못한 정신적 과제를 해결해야 한다고 생각했기 때문이다. 한 가정에서 그 전 세대世代가 해결하지 못한 삶의 과제는 그다음 세대에서 해결하려는 경향이 있는 것이다. 그래서 그는 종교적인 문제와 신에 대한 문제에 깊이 천착穿鑿하였다.[3)] 융에 의하면 사람에게서 하나님은 가장 가치 있고, 강력한 영향을 미치는 존재이기 때문에 사람들은 하나님에게 가장 귀중하다고 생각되는 가치들을 투사시킨다. 따라서 사람들에게 하나님에 대한 이미지가 올바르다면, 그는 다른 사람들과 좋은 관계를 맺으면서 역동적으로 살 수 있다. 하지만 어떤 사람이 하나님을 두려운 존재로만 생각하면 언제나 불안하며, 위축된 삶을 살 수밖에 없다. 융의 아버지가 그런 사람이었다. 그는 그 자신도 믿을 수 없는 잘못된 하나님의 이미지image of God를 가지고 살아서 우울증, 신경쇠약, 복통 등으로 고생하였다. 그러나 그는 그것도 모르고 기

---

2) Jung CG(1952) : "Religion and Psychology", Buber M(1984), 《신의 일식》, 이화여대 출판부, 서울, pp155-167.

3) Jung CG(1973) : *Ma Vie : Souvenirs rêves et pensées*, Gallimard, Paris, pp254-257.

독교에서 강요하는 믿음만 지키려 하다가 더 큰 고통을 당하였다.

융은 그것이 아버지의 문제만이 아니라, 현대 기독교인들의 보편적인 문제라고 생각하였다. 왜냐하면 현대인은 자아-의식이 발달하여 무조건 하나님을 믿으려고 하기보다는 체험하려고 하지만, 교회에서는 믿기만 강요하기 때문이다. 더구나 교회에서 전해주는 하나님의 이미지는 현대인이 무의식에서 요청하는 하나님의 모습과 일치하지 않아서 현대인들은 더 이상 믿을 수 없게 된 것이다. 또한 개신교에서는 종교 상징을 많이 파괴하여 하나님에게 다가가는 길을 어렵게 만들었고, 성서 비평학을 비롯한 현대 신학은 종교적 신비까지 다 벗기고 합리적으로만 파악하려고 해서 신앙심을 더 약화시켰다. 그 결과 사람들은 이제 하나님 자체에 다가가는 데 도움이 되는 하나님의 이미지image of God가 빈약하여 하나님에게 다가가기가 어렵게 되었다. 그래서 현대인은 내적 분열 때문에 정신적 고뇌가 생기면 혼자서 감당해야 하였다. 이것이 그의 아버지가 느꼈고, 그 자신도 느꼈던 현대인의 종교적 고뇌다. 그래서 융은 그의 아버지처럼 신앙을 상실하여 고통당하는 현대인들과 아픔을 함께 나누려 하였고, 그들이 그들의 무의식에서 진정으로 원하는 하나님을 찾아서 구원의 길에 다가가도록 도와주려고 하였다. 그는 종교에는 사람들을 올바로 인도하고 분열을 통합하게 하는 기능이 있는데, 현대 사회에 들어와서 그것이 약화되어 사람들의 고통이 너무 심하다고 생각하였던 것이다.

융이 분석심리학 사상을 형성하는 데 영향을 준 사람 가운데 또 하나 중요한 이는 S. 프로트다. 융이 정신과 의사로 활동을 시작할 무렵 무의식에 대한 개념은 아직 확립되지 않았고, 정신병은 원인을 알 수 없는 기질적인 질병으로 생각되었다. 그러나 프로이트는 1900년 《꿈의 해석》을 발표하면서, 많은 정신질환을 무의식적으로 해석하여 현대 정신의학의 문을 열었다. 그때 프로이트는 정신과 의사로 첫발을 내딛는 융에게 있어서 대단히 중요한 존재였다. 그가 새롭게 시작되는 정신의학의 기초를 놓았기 때문이다. 융이 프로이트를 처음 알게 된 것은 1900년이었다. 그때 그는 《꿈의 해석》을 처음 읽으면서 프로이트의 무의식 이론을 아직 완전히 이해하지 못하였다. 그러나 그가 나중에 단어연상검사를 하면서 발견하게 된 콤플렉스의 작용과 프로이트가 주장한 억압 이론 사이에 공통점이 있음을 알게 되었다. 그래서 그는 1903년 프로이트에게 편지를 보내면서 프로이트와 교제를 시작하였고, 그의 정신분석 운동에 참여하였다.

그러나 융은 프로이트와 달리 모든 억압의 원인이 성적 외상이라고는 생각하지 않았고, 사람에게는 성욕 이외에 또 다른 욕망이 많이 있으며, 그것들 역시 성욕과 마찬가지로 많은 문제를 일으킨다고 생각하였다. 사회적응이나 삶의 비극적 환경의 중압감이나 체면 등이 더 우선적일 때도 있다고 생각한 것이다. 그래서 그는 1907년 프로이트의 초대로 빈에 가서 프로이트를 만났고, 1910년 프로이트를 중심으로 창립된 국제정신분석학회 초대 회장에 옹립되기도 했지만, 1912년 《영혼의 변환과 그 상징들》을 출판하면서 프로이트와 결별하였다. 프로이트에게 있어서 성욕은 '숨겨져 있는 신'이었는데, 융은 결코 그것을 받아들일 수 없었던 것이다.[4)]

초기 정신분석운동에 참여한 사람들 가운데 프로이트의 곁을 떠난 것은 융만이 아니다. 나중에 개인심리학을 주창한 아들러A. Adler 역시 융보다 먼저 프로이트에게 다가갔다가 그의 성욕론을 거부하고 프로이트를 떠났다. 아들러에 의하면 인간의 가장 근본적인 문제는 열등감이고, 거기에서 비롯된 권력 의지가 모든 신경증의 바탕이 된다는 것이었다. 프로이트에게서 에로스eros가 모든 문제의 근원이라면, 아들러에게는 권력power이 모든 문제의 근원이라는 것이다. 그러나 융은 그 두 사람처럼 어떤 하나만 강조할 것이 아니라 사람에 따라서는 에로스가 문제 되는 경우가 있고, 권력 의지가 문제 되는 경우가 있다고 주장하면서 그 두 사람의 생각을 종합하려고 하였다. 그래서 융은 나중에 인간의 정신적인 문제를 파악하는 데 있어서 에로스와 권력을 하나의 상징적인 원리로 생각하면서 중요한 받침돌로 사용하였다. 사람 가운데는 상징으로서의 에로스를 발달시키지 못해서 문제에 봉착하는 사람이 있는가 하면, 권력 의지 또는 로고스를 발달시키지 못해서 문제에 봉착하는 사람이 있다는 것이다.[5)]

---

4) Jung CG(1973) : 앞의 책, p198.

5) Jung CG(1973) : 앞의 책, p180. cf. 로고스와 관계되는 것이 분별(discrimination), 지성(intelligence)인데 사람들은 권력을 얻기 위해서 지식을 얻으려고 하는 경우도 많다. "아는 것이 힘이다."라는 구호는 그 관계를 말해 준다.

프로이트와의 결별과 무의식 체험

융이 프로이트와 결별한 사건은 그의 사상 형성에 매우 중요한 영향을 미쳤다. 그의 심리학 사상은 프로이트와의 결별 이후 그가 했던 내적 체험을 토대로 해서 정립되었던 것이다. 그는 프로이트와 헤어진 다음 정신적으로 커다란 어려움에 빠져들었다. 지난 십여 년 동안 그의 앞에서 무의식이라는 미답未踏을 헤쳐 가면서 길잡이 역할을 하였던 프로이트를 떠나서 그 혼자 자신의 길을 개척해야 하였기 때문이다. 당시 그의 심정은 다음과 같은 회고에 잘 나와 있다: "프로이트와 결별한 다음 나에게는 내면적인 불확실감이 일어나기 시작하였다. ……나는 내가 허공에 뜬 상태에서 둥둥 날아가는 것 같은 기분을 느꼈다. 왜냐하면 나는 아직 내가 서야 할 나의 정확한 자리를 찾아내지 못하였기 때문이다."[6)]

그 기간 동안 그는 수많은 꿈을 꾸었고, 환상을 보았으며, 그도 알지 못하는 이상한 체험을 많이 하였다. 그러나 그는 그것들에 사로잡히지 않고, 그것들과 대화하려고 하였으며, 그것들을 유심

6) Jung CG(1973) : 앞의 책, p203.

히 관찰하고 기록하였는데, 어떤 때는 그 이미지들이 너무 강렬해서 두렵기까지 하였다: "내 마음 깊은 곳에서 움직이는 그 환상을 파악하기 위해서 나는 그 환상에 잠기는 수밖에 없었다. ……나는 내가 그렇게 하는 가운데서 나 자신에 대한 통제력을 잃어버리면 어떻게 하나 하고 겁을 먹었다."[7] 그래서 그는 그 환상들이 일어날 때 그가 나중에 적극적 상상active imagination이라고 부른 기법을 사용하여, 의식이 예민하게 깨어 있는 상태에서 그 이미지를 좇아가려고 하였다.

그 무렵 그가 많이 보았던 이미지는 그가 나중에 엘리야라고 부른 노인, 살로메라고 부른 여인, 빌레몬이라고 부른 중년 사내와 지그프리드라고 부른 젊은이 등인데, 그는 나중에 그것들에 노현자, 아니마, 자기, 영웅 등으로 이름 붙이면서 그의 심리학을 구성하는 중요한 요소로 개념화하였다. 그 상들에서 인간의 보편적인 원형archetype을 보았던 것이다. 그래서 그는 나중에 그 상들을 심리학적으로 설명하면서 인간의 정신구조를 형성하는 요소로 삼았다. 그것들은 그의 개인적 체험에서 나온 것일 뿐만 아니라 모든 사람의 무의식에서도 찾아볼 수 있는 객관적인 정신 요소였기 때문이다: "그빌레몬는 인간 영혼의 실재에 관하여 말하였다. ……나는 나의 내면에는 내가 알지도 못하고, 생각하지도 못했던 것을 말할 수 있고, 내 생각과는 정반대되는 것을 말할 수 있는 어떤 것이

7) Jung CG(1973) : 앞의 책, pp207-208.

있다는 사실을 깨닫게 되었다." [8]

그러는 가운데서도 그는 가족의 지지를 받으면서 정신과 환자들을 진료하였다. 그에게 어떤 변화가 느껴지기 시작한 것은 1916년부터였다. 그래서 그는 그것을 형상화하기 위하여 그가 실제로 체험했다고 여겨지는 사건을 토대로 해서 〈죽은 자를 위한 일곱 편의 설교〉를 썼는데, 그 내용은 영지주의에서 중요한 플레로마pleroma를 비롯하여 대극opposite의 통합을 상징적으로 나타내는 것이었다. 그러다가 그는 1918년부터 그 의미도 알지 못하면서 만다라mandala 상을 그리며 프로이트와의 결별에서 비롯된 어둠에서 빠져나오게 되었다. 만다라는 본래 티베트 불교에서 승려들이 명상을 할 때 보거나 깨우친 다음에 그리는 원과 사각으로 구성된 도형인데, 우리 인격의 전일성을 의미하는 자기self를 나타낸다. 그러므로 그가 이 무렵 만다라를 그렸다면, 그의 삶은 이제 내면의 중심인 자기를 향하고 있으며, 그의 정신은 그 중심을 찾아서 나아간다는 사실을 의미한다. 그래서 신경증 환자들은 신경증에서 벗어날 무렵 만다라가 나타나는 꿈을 꾸는 경우가 많다. 융은 그때 아직 그 의미를 알지 못했지만, 자기도 모르게 만다라를 그리면서 어두운 터널을 벗어나고 있었던 것이다.[9]

이 무렵에 그가 했던 것 가운데 특이한 일은 그가 열 살이나 열한

8) Jung CG(1973) : 앞의 책, p213.
9) Jung CG(1973) : 앞의 책, p228.

살 때 했던 공작놀이를 다시 시작한 것이었다. 그당시 그는 그에게 부족한 것은 어린 시절에 가졌던 창조성이라는 생각이 들어서 점심을 먹고 남은 시간이나 환자들에 대한 진료가 끝난 다음 진료실 옆에 나무상자를 만들어 놓고, 거기에 취리히 호수湖水에서 주워 온 돌을 가지고 작은 집들과 성채와 마을을 만들었다. 그런 다음 교회를 만들고 그 안에 제단을 만들려고 했는데, 그의 내면에서 무엇인가가 올라와서 그것을 만들지 못하게 하였다. 그래서 그 이유가 무엇일까를 생각하고 일단 그것을 만들기를 포기하였다. 그러던 어느 날 그는 호숫가를 걷다가 제단으로 올려놓기에 적당한 붉은 돌이 보여서, 그것을 가져다가 교회 한복판에 놓았더니 잘 어울렸다. 그 무렵 그의 머릿속에서는 그가 세 살쯤 되는 나이에 꾸었던 꿈에서 보았던 지하성전에 있는 남근상이 떠오르면서, "나 자신이 나를 나의 신화로 이끌어 주고 있는 길 위에 서 있다고 하는 내적 확신을 느끼게 되었다."[10] 라는 생각이 들었다. 그는 프로이트와 결별한 다음, 그 자신의 길을 가야 한다고 생각하면서 그의 삶을 이끌어 줄 자신의 신화를 찾으려고 했는데, 그 꿈이 그의 앞길을 예시하는 듯했던 것이다. 그는 프로이트와 헤어진 다음 종교는 사람들의 정신에 중심을 잡아 주고, 분열을 통합시켜 왔다는 생각에서 기독교와 영지주의 등에 대해서 살펴보았지만 갈피를 잡지 못했는데, 그의 무의식은 그와 전혀 다른 신화를 보여 주었던

10) Jung CG(1973) : 앞의 책, p203.

것이다. 왜냐하면 그 교회의 제단은 전통적인 교회의 제단과 다른 좀 더 근원적인 제단이었기 때문이다.

그가 세 살쯤 되었을 때 꾸었던 꿈의 내용은 다음과 같다. 그는 어느 날 밤 정사각형 모양을 한 커다란 구멍 하나를 보았다. 이상한 생각이 들어서 그 속을 들여다보니 그 밑바닥에는 황금빛 보좌가 있었다. 그 안을 다시 자세히 보니 보좌 위에는 거대한 물체 하나가 불쑥 솟아 있었다. 처음에는 그것이 나무 등걸인 줄 알았는데, 그것은 거대한 남근phallus이었다. 그때 그의 귀에는 그의 어머니가 "그래, 그걸 잘 봐 두어라. 그것은 사람을 잡아먹는 괴물이다. 식인귀ogre라는 말이다."라고 하는 소리가 들렸다. 그 소리를 듣자 공포가 밀려와서 온몸이 땀에 흠뻑 젖은 채 잠에서 깨어났다.[11] 그때 그는 그 꿈의 의미를 몰랐지만, 나중에 그는 그 남근이 그가 평생 동안 찾아야 하는 지하세계의 신dieu souterrain이라는 것을 깨달았다. 그것은 인간의 무의식 깊은 곳에 있는 강력한 에너지를 가진 원형이었던 것이다. 그래서 사람들이 그것과 올바른 관계를 맺으면 사람들에게 중심을 잡아 주고, 정신을 통합시켜 주지만, 그렇지 못할 경우 사람들을 잡아먹는 식인귀가 되는 것이다. 종교인들이 신神이라고 부르는 것은, 융에 의하면, 무의식에 있는 이 강력한 요인factor이다. 이 요인은 인간의 정신에서 강력한 힘을 가지고 작용하는데, 사람들은 이 요인에 신상을 투사시킨다. 거기에

11) Jung CG(1973) : 앞의 책, p31.

강력한 에너지가 들어 있기 때문이다. 그러나 그것은 종교에서 말하는 합리적인 신의 이미지보다 훨씬 더 원초적인 누멘의 형태로 무의식에서 존재한다.

융은 그당시 했던 일련의 체험과 꿈이 이제 많은 현대인의 투사를 받을 수 없게 된 기성종교의 신상神像과 다른 진정한 하나님을 찾으라는 메시지라는 생각이 들었다. 현대인들은 현대 교회에서 제시하는 하나님에게서 아무런 정동체험도 하지 못하여 활기가 없는 신앙생활을 하는데, 그 역시 마찬가지였기 때문이다. 그래서 그는 거기에서 그가 앞으로 살아갈 신화, 즉 그의 삶을 이끌어 갈 영원永遠과 맞닿아 있는 신화를 찾았다는 생각이 들었다. 왜냐하면 그가 여태까지 그의 정신을 이끌어 준 기독교 문명과 정신분석학에서 떠나 그 자신을 확립하려는 순간 그의 무의식에서는 새로운 제단을 쌓고 있었기 때문이다: "그때 나는 나 자신이 나를 나의 신화로 이끌어 주는 길 위에 서 있다고 하는 내적인 확신을 느끼고 있었다. ……그것은 앞으로 내가 매우 신중하게 기록하게 될 내 환상의 흐름을 흘러갈 수 있도록 해 준 것이었다."[12] 그래서 그는 그다음 영지주의, 연금술, 기독교 도그마 등에 나타난 구원자 원형, 성육신 사상, 미사의 의미 등을 연구하면서 진정한 하나님을 찾으려 하였다. 그것들은 모두 여태까지 인류가 겪었던 삶의 고통 가운데 그것을 극복하고 정신의 통합을 이루려는 고뇌가 담긴 자

12) Jung CG(1973) : 앞의 책, p203.

료들이었기 때문이다.[13]

무의식에 대한 융의 이런 태도를 프랑스의 융 분석가 엘리 윔베르E. Humbert는 세 가지 동사로 설명할 수 있다고 주장하였다. 그것은, 첫째 '일어나게 하라laisser advenir', 둘째 '주시하라/품으라considerer/engrosser', 셋째 '마주 대하라se confronter avec'라는 것이다.[14]

첫째, '일어나게 하라'는 무의식에서 일어나는 흐름을 막지 않고, 그대로 전개시키라는 것을 의미한다. 그는 돌로 성이나 마을을 만들 때나 나중에 만다라를 그리려는 충동이 밀려올 때 그것들을 막지 않고, 그 흐름을 따라가면서 무의식이 일어나게 하였다. 그래야지 그의 내면에 있는 것들이 모두 드러날 수 있기 때문이다. 그러나 그렇게 하기는 여간 어려운 것이 아니다. 사람들은 무의식을 두려워하기 때문이다. 그래서 사람들은 흔히 거기에 사로잡히지 않을까 하는 두려움 때문에 더 나아가지 못하고 만다. 그러나 우리가 무의식에 대해서 더 잘 알려면 무의식을 억압해서는 안 된다. 융이 두려움을 느끼면서도 무의식에서 올라오는 것들을

13) cf. 그런 의미에서 그가 프로이트와 결별할 무렵 꾸었던 꿈은 그가 앞으로 해야 할 작업을 예시하는 듯하다. 그가 이 무렵에 꾸었던 또 다른 꿈에서 그는 이탈리아의 한 도시에 있는데 무장한 활기찬 십자군 기사가 그의 곁으로 다가왔다. 다른 사람들은 그를 보지 못한 것 같았지만 그는 뚜렷하게 보았다. 융은 그 꿈이 그가 앞으로 연금술 연구에 몰두하리라는 사실을 보여 주는 것이라고 해석하였다. 왜냐하면 십자군이 활동했던 12세기는 서양 사회에서 연금술이 새롭게 시작되고 성배의 기사단이 활동하던 무렵이기 때문이다. 그는 앞으로 성배의 기사나 연금술사처럼 무의식의 깊은 것을 탐구해야 한다는 것이다. Jung CG(1973) : 앞의 책, p193.

14) Humbert E(1983) : *Jung*, Editions universitaires, Paris, pp14-19. 영어로는 "to allow to happen", "to consider/to impregnate", "to be confronted with"이다.

일어나게 했던 것은 그 때문이다. 그러나 그렇게 하면서 자아가 무의식에 완전히 사로잡혀서도 안 된다. 그렇게 될 경우 더 큰 어려움이 찾아오기 때문이다. 그러는 대신에 의식을 가지고 무의식을 지켜보아야 한다.

둘째, '주시하라/품으라'는 무의식에서 일어나는 것을 분석하지 않고, 무의식을 품으면서 주의를 기울이는 것을 의미한다. 무의식에서 일어나는 것에 사로잡히지 않고, 무의식에서 진행되는 것을 따라가면서 그때 생기는 정감이나 충동을 객관화하여야 하는 것이다. 사람들은 보통 무의식에서 올라오는 기분 · 생각 · 충동이 참기 어려울 경우 거기 사로잡히지 않으려고 그것을 해석하면서 다른 기분이나 생각으로 돌리려고 한다. 그러나 그럴 경우 그것들은 다시 무의식으로 들어가고, 다른 기회에 느닷없이 흘러나오게 된다. 그래서 융은 우리가 무의식에 대해서 잘 알려면 무의식에서 올라오는 정감이나 충동을 무의식에 품고 글이나 그림으로 실현시키라고 권하였다. 그렇게 할 때 그것들은 처음에 생각했던 것과 달리, 형상화되면서 분화되고, 그 강력한 세력에서 벗어날 수 있게 된다. 저절로 앞으로 나아갈 수 있게 그것을 주시하고 품기가 어렵지 일단 주시하고 품기만 하면 되는 것이다. 그렇게 할 경우 무의식에서는 또 다른 역동이 생겨나기 때문이다.[15)]

---

15) Humbert E(1983) : 앞의 책, p16. cf. 그래서 융은 "나는 그것들을 만들 때 나에게 떠오르는 환상을 기록하기 시작하였다. ……(그것으로부터) 계속해서 환상의 물줄기

셋째, '마주 대하라'는 것은 무의식에서 일어나는 것들을 품고 주시하면서 그것들이 자아내는 강력한 정감에 사로잡히지 않고 직면하는 것을 의미한다. 그때 의식은 무의식에 압도되지 않고 그 이미지가 담고 있는 의미를 파악하게 된다. 이 작업 역시 쉬운 일이 아니다. 처음에는 사람들에게 의식과 무의식이 분화되어 있지 않고, 무의식의 힘이 너무 강력하기 때문이다. 융 역시 그가 프로이트와 결별한 다음 그에게 무의식의 물결이 밀려왔을 때, 그가 어떻게 버틸 수 있었는지 모르겠다고 술회한 적이 있다. 그러나 사람들이 이렇게 무의식과 직면하면 직면할수록 그의 내면에서는 의식이 주체가 되어 무의식을 타자로 볼 수 있는 능력이 생기게 된다. 무의식은 본래 인간의 내면에서 의식과 무관하게 자율적으로 나오는 속성을 지니고 있기 때문이다. 그래서 사람들이 무의식에서 올라오는 충동에 그 자신을 내맡기거나 억압하지 않고 이렇게 마주 대하면, 의식의 주체는 점점 더 무의식을 무시할 것인지 아니면, 자신을 무의식에 맡길 것인지 결정할 수 있게 된다. 무의식의 광포한 힘과 '마주 대할 수 있는 것'이다. 융은 프로이트와 결별한 다음, 그에게 무의식에서 비롯된 것들이 올라올 때 이런 방법으로 극복하였고, 나중에 그것을 적극적 상상active imagination이라고 부르면서 좋은 치료의 기법으로 삼았다. 하지만 이 능력은 그렇게 쉽

가 터져 나왔다. ……내가 그 환상들을 정동 속에 감춰 두었더라면, 나는 그것들 때문에 갈갈이 찢겨 나갔을 것이다." Jung CG(1973) : 앞의 책, pp205-206.

게 얻어지는 것은 아니다. 무의식을 함부로 대해서는 안 되기 때문이다. 그래서 융은 언제나 무의식에는 신중하고 겸손하게 다가가야 한다고 강조하였다.[16)]

16) 융은 이 과정에서 사람들이 무의식의 이미지가 담고 있는 의미를 철저하게 파헤치지않는 경향이 있으며, 그것이 문제라고 주장하였고, 무의식에게 자신을 맡겼을 경우 그 윤리적 책임까지 져야 한다고 강조하였다. Jung CG(1973) : 앞의 책, p224.

융의 심리학과 종교적 특성

이런 배경에서 형성된 융 심리학이 다른 심층심리학자들과 다른 특징을 우리는, 첫째 종교적인 특성, 둘째 집단적 무의식과 자기에 대한 관념, 셋째 정신에너지론, 넷째 심리학적 유형론 등에서 찾아볼 수 있다.

첫째, 그는 다른 어느 심층심리학자보다 종교에 깊은 관심을 기울였고, 그의 말년에는 거의 정신의학과 연금술에 대한 관계를 규명하는 데 온힘을 써 《아이온》1951, 《욥에의 회신》1952, 《융합의 비의》1955 등을 저술하였다. 그는 분석심리학의 물질적이며 역사적인 토대를 연금술에서 찾으려고 했던 것이다. 그에 대해서 후기 프로이트 학파인 D. 위니컷은 융은 유년 시절에서 비롯된 모성 결핍을 내적 현존의 강력한 체험으로 극복하려고 하면서 신비한 세계로 뛰어들어 가려고 한 듯하다고 주장하였다.[17)]

17) Winnicott D(1964) : "Review of C. G. Jung's Memories, Dreams, Reflections", *Internation Journal of psychoanalysis*. pp 2-3. Dehing J(1992) : "Jung and Knowledge: From Gnosis to Praxis", Papadopoulos RK(1992), *Carl Gustav Jung Critical Assessments*, Routledge, London, p194에서 재인용.

먼저 융은 인간의 삶에서 종교는 무엇보다도 중요한 것이라고 생각하였다. 종교는 인간의 삶에 중심과 질서를 잡아 주고, 앞으로 나아갈 방향을 제시하기 때문이다. 분석심리학적으로 말하자면, 사람들에게 자아-자기의 축ego-self axis이 올바르게 되어 있으면 삶에 커다란 문제가 없지만 그 축이 손상되면 여러 가지 문제가 발생하는데, 올바른 종교적 신앙은 나-하나님의 관계에 긍정적 영향을 준다는 것이다. 자아-자기의 관계와 나-하나님의 관계는 밀접하게 연관되어 있기 때문이다. 그런 의미에서 융은 현대인들이 고통을 당하는 것은 현대 사회에서 종교가 제 기능을 다하지 못하기 때문이라고 주장하였다: "내가 주로 만나는 현대의 교육받은 사람들은 이제 신앙을 가질 수 없게 되었는데, 나는 거기에 대해서 그들을 비난할 수도 없습니다. 그들은 그들이 어떻게 해야 하는지에 대해서 도무지 알지 못하는 것을 '해야 한다'고 명령만 하는 종교와 교회에 매우 낯설어 하는 것입니다."[18)]

융은 이렇게 된 문제의 원인은 현대 교회에서 종교상징을 너무 파괴해 버렸기 때문이라고 주장하였다. 현대 사회에서 인간의 의식이 발달하게 되자 교회는 신도들에게 기독교 상징에 담겨 있는

18) Jung CG(1999) : *Le divin dans l'homme*, Albin Michel, Paris, p333. 융은 또한 이렇게 말하기도 했다. "많은 사람이 교회를 떠나는 것은 심각한 사실이다. 신경증 환자의 증가는 사람에게서 종교적인 삶이 약화되는 것과 관계가 있는 듯하다. ……교회는 그 사람들에게, 교회에서 평화를 찾지 못하고, 신앙을 가질 수 없는 사람들에게 무엇을 해 줄 수 있는가?" cf. Kiener H(1984) : "Le problème religieux dans l'oeuvre de Jung", Cazenave M(1984). *Cahier de l'Herne*, Edition de l'herne, Paris, p340.

거룩한 영역la zone sacrée을 체험하게 하기보다 지적으로 이해하려고만 해서 종교성 자체를 고갈시켰다는 것이다. 그 결과 종교상징은 과거에 그것이 지시했던 영적 실재reality를 지시하지 못하게 되었고, 많은 현대인은 기독교회를 떠났다. 태초 이래 인간의 삶의 한 부분이었던 종교는 이제 현대 사회에서 주변으로 밀려났고, 현대인은 그 어떤 곳에서도 그들의 삶에 의미를 주는 통합체험을 하지 못하고 표류하는 것이다. 이것이 융이 관찰한 현대 세속 사회의 영적인 상황이다: "오늘날 과거 교회에서 만족할 만한 방식으로 설명했던 원형의 내용들은 투사 대상을 잃어버리고 현대인을 사로잡고 있다. ……그 내용들과 연합되어 있던 정신에너지가 요동치고 있으며, 우리는 그 사실에 무관할 수 없다. ……현대 사회에 무슨무슨 주의가 그렇게 많은 것은 그 때문이다."[19)]

융은 그 사실을 그의 아버지나 그를 찾아오는 환자들에게서 보았다. 그래서 그는 현대인들이 그런 영적 고뇌에서 벗어나려면 종교가 다시 본래적 의미와 역동성을 회복해야 한다고 생각하였다. 현대인은 다시 그 전에 종교가 제시했던 거룩한 영역에 들어가 신성력numen을 체험해야 한다는 것이다. 그런데 종교학에서 말하는 거룩한 영역은 심리학적으로 말해서 무의식이다. 사람들이 신성력을 체험할 수 있는 곳은 의식의 영역이 아니라, 의식을 뛰어넘

19) Jung CG : "La Psychologie Analytique est-elle une Religion?", Cazenave M(1984) : *Cahier de l'Herne*, Edition de l'herne, Paris,. p392.

는 무의식 영역인 것이다. 종교인들은 옛날부터 합리적 이성을 가지고 신성에 대해서 궁구하면서 체험한 것이 아니라, 무의식 속에 들어가 신성에 붙잡혔던 것이다. 모든 신비가들이 관상contemplation에 힘썼던 것은 그 때문이다. 종교에서 말하는 관상은 심리학적으로 말해서 의식에서 벗어나 무의식에 깊이 잠기는 것을 의미한다.

그래서 융은 무의식은 종교체험의 원천이라고 주장하였고, 미국의 분석심리학자 M. 스타인은 융을 따라서 "종교체험은 분석심리학적으로 볼 때 무의식이 분출되는 것이고, 잠재하고 있던 심리적 구조와 역동성이 드러나는 것이다."[20]라고 주장하였다. 그러므로 현대인이 생명의 에너지와 다시 접촉하려면 무의식과 접촉해야 하고, 종교가 약화된 현대 사회에서 분석심리학이 지향하는 것도 그것이다. 분석심리학 역시 상징을 통해서 현대인이 무의식에 있는 실재와 접촉하게 하고 그것을 통해서 정신적 통합을 이루게 하려는 것이다. 이렇게 볼 때 종교와 분석심리학은 모두 인간의 전체성을 지향한다는 점에서 공통적이다. 그래서 융은 프랑스의 정신분석가 키네르H. Kiener에게 보낸 편지1955. 6. 15.에서, "분석심리학 역시 우리를 종교체험으로 이끌어 가고 우리에게 전체성을 실현하게 하는 길을 찾게 해 줍니다. 분석심리학은 그 체험 자체가 아니고, 그렇다고 주장해서도 안 됩니다. 그러나 우리는 그런 경

20) Stein M(1999) : "Introduction", Stein M(1999) : *Jung on Christianity*, Princeton University Press, Princeton, N.J., p16.

험을 통해서 분석심리학이 우리에게 초월적인 실재를 더 잘 만날 수 있도록 어떤 태도를 가지게 해 준다는 사실을 알 수 있습니다."[21] 라고 하였다. 분석심리학이 종교는 아니지만, 신앙을 잃은 사람들에게 내면에 있는 전체성을 접촉하게 하면서 신앙을 되찾게 하는데 도움을 준다는 것이다.[22]

융은 종교는 사람들이 유한한 실존을 극복하고 더 높은 정신성을 이루려는 인류의 산물인데, 현대 사회에 들어와 그 역할을 다 하지 못한다고 생각하였다. 융에 의하면 모든 사람에게서 가장 강력한 충동은 자신의 전체성을 이루려는 개성화를 향한 충동이며, 그것은 종래 종교적 충동으로 여겨져 왔다. 왜냐하면 사람들이 하나님과 하나가 되면서 전일성을 이루려는 것은 분석심리학적으로 볼 때 자아-자기가 긴밀한 축을 이루는 것과 유비적 관계에 있기 때문이다. 그러나 현대 사회에서 종교는 대단히 약화되었다. 그래서 현대 사회에서 정신분석학이 생겨났고, 분석심리학 역시 종교가 약화된 현대인들에게 새로운 상징을 제시하면서 종교가 했던 작업을 수행하려고 한다. 그러나 융은 분석심리학이 종교를 대체하려고 하는 것은 아니라고 주장하였다. 오히려 신앙을 잃은 사람

21) Kiener H : 앞의 논문, p341.

22) cf. 같은 맥락에서 M. 스타인은 융이 기독교에 대해서 관심을 가진 이유는, 첫째로 기독교가 약화되어 무의식의 이미지를 처리하지 못해서 고통받는 사람이 많고, 둘째로 쓸데없는 죄의식 때문에 고통받는 사람이 많으며, 셋째로 현대 사회의 물질주의화 때문에 고통받는 사람이 너무 많아서 그들을 돌보려고 했기 때문이라고 주장하였다. Stein M(1999) : 앞의 논문, p16.

들이 종교상징의 의미를 깨달아 신앙을 회복하여 내면의 통합을 이루는 데 도움을 주려고 한다고 강조하였다. 그것은 프화플린 목사에게 보낸 융의 편지에 잘 나와 있다: "나는 무의식이 당신에게 알려 주려는 것은 기독교에서 말하는 것과 전혀 다른 것이 아니라는 사실을 다시 한 번 강조하려고 합니다. 오히려 그것은 기독교 상징을 더 심화시키고, 기독교가 서 있는 기반을 활성화하려는 것입니다."[23)]

융은 종교를 어떤 교파나 신조를 말하는 것이 아니라, 신적인 것이라고 생각되는 역동적인 존재나 작용을 주의 깊고 성실하게 관찰하는 태도라고 말한 바 있다. 그런데 그 신적인 누멘numen은 사람들이 만든 것이 아니라 사람들을 압도하는 것이다. 그리고 도그마는 종교의 창시자들이 누멘체험을 한 다음에 그것을 토대로 해서 만든 것이다. 그래서 도그마는 사람들을 신적 실재와 접촉하게 하면서 신도들을 또 다른 누멘체험에 빠지게 한다. 그래서 사람들은 도그마를 통해서 삶에서 생긴 갈등과 분열을 통합시킬 수 있다. 그러나 종교의 모든 문제는 여기에서 생기는데, 도그마는 어디까지나 누멘 자체가 아니라 이차적인 것이기 때문이다. 도그마는 시간이 지나면 처음의 역동성을 잃고 화석화되어, 그 시대에 맞는 방식으로 재해석되어야 하는 것이다. 그렇지 않을 경우 이차

23) Jung CG(1999) : *Le divin dans l'homme*, p331. cf. 융은 필립 신부에게 보낸 편지에서 자신은 기독교 안에 있으며, 말하자면 개신교 좌파에 속한다고 하였다. Jung CG(1999) : 같은 책, p359.

적인 도그마가 누멘 자체로 우상화되고, 그것을 지키려고 교회 역시 절대화되게 된다. 융은 종교적 실재를 가리키는 상징은 해석되기보다 몸으로 살아야 하며, 종교는 언제나 변화되는 역동적인 것이라고 강조하였다.[24] 그래서 전통적인 기독교를 현대인들이 체험할 수 있는 것으로 재해석하려고 하였다. 하지만 그것은 과거 기독교에서 하나님이나 성육신 등을 설명했던 방식과 다를 수밖에 없었다. 그래서 피터 호만스는 융의 방법론은 기독교 도그마에서 종교적인 의미를 추출하여, 거기에 담긴 심리학적 의미를 밝혀내고, 그것을 다시 기독교 전통과 연관시키려는 것이라고 주장하였다. 이것은 현대 사회에서 기독교 전통으로부터 뿌리가 뽑힌 현대인에게 기독교를 다시 체험할 수 있게 하려고 했기 때문이다.[25]

24) Jung CG(1958) : *Psychologie et Religion*, Buchet/Chastel, Paris, pp93-105.

25) Homans P(1990) : "C. G. Jung : Christian or Post-Christian Psychologist?", Moore RL & Meckel DJ(1990) : *Jung and Christianity in Dialogue*, Paulist Press, New York, pp21-22. cf. 융은 이름이 밝혀지지 않은 어느 개신교 신학자에게 보낸 편지에서 "개인적으로 말하자면, 저에게 있어서 종교는 무엇보다도 중요한 것입니다. 그래서 저는 터부로 지켜지는 영역을 침범하는 이들에게 과해지는 비난을 감수하고 있습니다."라고 하였다. Jung CG(1999) : *Le divin dans l'homme*, p344.

융의 심리학과 집단적 무의식 및 자기

융의 사상 가운데 집단적 무의식과 자기에 대한 관념은 매우 특이하고 융의 심리학에서 가장 핵심적인 부분이다. 융은 "집단적 무의식의 내용은 결코 의식에 머문 적이 없고, 그래서 일찍이 한 번도 개인적으로 획득되지 않았으며, 그것은 예외 없이 유전에 의해 존재하는 것이다."[26] 라고 설명하였다. 집단적 무의식은 한 사람의 개인적 경험에 따라서 형성되는 개인무의식과 달리, 한 개인의 경험을 뛰어넘어서 그가 태어나기 전부터 인류라는 조상이 경험했던 것들이 남아서 유전적으로 물려받은 것이라는 말이다. 따라서 집단적 무의식은 한 개인에게만 있는 것이 아니라 모든 사람에게 영향을 주는 보편적인 것이다. 융이 집단적 무의식을 객관적 정신objective psyche이라고 부른 것은 그 때문이다. 자연히 집단적 무의식에는 에너지가 많이 담겨 있으며, 그것이 의식과 분화되지 않을 때, 그것은 의식을 사로잡아 파괴적인 결과를 자아낸다. 고대

26) Jung CG(2002) : 《원형과 무의식》, 한국융연구원 C.G.융저작번역위원회 옮김. 솔출판사, 서울, p156.

민담에서 왕자가 개구리가 된다든지, 고니로 되는 것은 사람들이 집단적 무의식의 원형에 사로잡혀서 어떤 정신기능이 개구리나 고니처럼 동물적으로 되었다는 사실을 의미한다.

집단적 무의식에 대한 융의 생각은 다른 많은 학자의 공격을 받았다. 유전학적으로 볼 때 획득형질은 유전되지 않기 때문이다. 그래서 융은 사람들이 경험했던 내용이 유전되는 것이 아니라 경험했던 것이 두뇌에 어떤 흔적을 남기고, 모든 사람이 두뇌를 물려받기 때문에 사람들은 어떤 상황에서 전형적인 행동을 하게 된다고 하면서, 집단적 무의식은 태곳적 잔재의 침전물이라고 주장하였다. 그러면서 집단적 무의식의 존재를 증거하는 예로서 신화소mythologème와 집단적 관념collective representation 등이 있다고 주장하였다. 신화소란 그 사이에서 인적 · 물적 · 문화적 교류가 없는 두 부족의 신화에서 같은 종류의 신화적 주제가 발견될 수 있는데, 그것은 그 두 부족이 같은 인간 조상의 정신세계를 물려받았다는 이유 이외로는 설명되지 않는다는 것이다. 또한 집단적 관념이란 서로 다른 많은 사회의 제도나 언어나 풍습에서 서로 비슷한 관념이 존재하는 것인데, 그것 역시 마찬가지다.[27] 집단적 무의식은 개별

27) 집단적 관념이란 프랑스의 종교인류학자 레비-브륄이 주장한 개념인데, 앙리 베르그송 역시 그것의 존재를 다음과 같이 인정하였다: "우리는 인간의 제도나 언어나 풍습 안에 어떤 집단적 관념(représentation collective)이 담겨 있다는 사실을 기꺼이 받아들인다. 그 모든 것은 사회적인 지성(知性)을 이루어 개인의 지성을 보충해 주는 것이다." Bergson H(1984) : *Les deux sources de la morale et de la religion*, *OEures* PUF, Paris, p1063.

적으로 발전하는 것이 아니라 물려받는다는 것이다. 그래서 융은 "그 기능 양식 때문에 내가 주특성Dominanten이라고 표현한, 이와 같은 무의식적 조절자의 존재가 매우 중요하게 여겨졌기 때문에 나는 그것을 나의 이른바 비개인적인, 집단적 무의식의 가설을 세우는 근거로 삼았다."[28]라고 하였다.

융은 집단적 무의식을 구성하는 요소들을 원형archetype이라고 불렀다. 원형은 보편적인 상相이라는 의미를 가진 플라톤의 에이도스eidos, 형상와 같은 말인데, 인간의 삶에는 전형적인 상황이 존재하고, 인류가 계속해서 그것을 경험한 것이 인각印刻되어 전해진다는 것이다. 그것은 무의식에 남아서 나중에 사람들이 그와 비슷한 상황이 되면 언제나 비슷한 방식으로 행동하게 하는 원천이 된다. 그래서 융은 원형을 동물학에서 말하는 행동유형pattern of behavior에 해당되는 말이라고 주장하였다: "물론 문제는 유전된 표상이 아니고 유사한 표상을 형성하는 선천적인 소질 또는 내가 후에 집단적 무의식이라 지칭한 정신의 보편적이고 동일한 구조다. 그러한 구조를 나는 원형이라고 명명했다. 그것은 행동유형이라는 생물학적 개념에 상응한다."[29] 이런 원형적 표상은 집단적 관념, 신화, 설화, 꿈, 환상은 물론 정신질환자들의 환상에도 많이 나타나는데, 융이 원형에 대한 생각을 굳힌 것도 그가 보았던 어떤 정신분열병

28) Jung CG(2002) : 앞의 책, p68.
29) Jung CG(2005) : 《상징과 리비도》, 한국융연구원 C.G. 융저작번역위원회 옮김. 솔출판사, 서울, p234.

자의 환상을 통해서였다.

그런데 융은 원형과 원형상archetypal representation을 구별해야 한다고 강조하였다. 원형은 그 안에 어떤 내용이 담겨 있지 않은 형식적인 틀로서 그 내용은 시대나 문화에 따라서 다른 모습으로 나타나기 때문이다. 예를 들어 말하자면, 고난을 극복하고 승리한 영웅은 원형으로서 모든 문화권과 모든 사람에게 전해지지만, 그 구체적인 원형상은 페르세우스, 로물로스, 고주몽 등으로 각각의 문화적 상황에 따라서 서로 다른 옷을 입고 나타난다. 사람들이 고난을 겪을 때 집단적 무의식으로 물려받은 영웅 원형이 자기도 모르게 작용하여, 그 고난을 극복하게 하지만 서로 다른 상황에서 서로 다른 모습으로 영웅의 탄생이 이루어지는 것이다. 한편 융은 그의 말년에 파울리와의 관계를 통해서 원형은 단지 정신적인 것만이 아니라 정신과 물질이 결합되면서 나타나는 것이라고 주장하면서 원형을 정신양精神樣, psychoid이라고 불렀다. 원형은 정신적인 것만이 아니라 신체 장기처럼 확실하게 작용한다는 것이다: "결코 잊어서는 안 될 것은 원형은 모든 사람에게서 발견되는 영혼의 기관器官이라는 점이다."[30)]

원형은 이미지와 정동emotion으로 구성되어 있다. 원형은 그 안

30) Jung CG(2005) : 앞의 책, p248. cf. "심리학은 물리학의 성과 때문에 단지 정신적이기만한 원형의 전제조건을 수정하지 않을 수 없음을 알게 되었다. 원형은 표상들을 배열하면서 나타나며 표상들은 그때마다 무의식으로 일어나고 그래서 언제나 나중에야 비로소 인식된다." Jung CG(2005) : 앞의 책, p99.

에 정동을 담고 있는 이미지로서 사람들이 타고나는 무의식의 심리적 · 정신적 소인素因인 것이다. 원형에는 강력한 힘이 담겨 있고, 자율적으로 작용해서 원형적 체험은 자아에 속해 있지 않은 원초적이고 근원적인 체험인 것이다. 그래서 융은 종교적 회심이나 의미체험도 원형에 대한 체험이라고 주장하였다. 원형은 사람을 삶의 뿌리와 관계되게 하고, 인간의 본성에 다가가게 하며, 창조적 환상의 모태가 되는 것이다: "정신적인 모든 것은 미리 형성되어 있기 때문에 그것의 개별적인 기능도 그러하며, 특히 무의식적인 준비에서 직접 유래한 기능이 그렇다."[31] 그러나 자아가 집단적 무의식과 분화되지 않으면, 사람은 원형에 사로잡혀서 원형의 강력한 에너지의 희생자가 된다. 정신분열병자의 증상에서 보는 괴이한 이미지들도 원형에서 비롯된 것이다.

융은 인간의 정신을 구성하는 페르조나, 그림자, 아니마/아니무스, 자기 등은 모두 원형이라고 주장했는데, 그 원형 가운데서 가장 중요한 것은 자기self 원형이다. 자기는 자아가 의식의 중심인 것과 달리 인격 전체의 중심이다. 그런데 사람들은 의식이 발달하면서 인격 전체의 중심을 자아와 동일시하면서 무의식의 기반에서 떨어지려는 속성이 있다. 자아를 정신의 중심으로 착각하면서 의식적인 세계에만 몰두하려는 것이다. 그때 사람들은 커다란 문제에 봉착하게 된다. 이기주의에 빠지거나, 자아-팽창에 빠지면

31) Jung CG(2005) : 앞의 책, p199.

서 여러 가지 문제를 일으키는 것이다. 이와 같은 상황을 타개하기 위해서 자기는 내적 조절자로서 의식과 무의식의 균형을 잡으려고 여러 가지 신호를 보낸다. '자기는 혼돈된 상태를 보상'[32] 하기 때문이다. 그래서 프랑스의 융 학파 정신분석가 E. 윔베르는 융의 중요한 공헌 가운데 하나는 개인이든지 집단이든지 간에 의식과 함께 주체를 형성하고 발달시키는 무의식의 원리인 자기le soi의 작용에 대해서 강조한 것이라고 주장하였다. 융 심리학에서 자기는 무의식의 보상작용의 주체로서 꿈을 만들어 내고, 치유의 원천이 되는 것이다.[33]

융은 프로이트와 헤어진 다음 때때로 자기가 작용하는 것을 깊이 체험하였다. 그에게서 서로 화해되지 않은 대극 사이에 긴장이 고조될 때, 그 자신도 모르게 무의식 속에서 자기가 나타나면서 더 큰 통합으로 이끌어 가는 것을 체험했던 것이다: "만다라상은 인격의 전일성을 의미하는 자기를 나타낸다. 자기가 제대로 작동하기만 하면 조화 있는 상태에 있게 되는 것이다. ……그것은 우리

32) Jung CG(1971) : *Les Racines de la conscience*, Buchet/Chastel, Paris, p321. cf. "나의 경험에 의하면 중심화란 발달의 과정에서 한 번도 이루어지지 않았던 정상에 도달하는 것이다. 왜냐하면 그것은 치료과정에서 최상의 효과를 나타내기 때문이다." Jung CG(1971) : 앞의 책, p525. 그래서 A. 사무엘스는 자기의 특성을 전체성, 정신의 중심, 정신의 조절자, 초개인적 요소라고 주장하였다. Samuels A(1985) : *Jung and the Post-Jungian*, Routledge & Kegan Paul, London, pp89-97.

33) Humbert E(1993) : *Ecrits sur Jung*, Retz, Paris, p33. cf. 같은 의미에서 E. 에딘저는 자기가 전체 정신에 있는 질서와 통합의 중심(ordering and unifying center of the total psyche)이라고 주장하였다. Edinger E(1992) : *Ego and Archetype*, Shambhala, Boston, p3.

의 중심, 개성화로 가는 길이다."[34] 그러다가 그는 자기는 정신치료의 목표일뿐만 아니라 모든 사람이 궁극적으로 추구해야 하는 정신의 목표라는 사실을 알았다. 왜냐하면 인간의 정신은 궁극적으로 자기가 실현되는 방향으로 나아가려고 하기 때문이다: "변화하는 것을 다시 통합하고 혼돈 속에 있는 것에 질서를 부여함으로써 부조화 상태에 있는 것들과 중심의 둘레에 배열되어 있던 것은 통일을 이룰 수 있다. ……의식은 이제 무의식과 다시 이어지고, 무의식적으로 살던 사람은 그의 중심과 다시 이어지는 것이다."[35] 그래서 그는 연금술사들이 '현자의 돌lapis philosophorum'이라고 한 것도 사실은 자기의 상징이었다고 주장하였다.

자기는 무의식 안에 있는 전체적인 요소이기 때문에 에너지를 많이 담고 있으며, 강력하게 작용한다. 그래서 사람들은 가장 가치가 있다고 생각하는 것에 자기를 투사시켰으며, 종교에서 하나님이라고 부르는 것도 자기의 투사상이다. 그러나 조심해야 하는 것은 부버처럼 융이 하나님을 심리적 요소로 환원시켰다고 오해하지 말아야 하는 것이다. 왜냐하면 융은 하나님과 하나님의 이미지를 구분해서 생각했기 때문이다. 융에게 있어서 하나님 자체는 인간의 이성으로 도저히 파악할 수 없는 신비다. 그러나 하나님이 신비로만 있을 경우, 하나님과 관계를 맺을 수 없기 때문에 사람

34) Jung CG(1973) : 앞의 책, pp353-354.
35) Jung CG(1971) : 앞의 책, pp321-322.

들은 '하나님의 이미지'를 그리면서, 하나님은 그런 존재이겠거니 하면서 다가간다. 사람들이 '하나님'이라고 부르는 것은 하나님 자체가 아니라 '하나님의 이미지'이고, 그 이미지는 사람들이 하나님 자체에 다가갈 때 커다란 도움이 되는 것이다. 그래서 융은 "내가 '하나님'이라고 할 때, 나는 심리학적 이미지에 대해서 말하는 것이다. ……심리학에서 관심을 가지고 있는 것은 심리적인 이미지이지 신 자체Dieu en soi는 아니다."[36] 라고 하였다.

36) Jung CG(1981) : *L'Energétique psychique*, Librairie de l'Université Georg, Genève, pp28-29.

융의 심리학과 정신에너지론

프로이트가 무의식을 개념화할 무렵 융 역시 단어연상검사를 통하여 무의식 현상을 탐구하였다. 그러면서 그는 그 검사를 통하여 인간의 정신은 감정적으로 고조된 콤플렉스complexes로 이루어져 있다는 사실을 발견하였고, 그것은 그로 하여금 프로이트의 무의식론을 받아들일 수 있는 기반이 되었다. 콤플렉스에 대한 발견은 심층심리학자로서의 융의 위치를 뚜렷하게 해 준 사건인데, 그는 사람의 마음속에는 그 자신도 알지 못하는 '관념과 정감으로 된 복합요소idéo-affectif facteur'가 있으며, 그것이 인간의 정신활동을 좌우하고 있다는 사실을 깨달았다. 그에 의하면 콤플렉스는 개인의 크고 작은 삶의 여러 경험 때문에 생기는 개인적인 것과 타고나는 성향에서 생긴 집단적인 것 등 두 가지가 있는데, 콤플렉스는 사람들에게 정신적 체질처럼 그가 어떤 외부적인 사태에 대해서 어떤 특정한 반응을 하게 하는 요인으로 작용한다. 콤플렉스는 어떤 정신적 내용으로 이루어진 핵을 둘러싸고 그 주위에 그와 관계되는 다른 내용이 엉겨 붙어서 만들어졌기 때문이다. 융에 의하면 자아도 일종의 콤플렉스이고, 무의식을 구성하는 원형도 모두 콤플렉스다. 그러므로 인간의 정신활동은 그에게 어떤 콤플렉스가 어떻게 조합되어 있느냐에 따라서 결정된다.[37)]

콤플렉스에 대한 이런 생각들은 자연히 그를 정신에너지에 대한 생각으로 이끌었다. 눈에 보이지 않는 콤플렉스의 작용을 에너지 이론으로 설명할 수 있었기 때문이다: "우리는 비록 정신과정을 측정할 수 없지만, 지각될 수 있는, 정신에 의해 영향을 준 변화의 사실을 에너지 현상 이외의 것으로 파악하는 데는 성공하지 못할 것이다."[38)]

융은 인간의 모든 활동을 정신에너지인 리비도의 작용이라고 생각하였다. 리비도는 사람들에게 욕망désir, 의지vouloir, 정감affect을 일으키면서 여러 가지 행동과 현실적 기능을 수행하게 하는 것이다: "욕망 혹은 욕구로서의 리비도의 개념 역시 에너지상의 정신적 과정에 대한 하나의 해석인데, 그것을 우리는 욕구의 형태로 체험한다. 그 개념의 바탕이 무엇인지 우리는 잘 모른다."[39)] 그런데 융은 리비도를 성욕으로 보았던 프로이트와 달리, 리비도는 어떤 질적인 개념이 아니라 양적인 것으로서, 생명에너지를 뜻하는 정신에너지énergie psychique라고 주장하였다: "우리가 리비도에 대해

37) Jung CG(1999) : *Le divin dans l'homme*, p191.

38) Jung CG(2002) : 앞의 책, p102. cf. "심리학에서는 강도를 어림잡아 정하게 되는데, 그 목적으로 감정기능(가치평가)을 쓴다. 심리학에서 감정기능은 물리학의 측량자리를 대신한다." Jung CG(1999) : 앞의 책, p103.

39) Jung CG(2005) : 앞의 책, p205.

말할 때 그것을 어떤 특수한 충동이 아니면서, 그 어떤 영역으로, 즉 권력, 배고픔, 증오, 성욕, 종교 등으로 옮겨갈 수 있는 에너지의 가치라고 이해하는 것이 더 신중한 이해방식이라 할 것이다."[40] 리비도가 성욕으로 되는 것은 리비도의 대상이 성으로 향할 때뿐이다. 이렇게 리비도를 질적인 개념이 아니라 양적인 개념으로 보자 리비도는 성욕에서 벗어나고, 인간의 모든 정신현상을 정신에너지의 작용으로 볼 수 있게 된다.[41]

융은 정신에너지의 작용원리는 평형의 원리와 엔트로피의 원리 두 가지가 있다고 주장하였다. 먼저 평형의 원리는 "어떤 상황에서 쓰이거나 소비된 에너지의 양은 동일한 혹은 다른 형태의 에너지의 같은 양으로 다른 곳에서 나타난다는 것이다."[42] 융은 평형의 원리를 잘 보여 주는 것은 '억압과 대치물 형성'이라고 주장하였다. 의식에서 억압된 것은 무의식에서 어떤 증상을 만들거나, 꿈이나 환상 등의 형태로 나타난다는 것이다. 따라서 평형의 원리는 정신치료에서 유용하게 쓰일 수 있다: "분석가가 이러한 숨겨진 내용들을 의식으로 가져오는데 성공하면, 의식에서 사라진 리비도가 무의식에서 ……그 에너지를 상실한 의식의 내용과 비슷

---

40) Jung CG(2005) : 앞의 책, p205.

41) cf. "이러한 방식으로 우리는 정신에너지의 좁은 개념을 좀 더 넓은 생명-에너지로 확장할 수 있다. ……그렇게 함으로써 양적인 관련성을 정신의 좁은 개념을 넘어 전반적인 생물학적 범위까지 확대할 수 있게 된다." Jung CG(1981) : *L'Energetique psychique*, pp34-35.

42) Jung CG(1981) : 앞의 책, p36.

한 부분을 가지고 있음을 발견하게 된다."[43]

융이 신앙의 회복이 신경증의 치료에 도움을 준다고 주장한 것도 그 때문이다. 신경증 환자가 하나님과 좀 더 긴밀한 관계를 회복하게 되면 병적인 증상에 부어졌던 리비도가 하나님상에 부어져서 증상이 소멸되기 때문이다. 그러므로 정신치료를 위해서는 증상에 부어진 리비도가 흘러갈 수 있는 물길canal을 만들어 주는 것이 요체要諦다.

둘째로 엔트로피의 원리는 폐쇄된 에너지 체계 속에서 에너지의 변환은 강도intensité의 차이가 있는 두 영역 사이에서 그 차이가 없어질 때까지 일어나며, 마지막 안정성은 처음의 차이가 클수록 커진다는 것이다. 물리학에서 열이 뜨거운 곳에서 차가운 곳으로 옮겨지면서 일work로 전환되고, 차가워진 열은 다시 일로 전환될 수 없는 것과 같은 원리다. 융은 그러한 예를 사람들에게 새로운 태도가 형성되거나 젊은 시절의 격동을 거치면서 안정을 찾는 경우에서 찾아볼 수 있다고 주장하였다. 한때 사람들에게 긴장을 야기했던 두 가지 양립할 수 없는 욕망은 격렬한 진동을 거치면서, 그에게 새로운 태도를 형성시키고, 통합되는 것이다. 그때 초기의 진동이 격렬할수록 그다음에 찾아오는 안정은 커진다. 우리는 회심체험자들에게서 엔트로피의 원리를 확인할 수 있는데 회심체험자들 역시 회심 후 단번에 거룩한 삶을 사는 것이 아니라, 수많은

43) Jung CG(1981) : 앞의 책, p37.

동요와 불안정 속에서 흔들리다가 안정을 찾는 것이다. 그때 처음 상태와 나중 상태가 다르면 다를수록 나중의 상태는 더 안정되게 된다. 그러나 인간의 심리체계 모두가 폐쇄적이지 않기 때문에 인간의 모든 정신활동에서 엔트로피의 원리가 발견되는 것은 아니다.[44)]

한편 리비도의 운동에는 진행progression과 퇴행regression이 있다. 진행은 사람들이 환경에 적응할 때, 리비도가 바깥을 향해서 나아가는 것이고, 퇴행은 환경에의 적응에 실패하여 리비도가 안으로 들어와 내면세계에 적응하는 것이다. 리비도가 진행할 때 사람들은 외부 대상에 리비도를 투여하여 상황을 인식하고, 그때 필요한 작업들을 수행하게 된다. 그 반대로 퇴행은 바깥에 있는 대상에 부어졌던 리비도가 안으로 들어와서 내적 대상을 활성화시키는 것이다. 리비도의 퇴행은 적응 실패에서 많이 일어나는데, 의식은 언제나 그에게 익숙한 방식으로 적응하려고 하기 때문에 새로운 환경이 조성되거나 새로운 태도가 요구될 때, 더 이상 나아가지 못하는 것이다. 그때 리비도는 정체되거나 퇴행하여 사람들은 우울증에 빠지거나 무의식이 활성화되어 여러 가지 정신적 증상에 시달리게 된다. 예를 들어 말하자면, 외향성이 발달한 사람은 외부 상황에 외향적 태도를 가지고 적응하는데, 내향적인 태도가 요구되는 상황에서 리비도는 더 이상 진행하지 못하여 고통받게 되는

44) Jung CG(1981) : 앞의 책, pp44-46.

것이다. 그러나 융은 리비도의 퇴행이 반드시 부정적인 것이 아니라 여태까지 사용하지 않았던 새로운 기능을 발달시키라는 의미가 있다고 주장하였다. 인격을 전체적으로 통합하게 하는 목적적 의미가 담겨 있다는 것이다.[45)]

리비도가 퇴행하여 제일 먼저 하는 일은 어린 시절의 기억을 들추어 내는 것이다. 외부로 방출되지 못한 에너지는 안으로 들어가서 과거의 이미지들, 특히 부모의 이미지나 부모와 관계되는 이미지들을 끄집어낸다. 그때 그 자료들은 유아성욕과 관계되는 비합리적이거나 비도덕적인 것처럼 보이지만, 융은 그것들을 생물학적으로 볼 것이 아니라 상징적으로 보아야 한다고 주장하였다. 그것들은 그당시 의식의 일방적인 관점 때문에 억압되어 왜곡된 모습들로 나타나지만, 그 속에는 겉으로 보는 것보다 더 풍부하고 창조적인 내용이 담겨 있다는 것이다.

리비도는 퇴행을 통해서 그 전까지 환경에 적응하느라고 배제시킨 정신내용들의 가치를 고양시키고 활성화시키는 측면이 있는 것이다. 그러므로 리비도의 퇴행 때문에 생긴 병리현상에 압도되지 않는 한, 삶을 또 다른 관점에서 볼 수 있게 되고, 지금 실패한 의식의 태도에서 벗어나 새로운 태도를 가질 수 있게 된다. 그래서 융은 리비도의 퇴행은 삶에 적응하기에 바빠서 그동안 무시했던 영혼의 문제에 직면하라는 삶의 요청일 수 있다고 강조하였

45) Jung CG(1981) : 앞의 책, pp53-57.

다.[46] 우리는 이러한 현상을 아시시의 성 프란체스코나 17세기 프랑스의 신비가 마담 귀용, 감리교의 창시자 존 웨슬리를 비롯한 기독교의 많은 회심체험자들에게서 찾아볼 수 있다. 그들에게 퇴행은 고통스러운 것이었지만, 그것을 통하여 그들은 그 전과 전혀 다른 삶을 살았던 것이다.

46) Jung CG(1981) : 앞의 책, pp57-63.

융의 심리학과 심리학적 유형론

융은 1920년에 발표한 《심리학적 유형론》 서문에서 심리학적 유형론에 대한 그의 생각은 그가 정신과 의사로 활동을 시작할 때부터 관심을 끌었던 주제라고 하였다. 그는 정신과 환자들을 볼 때 히스테리 환자와 정신분열병 환자가 너무 다르고, 철학사나 교회사에서도 플라톤과 아리스토텔레스, 오리게네스과 터툴리안 등 뚜렷이 다른 유형의 사람들이 있어서 그 이유가 무엇일까 탐구하였던 것이다. 그가 그 주제에 그렇게 깊은 관심을 기울인 것은 그와 프로이트 사이에 너무 다른 것이 많다고 생각하였기 때문이다. 그와 프로이트는 모두 똑같은 인간의 정신현상을 보았는데, 너무 다른 각도에서 보았던 것이다. 그래서 그는 1913년 처음으로 심리학적 유형에 대한 논문을 발표하였고, 나중에 그에 대한 연구를 심화시켜서 1920년 본격적인 저서로 출판하였다. 그의 사상 가운데서 비교적 초기에 속하는 사상인 것이다. 하지만 1931년《심리학적 유형론》제6판까지는 그 내용을 수정하였으나 1936년 제7판 이후부터 수정이 없는 것으로 보아서 심리학적 유형론에 대한 더 이상의 연구는 없었던 듯하다.

심리학적 유형에 대한 그의 생각은 두 가지 단계로 나누어지면서 발전되었다. 그는 처음에는 사람들이 서로 다르게 나타나는 이유는 정신적 태도psychological attitude가 다르기 때문이라고 생각하였다. 그러면서 그는 인간의 정신적 태도에는 외향적外向的 태도와 내향적內向的 태도가 있다고 주장하였다. 외향적 태도는 관심의 초점을 외부세계와 대상object에 맞추는 태도이고, 내향적 태도는 관심의 초점을 내면세계와 주체subject에 맞추는 태도다. 그래서 외향적인 사람들은 다른 사람의 평가나 칭찬에 예민하며, 다른 사람들의 관심을 끄는 외적인 일을 하려고 한다. 그러나 내향적인 사람은 다른 사람의 평가나 칭찬과 관계없이 그의 내면에서 요청하고, 그의 주체가 원하는 일을 하려고 한다. 다른 사람이 아무리 높이 평가하는 일이라도 그에게 맞지 않는다면 그에게 아무 의미도 없는 것이다. 그러나 융은 무의식에서는 이와 반대로 나타난다고 주장하였다. 외향적인 사람이 무의식에서는 더 자기중심적이고, 내향적인 사람이 무의식에서는 더 다른 사람의 평가에 예민하다는 것이다. 그래서 어떤 이유 때문에 의식이 약화되어 무의식이 활성화되면 사람들은 평상시와 전혀 다른 태도로 행동하게 된다.[47)]

정신적 태도에 대한 융의 생각은 그에게 다른 사람을 이해하는 데 많은 도움을 주었다. 사람들이 다르게 나타나는 것을 설명

47) Jung CG(1983) : *Types psychologiques*, Librairie de l'Université Georg, Genève, pp323-326.

할 수 있는 도구가 생겼기 때문이다. 그러나 그는 곧 사람을 두 가지 유형으로만 분류하는 것이 너무 단순하다는 것을 발견하였다. 세상에는 매우 다양한 사람이 있기 때문이다. 그래서 그는 사람들의 차이점을 설명할 수 있는 다른 도구를 찾다가 정신적 기능psychological function을 생각했는데, 사람들은 사고thinking와 감정feeling 같은 합리적 기능과 직관intuition과 감각sensation 같은 비합리적 기능을 가지고 정신활동을 전개하며, 그에게 어느 기능이 발달되어 있는가에 따라서 서로 다르게 나타난다고 생각했던 것이다. 여기에서 합리적 기능은 이성理性의 작용에 의한 기능이고, 비합리적 기능은 본성本性에 의한 기능이다. 즉, 사고와 감정은 사람들이 이성적으로 '이것은 무엇이다사고.'라고 사실을 판단하거나 '이것은 나에게 어떻다감정.'고 가치를 판단하는 기능이다. 그러나 직관은 '이것은 어떻게 될 것이다.'라고 짐작하고, 감각은 '이것은 어떻다.'라고 색깔·모양·냄새 등을 지각하는데, 그것은 이성을 통한 지각知覺이 아니라 본성本性에 의한 지각이다. 그래서 '어떻게 그것을 알았느냐?'라고 물어보면 그 사람은 정확하게 대답하지 못하고, '그런 것 같아서 그랬다.'라고만 말할 뿐이다. 그것이 이성에 의한 판단이 아니기 때문이다.

사람들에게 정신적 태도와 기능은 타고나는 것인데, 두 가지 태도와 네 가지 기능이 결합되어 사람들은 외향적 사고형/내향적 사고형, 외향적 감정형/내향적 감정형, 외향적 직관형/내향적 직관형, 외향적 감각형/내향적 감각형 등 여덟 가지 유형으로 나뉜다.

그러나 융은 이 유형은 어디까지나 각각의 유형의 특성을 말할 뿐, 살아 있는 사람을 이 틀 속에 집어넣어서 규정할 수는 없다고 강조하였다. 각 사람들에게서 내/외향성의 정도와 각각의 정신적 기능이 발달된 정도가 달라서 같은 유형의 사람이라도 모두 다르게 존재하기 때문이다. 그래서 심리학적 유형론의 효용은 인간에 대한 이해와 열등기능에 대한 파악에 있다. 어떤 사람이 어떤 특성을 보인다면, 그것은 그의 정신적 태도와 기능이 어떻게 작용하기 때문이라고 이해하고, 그의 열등기능을 발달시키도록 도와주어야 하는 것이다. 열등기능이란 사람들이 삶에 적응하는 과정에서 그가 타고난 정신기능을 주로 사용하느라고 그 반대편에서 발달하지 못한 정신기능인데, 그것은 사람들에게 그림자로 작용하면서 삶의 또 다른 자리에서 문제를 일으키기 때문이다. 그래서 융은 열등기능을 발달시키는 것이 전체 인격을 실현하는 데 중요한 과제라고 주장하였다.

융의 심리학적 유형론에 대한 생각은 그가 우려했던 위험성만 조심한다면 정신치료에 많은 도움을 주어서 분석가들의 치료현장에서 유용하게 사용되고 있다. 이것은 다른 심층심리학자들이 주장하지 않은 융의 독특한 생각인 것이다. 그러나 후기 융 학파에서 심리학적 유형론은 융이 초기에 주장했던 것과 다른 견해들이 나오고 있으며열등기능이 반드시 우월기능의 반대쪽에 있는 기능인가 하는 문제 등, 발달학파에서는 유형론이 인간을 발달적인 관점에서 볼 수 없게 한다는 비판을 받고 있다. 그래서 사무엘스는 “플라우트는 근래

들어와 유형론에 대한 논의는 '심리학적 유형이 고정되어 있다는 생각에 대응하여 그 안에서 실제로 어떤 움직임을 구성하는 심리 체계에 의한 상징주의'라는 생각을 중심으로 이루어진다고 주장하였다."[48]라고 말하였다.

이러한 심리학적 유형은 사람들의 종교생활에도 많은 영향을 미칠 것이다. 사고, 감정, 직관, 감각 등 정신적 기능은 사람들이 도그마와 상징에 다가가는 데 서로 다른 모습을 보이게 하며, 내향적 태도와 외향적 태도는 종교생활 전체를 결정하게 할 것이다. 따라서 서로 다른 유형의 사람들이 서로 상대방을 존중하면서 생활을 하면 서로의 다른 점이 보완되어 더 풍부한 삶을 살 수 있지만, 그렇지 않은 경우 서로의 다른 점은 갈등의 원천으로 작용할 것이다. 서로 다른 유형의 사람들은 서로 다른 점을 도저히 이해하지 못하기 때문이다. 그들은 상대방에게서 자신의 그림자를 투사하여 더욱더 열등하게 보면서 타협하지 못하는 것이다.

48) Samuels A(1985) : 앞의 책, p84.

종교와 상징

융은 "종교는 의식과 무관하지만 의식 너머에 있으면서 의식의 심적 배경이 되는 어둠에서 일어나는 정신과정과 생생한 관계를 맺는 것이다."[49]라고 하였다. 종교는 단지 신을 믿으면서 신이 우리 삶에 복을 가져다 달라고 비는 것만이 아니라, 때때로 정반대 방향으로 나아가려는 삶의 의지를 통일하고, 삶에서 불가피한 고통 때문에 분열되려는 정신체계를 통합하며, 사람들이 궁극적으로 지향해야 할 바를 제시하는 고차원적 정신기능의 산물이라는 것이다. 그가 종교는 단순히 기독교나 불교처럼 어떤 신조creed를 같이 신봉하는 교단을 지칭하는 것이 아니라, 인간의 삶에서 체험되는 누멘을 주의 깊게 관찰하고 신중하게 고려하는 정신적 태도라고 주장한 것은 그 때문이다. 그래서 종교는 언제나 사람들을 궁극적 존재의 기반이나 의미의 원천과 만나게 하고 전일성wholeness을 향해서 나아가게 한다. 종교는 인간의 삶에 안정을 가져다주고, 인격을 발달시키게 하는 것이다. 그런 의미에서 모든

49) Jung CG(2002) : 앞의 책, p241.

사람은 종교인homo religiosus이고, 모든 사람은 종교적 지향을 가지고 있다고 말할 수 있다.[50)]

종교의 이러한 특성 때문에 종교의 모든 도그마, 제의, 형상은 상징일 수밖에 없다. 종교적인 것들은 이성을 통해서 파악할 수 있는 것이 아니라 상징을 통해서 드러날 수밖에 없기 때문이다. 그래서 신학자 폴 틸리히는 상징은 본래 그 자신 너머에 있는 것을 드러내고, 알지 못하는 것을 지각하게 하며, 인간 속에 있는 그에 해당하는 깊이를 열어 준다고 주장하였다.[51)] 인간은 이성의 능력만 가지고서는 '하나님'을 다 알 수 없어서 무의식에서 체험한 '하나님'과 여러 가지 종교현상을 표현하기 위하여 상징의 도움을 받아서 나타낸다는 것이다. 상징을 통해서라도 그것들을 표현하지 않으면 그것들은 다시 무의식에 잠겨 버리고 말기 때문이다. 그러므로 우리는 모든 종교적 표현을 접할 때 그것의 겉으로 드러난 부분만 보려고 할 것이 아니라, 그 뒤에 있는 더 깊은 부분을 보려고 해야 한다.

상징이라는 말은 symbalon에서 나온 말인데, 본래 도자기나 금속의 조각으로 만든 신표信標나 부표를 의미했다. 사람들은 그것을 반으로 나누어 가지고 있다가 오랜 시간이 지난 다음 두 쪽을 맞추

---

50) Ulanov AB(1971) : *The Feminine in Jungian Psychology and in Christian Theology*, Northwestern University Press, Evanston, p12. cf. Tillich P(1981) : 《궁극적 관심》, 이계준 역, 전망사, 서울.
51) Tillich P(1981) : 《종교와 문화》, 이계준 역, 전망사, 서울.

어 보고 과거의 약속을 상기하여, 그것을 이행하는 수단으로 사용하였던 것이다. 상징은 한 가지 의미만으로 된 것이 아니라, 그 뒤에 또 다른 의미가 감추어져 있으며, 그 의미까지 합쳐져야 진정한 의미를 드러내기 때문이다. 그래서 프랑스의 철학자 라드리에르J. Ladrière는 상징에는 그 이미지가 표상하는 1차적 의미symbolizing와 거기에서 유추되는 2차적 의미symbolized가 있다고 주장하였다. 상징은 언제나 이미 알고 있는 것을 통해서 아직 다 밝혀지지 않은 것을 나타낸다는 것이다.

융은 종교적인 것뿐만 아니라 모든 무의식적인 것들은 상징을 통해서 그 자신을 표현할 수밖에 없다고 주장하였다.[52)] 왜냐하면 '상징은 그 본성을 아직 알 수 없어서 단지 짐작만 할 수 있을 뿐인 무의식의 내용을 가장 잘 나타낼 수 있는 표현 수단'[53)]이기 때문이다. 그래서 신경증의 증상들은 모두 그것을 뛰어넘는 상징적 의미를 담고 있으며, 치료자는 그것이 나타내는 무의식의 메시지에 귀를 기울여야 한다.

그러면 상징은 어떻게 만들어지는가? 융은 상징은 무의식에 있

52) Ladrière J(1982) : "Discours théologique et symbole", Ménard JE(1975) : *Le Symbole*, Université des sciences humaines de Strasbourg, Strasbourg, p119.

53) Jung CG(1969) : *The Archetypes and the Collective Unconscious*, Princeton University Press, Princeton: N.J., p6. cf. "진정한 상징은 ……아직 다른 방식이나 더 나은 방식으로 명확하게 표명되지 않아서 직관적인 생각으로 이해될 수밖에 없는 표현 방식을 나타낸다. ……진정한 상징은 아직 언어적 개념으로 표명되지 않은 것을 표현하려는 시도이다." Jung CG(1966) : *The Spirit in Man, Art, and Literature*, Princeton University Press, Princeton: N.J., p70.

는 상상적 사고pensée imaginative에서 비롯된다고 주장하였다. 상상적 사고는 사람들이 목표지향적 사고pensée dirigée를 가지고 현실에 적응하다가 실패했을 때 무의식에서 꿈이나 환상을 통하여 새로운 길로 안내하는 역할을 하기 때문이다.[54] 그것은 종교에서도 마찬가지다. 종교상징은 인간의 삶에는 의식으로 지각하는 세계와 전혀 다른 영역이 존재하며, 우리 삶에 영향을 미치고 있음을 도그마, 제의, 신화 등을 통해서 보여 주는 것이다. 그러므로 사람들은 현실에서 조금 물러나 목표지향적 사고가 아니라 상상적 사고를 할 때 더 종교적으로 된다.[55]

융에 의하면 상징에는 다음과 같은 세 가지 중요한 기능이 있다. 첫째, 상징은 서로 다른 두 차원을 연결한다. 상징은 의식과 무의식, 아는 것과 알지 못하는 것, 합리적인 것과 비합리적인 것 등 서로 다른 두 차원을 이어 주는 것이다. 우리는 신경증 증상에서 의식과 무의식 사이를 잇는 상징의 예를 잘 찾아볼 수 있다. 예를 들어 말하자면, 세척강박증에는 그 사람이 마음의 무엇인가를 씻어야 할 것이 있음을 말해 주는 것이다. 여기에서 증상은 의식과 무의식을 잇는 다리bridge 역할을 하고 있다.

둘째, 상징은 어떤 사실을 직접적으로 인식하게 한다. 상징은 어떤 사실을 이성에 의한 추리와 궁구窮究가 아니라 직관적으로 인

54) Jung CG(2005) : 앞의 책, pp50-54.
55) cf. Jung CG(2005) : 앞의 책, pp33-39.

식하게 한다. 그러므로 사람들은 때때로 동구 밖에 있는 마을의 수호신인 바위를 보고, 누가 설명해 주지 않아도 직감적으로 그것이 수호신임을 안다.

셋째, 상징에는 변환의 기능이 있다. 사람들이 상징을 상징으로 인식할 때, 상징은 그를 변환시키는 것이다. 예를 들어 말하자면, 아이를 낳지 못하던 여인이 동구 밖에 있는 마을의 수호신인 바위 앞에서 아이를 점지해 달라고 간절히 기도드릴 때 실제로 임신할 수도 있는 것이다. 그때 그 여인은 수호신의 신성력과 하나가 되었기 때문이다. 프랑스의 인류학자 L. 레비-브륄은 상징의 이런 작용을 신비적 융합participation mystique 때문이라고 했는데, 사람들이 어떤 대상과 신비적으로 하나가 될 때 그것이 가진 힘에 의해서 존재의 변환이 일어난다는 것이다. 상징의 이런 작용은 상징을 구성하는 요소가 이미지와 정동emotion이기 때문이다. 상징에는 의미를 전달하는 이미지뿐만 아니라 힘을 전달하는 정동으로 가득 차 있는 것이다.[56]

상징이 종교나 정신치료과정에서 유용하게 쓰이는 것은 이와 같은 기능 때문이다. 상징은 자아-의식이 현실적 상황에 적응하지 못하여 리비도가 퇴행할 때, 무의식에서 새로운 길을 찾아서 리비

56) cf. 융은 상징(symbol)과 기호(sign)를 구별해야 한다고 강조하였다. 기호는 상징과 달리 어떤 것을 가리키기 위한 사회적이며, 자의적인 고안으로써 그것이 지시하는 실재와 신비적 융합을 일으킬 수 없어서 그 실재의 능력에 참여할 수 없다.

도가 흐를 수 있도록 새로운 물길을 내 주면서canalisation 자아의 적응을 돕는다. 상징이 그렇게 할 수 있는 것은 상징이 이미 알고 있는 것과 아직 다 드러나지 않은 것을 나타내면서 의식과 무의식 양자에 속해 있고, 무의식 속에 있는 전체성totality과 밀접한 관계를 맺고 있기 때문이다. 따라서 사람들이 상징을 단순한 기호로서가 아니라 다층적 의미를 가진 실체로 체험할 때, 그것이 드러내는 실재와 신비적으로 융합되면서 그 전까지 분열되었던 것을 통합하고 삶의 새로운 지평을 열어가게 한다.

융은 상징이 가진 이와 같은 무의식의 조절 기능을 초월적 기능이라고 불렀다. 상징은 인간의 정신에너지가 대립되는 두 가지 성향 때문에 정체될 때 제3의 대상을 제공하면서 갈등 상황을 타개하고 새로운 상황을 만들어 내는 것이다. 그때 막혔던 리비도는 다시 흐르게 되고, 내면에는 통합이 이루어진다. 그 전까지 조성되었던 갈등이 해소되었기 때문이다: "전일성의 특성을 가지고 있어서 전일성을 이루는 수단이 되는 상징은 ……하나 또는 둘 이상의 대극을 융합시키는 '연합하는' 상징이다. 그 상징은 의식과 무의식이 충돌할 때, 그것이 야기하는 혼돈의 상황에서 나타난다."[57] 그래서 융은 "심리학적으로 초월적 기능은 의식적, 무의식적 내용의 합일에서 생긴다."[58]라고 하였다. 상징은 갈등을 유발했던 대극

57) Jung CG(1983) : *Aion*, Albin Michel, Paris, pp194.
58) Jung CG(2002) : 앞의 책, p339.

을 화해시킴으로써 정신의 발달을 돕는 것이다.

융은 그가 프로이트와 헤어진 다음 그의 내면에서 서로 반대되는 정신의 극極이 충돌할 때 상징이 초월적 기능을 작동시키면서 통합하는 체험을 많이 하였다. 1916년 그가 3세기의 영지주의자 바실리데스의 이름으로 펴낸《죽은 자들을 위한 일곱 편의 설교》역시 그 체험에서 나온 기록이다. 거기에는 선과 악, 미와 추, 음과 양 등 모든 대극적 요소를 통합하는 플레로마와 아브락사스가 나온다. 또한 융은 자린A. Zarine에게 보낸 편지1939. 5. 3.에서 '하나님의 나라'라는 상징은 예수 그리스도가 광야에서 시험을 받을 때 예수 그리스도의 내면에서 일어나는 대극의 갈등을 통합하는 초월적 기능을 작동시켰다고 주장하였다. 왜냐하면 그가 세례 요한에게 세례를 받으면서 성령체험을 한 다음 광야에 들어가 마귀에게 시험받은 내용은 그의 내면에 있는 권력 의지에서 나왔음직한 것들로써, 심리학적인 관점에서 그의 광야체험은 하나님을 향한 의지와 세상의 권력을 향한 의지의 갈등으로 볼 수 있다. '하나님의 나라'라는 상징은 그 둘을 제3의 자리에서 통합할 수 있었기 때문이다. 왜냐하면 '하나님의 나라'라는 상징에는 그 안에 하나님영적인 측면과 나라권력적 측면를 모두 담고 있어서 예수 그리스도의 대극의 갈등을 통합할 수 있는 좋은 상징이 되었기 때문이다.[59]

이때 상징은 서로 반대되는 대극의 내용과 비슷한 이미지를 제

59) Jung CG(1992) : *Correspondance 1906-1940*, Albin Michel, Paris, pp338-340.

시하면서 통합을 유도한다. 왜냐하면 "본능적 에너지의 변환은 본능적 대상의 유사형으로 물길canal이 옮겨져야 이루어진다."[60]라는 속성이 있기 때문이다: "대극의 충돌에서 무의식적 정신은 늘 의식이 예상하지도 이해하지도 못할 비합리적인 성질의 제3의 것을 만들어 낸다."[61] 융은 이때 상징은 정체되어 있는 리비도가 새롭게 흐를 수 있도록 거기에 '알맞은 경사면right gradient'을 제공한다고 주장하였다. 리비도가 정체되어 있을 때, 리비도는 두 개의 반대되는 힘이 맞서서 흘러가지 못하는데 상징은 대척적인 두 가지 요소를 모두 포함한 제3의 것을 제공함으로써 정체된 리비도에 물길을 내 준다는 것이다.[62] 그때 리비도의 정체나 퇴행은 그치고 에너지의 새로운 흐름이 가능해진다. 그래서 융은 "상징의 출현은 리비도가 무의식으로 퇴행하는 것을 막아 준다. 퇴행은 진행으로 되고, 억압은 흐르게 된다."[63]라고 주장하였다.

---

60) Jung CG(1978) : *The Structures and Dynamics of the Psyche*, Princeton University Press, Princeton, p42.

61) Jung CG(2002) : 앞의 책, p257.

62) cf. "상징이 자연보다 더 급한 경사면을 제공하는 곳에서 리비도는 다른 곳으로 물길을 찾아갈 수 있다." Jung CG(1978) : 같은 책, p47, p49.

63) Jung CG(1981) : *Types psychologiques*, p268. cf. 윔베르는 상징에 대한 이와 같은 융의 생각은 프로이트의 생각과 전혀 다른 것이라고 강조하였다. 왜냐하면 융이 열두 살에 바젤 성당에서 체험한 환상을 정신분석적 입장에서 보면 항문기적 초자아의 작용으로 해석돼서, 그 안에서 무의식의 의도는 찾아볼 수 없지만 그것을 상징적으로 보면 그것보다 훨씬 더 심층적인 의미를 찾아낼 수 있기 때문이다. Humbert E(1983) : 앞의 책, p47.

결론: 현대 사회의 종교적 상황과 대극의 통합

종교에 대한 이와 같은 융의 관점에서 볼 때, 현대 사회의 종교적 상황은 매우 비관적이다. 지금 종교상징은 현대인이 겪는 대극의 갈등을 해소시켜 줄 수 있는 올바른 신상神像을 제공하지 못하는 것이다. 그 결과 현대인의 리비도는 진행하지 못하고, 파괴적인 방향으로 나아가는 경우가 많다. 현대 사회에 만연된 신경증, 중독증, 우울증 등이나 발작적인 일탈행동은 그런 상황에서 비롯된 현상들이다. 그러므로 현대 종교는 현대인들이 내면에서 요청하는 올바른 상징을 제시하여 자아가 다시 그의 내면에 있는 정신 전체의 중심 또는 내적 조절자와 올바른 관계를 맺게 해 주어야 한다. 그것이 현대인이 살아 있는 하나님과 올바른 관계를 맺어 전체성을 이루는 길이다. 그래서 융은 "종교는 인간이 무엇을 자신의 영역으로 끌어들이며 무엇으로 의식을 채우는지 잊지 않게 하기 위하여 계속해서 정신의 근원과 그 근원적 성격을 기억시켜야 한다."라고 강조하였다.[64]

64) Jung CG(2002) : 앞의 책, p282.

현대 사회의 종교적 상황이 이렇게 된 이유는, 첫째로 그 전시대보다 의식이 발달하게 된 현대인들이 의식의 기반인 무의식에서 떨어져서 의식적인 것에만 가치를 두기 때문이다. 현대 사회에서 외향적인 태도와 세속주의가 만연하여 현대인은 외적인 삶에 너무 몰두하여 외적 성취만 얻으려고 할 뿐 영혼의 욕구가 있는지도 모르고 사는 것이다. 그러나 융은 인간에게 의식적인 삶이 확실하듯이 무의식의 삶, 다시 말해서 영혼의 욕구 역시 확실한 것이라고 강조하였다. 무의식은 의식과 마찬가지로 지각하고, 지향하고, 작용한다는 것이다. 그리하여 자아가 의식과만 동일시할 때, 의식과 무의식의 관계는 왜곡되고 만다. 리비도는 무의식으로 들어가 고태적인 자료를 들춰내면서 정신의 건강을 위협하는 것이다. 현대인에게 정신건강이 문제시되는 것은 그 때문이다. 많은 현대인은 지금 외적인 삶에서는 아무 문제가 없지만 삶에서 흥미와 만족을 느끼지 못하고, 무의미감과 피곤을 호소하는 것이다. 그들이 영원한 존재의 기반인 무의식과 분리되었기 때문이다.[65)] 또한 현대 사회의 세속주의 역시 현대인들을 괴롭히고, 현대 사회를 병들게 한다. 세속주의는 계몽주의 시대 이래 발달한 풍조로서 이 세상에 현세적인 것 이외에 또 다른 질서가 있다는 사실을 부

65) Jung CG(1999) : *Le divin dans l'homme*, p201. 융은 인간에게 좋지 않은 충동을 느끼게 하는 것은 그 자신이 아니라 무의식일 수 있다고 주장하였다. 즉, 그의 의식과 무의식이 부조화 상태에 있을 때 사람들은 그의 자아-의식과 무관하게 그 충동에 휩쓸릴 수 있는 것이다. 그때 그는 그의 의식과 무의식의 부조화 상태를 개선시켜야 한다.

정하고 객관적 사실에 근거한 것에만 초점을 맞추는 삶의 태도다. 세속주의는 인류가 중세 사회의 타율적 세계관을 극복하고 근대 과학기술 문명을 이룩하는 데 많은 공헌을 하였지만, 그것이 지나칠 때 그에 대한 부작용이 생기는 것은 불가피한 일이다. 그러나 현대 사회에서는 지금 지나친 세속주의가 인간성의 다듬어지고 정신적인 측면보다 미숙하고 원시적인 본능의 분출을 더 많이 부추기고 있다. 세속주의는 지금 의식적 태도만 절대시하여 인간성의 더 깊은 부분을 차지하는 무의식적인 것들을 무시하면서 삶의 깊이와 인간성의 깊이를 망각하게 하는 것이다. 그 결과 현대 사회는 지극히 피상적이고 경박한 풍조가 만연하게 되었다.

둘째로 현대인은 기술적 이성으로 모든 것을 추리하고, 분석하려는 생각에서 종교상징까지도 합리적으로 해석하려고 하느라고 그 전까지 거룩한 영역la zone sacrée에 속해 있던 상징은 그 후광後光을 잃어버렸고, 사람들은 그 앞에서 더 이상 정동émotion을 느끼지 못하게 되었다. 그리하여 현대인은 상징이 가진 의미를 지적으로 파악할 수 있을지 모르지만, 신비적 융합을 일으키는 정동을 체험하지 못하게 되었다. 현대 사회에서 종교는 발가벗겨지고 신비는 억압된 것이다. 이제 현대 종교에 남은 것은 의식意識이 해부해 버린 비합리적이고 미신적인 신화와 기계적이고 우스꽝스러워진 의례뿐이다. 현대인이 합리적인 사고로 재단裁斷한 종교적 언술과 현상은 더 이상 현대인의 정동을 끌지 못하는 것이다. 현대인에게서 지난 19세기 이래 깊은 신비체험에 대한 보고가 상대적으로 빈약한 것은 그 때문인지도 모른다. 그 결과 현대인은 일상성 속에서 불경건한 태도로 사느라고 고통을 받고 있다. 그들 역시 궁극적이고 영원한 것을 향해서 나아가고 싶지만 어디로 어떻게 나아가야 할지 알지 못해서 나아가지 못하는 것이다. 현대인은 종교에서 가르치는 것과 말하는 것이 무엇인지 지적으로 알고는 있다. 그러나 그것들은 그들의 내면으로까지 전달되지 못해서 체험하지 못한다. 그 결과 종교는 현대인에게서 윤리나 도덕으로 되든지, 아예 무의미한 것으로 되고 말았다.

어떤 사람에게 종교는 삶의 길을 가르치는 교훈으로서는 의미가 있지만, 깊이 느끼고 체험할 수 없는 것으로 되었거나, 전혀 무의미한 것으로 되어 버린 것이다. 종교상징은 이제 더 이상 정동을 전해 주지 못하고, '신비적 융합'이 일어날 수 없는 기호sign로 된 것이다. 현대 사회에서 종교가 약화된 가장 큰 이유는 그 때문이다. 사람들은 그들이 안다고 생각하는 것 앞에서는 더 이상 존중하는 태도를 보이지 않는다. 오히려 그것을 지배하려고 한다. 그런데 현대인들은 종교상징을 지적으로만 파악하려고 하면서 그 상징 위에 서게 되었다. 현대인의 불경不敬스러운 태도는 거기에서 나온 것인지도 모른다. 그 결과 현대인은 지금 그 전에는 '차마 하지 못하던 일'까지 서슴없이 하게 되었다. 그 대신 현대인은 종교적인 것을 두려워하던 마음으로 현실적인 것을 두려워하고 있다. 현대인은 암, 에이즈, 실패, 죽음 등을 옛 사람들이 사탄이나 악마를 두려워한 만큼 두려워한다. 그래서 융은 종교상징을 해석하려고 할 것이 아니라, 체험해야 한다고 강조하였다: "우리가 상징을 도그마의 언어로 해석하면 거기에 담긴 특별한 의미와 살아 있는 체험을 벗겨 버리게 됩니다. 거기에서 상징을 본래적인 형태로 살아야 할 필요성이 생겨납니다."[66] 그러면서 그는 바울의 예를 제시하였다. 바울은 예수 그리스도를 보지도 못했지만 예수 그리스도에 대한 소식만 듣고 부활하신 예수를 체험하여 변화되었듯이 현대인도 도그마를 지적으로만 이해하려고 할 것이 아니라 도그마를 상징으로 체험할 때 바울과 같은 근본적인 변화가 생길 수 있다는 것이다.

마지막으로 현대 교회는 현대인이 직접 체험하고, 내면적으로 겪는 갈등을 통합하게 하는 하나님의 이미지를 제대로 제시하지 못하여 현대인은 그들의 삶에서 경험하는 악을 통합하지 못하고 고통받는다. 현대인은 선악을 초월적인 자리에서 통합하게 하는 신상神像의 결핍으로 그들의 내면에서 그림자가 솟아오를 때 그림자에 휩싸이거나, 외적인 삶에서 악을 경험할 때 그것을 통합하지 못하는 것이다. 현대인에게 하나님은 대부분의 경우 불분명한 존재이거나 도덕적 표상일 뿐 체험할 수 있는 대상이 되지 못한다. 그래서 많은 신앙인은 하나님을 체험하지 못하고, 성과 속이 분리된 가운데서 역동적인 신앙생활을 하지 못하곤 한다.

여기에서 파생하는 문제는 리비도가 자아나 세속적인 것에 집

66) Jung CG(1999) : *Le divin dans l'homme*. pp330-331.

중되는 것이다. 현대인은 이 세상을 살면서 자아 이외에 다른 기준이 없어서 자아중심적인 태도로 살거나 때때로 자아-팽창에 빠지는 것이다. 현대인이 지극히 이기적인 태도로 살거나 물질과 쾌락과 안일에 대한 무절제한 추구 또는 자기 자신이나 인간에 대한 과신과 오만은 현대인의 그런 모습을 잘 보여 준다. 그리고 무규범성, 무분별성, 무절제한 행동들은 자아-자기 축의 왜곡에서 나오는 삶의 태도인 것이다. 그런 태도는 이념의 과잉으로도 나타나는데, 그것은 과거에 하나님에게 집중되었던 정신에너지가 국가주의, 사회주의, 자본주의 등 이념이나 궁극적이지 않은 종교 이념에 집중되는 현상으로도 나타난다. 그때 그것들은 악마화되어 사람들에게 절대적인 복종을 요구하면서 또 다른 악마로 군림하게 된다.[67]

그래서 융은 현대인이 원하는 하나님은 좀 더 통합적인 이미지로서 논리적이고 부성적인 모습보다 엑스타시 체험을 하게 하는 모성적인 모습이라고 주장하였다. 현대인이 내면에서 겪는 여러 가지 갈등을 그 안에 다 품고 제3의 자리에서 통합할 수 있게 하는 이미지인 것이다. 그런 하나님의 이미지로서 융은 그 안에 그림자까지 포용한 이미지가 적당하다고 주장하였다. 선하고 밝은 부분

---

67) 현대 사회의 이런 영적 곤경에 대해서 신학자 폴 틸리히도 비슷하게 진단하면서, 현대 사회의 문제를 세속화, 불경화(不敬化), 공허성 등이라고 주장하면서, 그 결과 현대 사회에서 근본주의, 의고주의(고전적인 것을 모방하려는 풍조), 열광주의, 유사종교의 창궐로 연결된다고 주장하였다. Tillich P : 《궁극적 관심》, pp34-61.

만 있는 모습이 아니라 악하고 어두운 그림자까지 담은 모습인 것이다. 사람들이 자신의 내면에서 나오는 그림자까지를 초월적인 자리에서 통합할 수 있는 이미지인 것이다. 그런 하나님은 설교나 말로 선포되는 하나님이 아니라 성도들의 삶과 관계 속에서 접할 수 있는 하나님이고, 살아 있는 상징 속에서 직관적으로 느껴지는 하나님이다. 하지만 현대 종교에서 그런 하나님의 이미지의 결핍으로 현대인은 악의 문제 앞에서 주춤거린다. 너무 강력한 악의 세력 앞에서 악이 두려워서 악은 없다고 부정denial하거나, 악에 직면하는 긴장을 견디지 못해서 굴복하고 만다. 더 많은 경우 선악을 통합할 수 있는 강력한 상징을 알지 못해서 어느 것이 선이고 어느 것이 악인지 판단하지 못하고 악에 끌려가는 경우도 많다.

그러나 융은 예수 그리스도는 그의 그림자를 직시했으며, 하나님의 선으로 악을 통합하였다고 주장하였다. 예수 그리스도는 그의 몸에 하나님의 선과 세상의 악을 모두 통합하고 십자가에서 죽어서 부활하였고, 그의 부활은 사람들에게 그들의 몸에서 악을 피하지 말고 모두 담당하여 선으로 통합할 것을 촉구한다는 것이다. 그것은 예수 그리스도가 골고다에서 죽을 때 한편에는 회개한 강도, 다른 한편에는 회개하지 않은 강도를 가운데 두고 제3의 자리에서 죽은 모습에서 잘 드러난다. 예수 그리스도는 선과 악을 초월하는 제3의 자리에서 죽으시고 부활하여 대극의 갈등 때문에 고통당하는 사람들에게 내면적인 대극이나 외적인 대극을 통합하는 새로운 상징이 된 것이다. 현대인이 예수 그리스도를 본받아 그런

삶을 몸으로 살 수 있을 때, 그들은 그들을 부르는 신화적인 삶을 살 수 있을 것이다.[68)]

68) 그런 의미에서 융이 프라이 교수에게 보낸 편지(1948. 1. 13.)에서 다음과 같이 말한 것은 그가 어느 그리스도인보다 더 기독교적이었던 것을 볼 수 있다: "나는 매일 내가 하나님 이미지의 실재를 체험할 수 있다는 사실에 대해서 하나님께 감사드립니다. ……내 삶에 의미를 주는 것은 그 은혜 때문입니다. 내 내면의 눈은 기독교 도그마의 아름다움과 위대함을 볼 수 있도록 열려 있습니다." Jung CG(1999) : 앞의 책, p192. 융이 주장한 하나님의 이미지의 문제는 더 심층적인 고찰이 필요해서 여기에서는 간단하게 언급만 하고 지나가려고 한다.

참고문헌

Bergson H(1984) : *Les deux sources de la morale et de la religion*, PUF, Paris.

Buber M(1984) : 《신의 일식》, 이병섭 역, 이화여대출판부, 서울.

Dehing, Jef(1992) : "Jung and Knowledge: From Gnosis to Praxis", Papadopoulos RK(1992) : *Carl Gustav Jung Critical Assessments*, Routledge, London.

Edinger E(1992) : *Ego and Archetype*, Shambhala, Boston.

Homans P(1990) : "C. G. Jung: Christian or Post-Christian Psychologist?", Moore RL & Meckel DJ(1990) : *Jung and Christianity in Dialogue*, Paulist Press, New York.

Humbert E(1983) : *Jung*, Editions universitaires, Paris.

________(1993) : *Ecrits sur Jung*, Retz, Paris.

Jung CG(1958) : *Psychologie et Religion*, Buchet/Chastel, Paris.

________(1966) : *The Spirit in Man*, Art, and Literature, Princeton University Press, Princeton, N.J.

________(1969) : *The Archetypes and the Collective Unconscious*, Princeton University Press, Princeton, N.J.

________(1971) : *Les Racines de la conscience*, Buchet/Chastel, Paris.

________(1973) : *Ma Vie: Souvenirs rêves et pensées*, Gallimard, Paris.

________(1978a) : *Psychologie de l'inconscient*, Buchet/Chastel, Paris.

________(1978b) : *The Structures and Dynamics of the Psyche*. Princeton University Press, Princeton, N.J.

________(1981) : *L'Engergétique psychique*, Librairie de l'Université Georg, Genève.

________(1983) : *Types psychologiques*, Librairie de l'Université Georg, Genève.

________(1984) : "La Psychologie Analytique est-elle une Religion?", Cazenave M(1984) : *Cahier de l'Herne*, Edition de l'herne, Paris.

________(1992) : *Correspondance* 1906-1940, Albin Michel, Paris.

________(1999) : *Le divin dans l'homme*, Albin Michel, Paris.

________(2001) : 《정신요법의 기본문제》, 한국융연구원 C.G.융저작번역위원회 옮김, 솔 출판사, 서울.

________(2002) : 《원형과 무의식》, 한국융연구원 C.G.융저작번역위원회 옮김, 솔 출판사, 서울.

________(2005) : 《상징과 리비도》, 한국융연구원 C.G.융저작번역위원회 옮김, 솔 출판사, 서울.

________(1952) : "Religion and Psychology", *Merkur*, 5월.

Kiener H(1984) : "Le problème religieux dans l'oeuvre de Jung", Cazenave M(1984) : *Cahier de l'Herne*, Edition de l'herne, Paris.

Ladrière J(1982) : "Discours théologique et symbole", Ménard JE(1975) : *Le Symbole*, Université des sciences humaines de Strasbourg, Strasbourg.

Samuels A(1985) : *Jung and the Post-Jungian*, Routledge & Kegan Paul, London.

Stein M(1999) : *Jung on Christianity*, Princeton University Press, Princeton.

Tillich P(1981) : 《궁극적 관심》, 이계준 역, 전망사, 서울.

________(1981) : 《종교와 문화》, 이계준 역, 전망사, 서울.

Ulanov AB(1971) : *The Feminine in Jungian Psychology and in Christian Theology*, Northwestern University Press, Evanston.

아시시의 성 프란체스코의 회심체험과 분석심리학

회심체험의 의미와 목적

아시시의 성 프란체스코와 회심체험

아시시의 성 프란체스코의 회심체험에 대한 분석심리학적 해석

결론: 아시시의 성 프란체스코의 영성과 현대 사회

회심체험의 의미와 목적

회심체험의 의미와 특성

회심체험conversion experience은 여러 가지 종교현상 가운데서 가장 인상적인 체험이다. 체험자들의 삶이 회심체험을 통하여 그 전과 근본적으로 다르게 변환되기 때문이다. 회심에는 두 가지 의미가 있는데, 하나는 체험자들이 하나의 종교에서 다른 종교로 개종改宗하는 것이고, 다른 하나는 같은 종교를 믿을지라도 체험자들이 회심을 통해서 신앙이 강화되어 그 전과 다른 태도로 사는 것이다. 두 가지 경우에서 모두 체험자들은 회심체험 후 영적인 사람으로 변화되고 확신에 가득 차 많은 사람을 놀라게 한다. 그것은 외부 관찰자나 체험자 자신 모두에게 마찬가지다. 외부 관찰자도 체험자의 변화에 놀라지만, 체험자 역시 거역할 수 없는 어떤 힘에 이끌려 더 깊은 체험으로 나아가 스스로 놀라게 된다. 우리는 그런 예를 바울이나 어거스틴, 아시시의 성 프란체스코 등 수많은 기독교 영성가에게서 볼 수 있으며, 우리 주위에서도 그와 비슷한 체험을 했다는 사람들을 만나곤 한다. 또한 그런 사람들은 앞으로도 많이 나타날 수 있다. 그런 체험들은 기독교 역사에서 하나의 전형典型을 이루고 있으며, 현재의 삶에서 무엇인가 만족하지 못하는 사람들은 회심체험을 통해서 극적인 변환의 계기를 마련하려고 하기 때문이다.[1)]

미국의 종교심리학자 윌리엄 제임스는 회심체험에 대해서, "회심한다, 거듭난다…… 등의 표현은 자기 자신을 열등하고 불행한 존재로 의식하던 분열된 자아가 종교적 실재에 전적으로 의존한 결과 — 점진적이든지 갑작이든지 간에 — 다시 통합되면서 자기 자신을 우월하고 행복한 존재로 의식하게 되는 과정을 묘사하는 말이다."[2)]라고 정의하였다.

회심체험은 자아가 분열 상태에서 벗어나, 행복을 되찾게 되는 변환의 체험이라는 말이다. 회심체험자들이 변환되는 것은 체험자들이 회심체험을 통해서 절대자라고 생각되는 신적 실재를 만나기 때문이다. 신적 실재는 그 존재와 능력에서 최고의 실재라고 생각되는 강력한 존재인데, 회심체험에서 체험자들이 그와 하나가 되어 그의 삶을 이제 그 실재를 중심으로 해서 재구성하는 것이다.[3)] 그래서 제임스는 종교체험에서 눈에 보이지 않는 실재reality에 대한 체험이 가장 중요하다고 주장하였다. 종교인들은 이 세상에

---

1) Delacroix H(1938) : *Les grands mystiques chrétiens*, Librairie Félix Alcan, Paris. cf. Hawkins AH(1984) : *Archetypes of Conversion*, Associated University Press, London, pp33-39. 호킨스는 C. G. 융의 이론을 원용하면서, 회심체험은 원형적 체험으로서 성서에서는 탕자의 비유, 신화에서는 영웅의 방랑 등으로 나타난다고 주장하였다.

2) James W(1997) : 《종교체험의 여러 모습들》, 김성민, 정지련 역, 대한기독교서회, 서울, p247.

3) James W(1997) : 앞의 책, pp50-54.

는 눈에 보이지 않는 어떤 질서가 있다고 생각하는 사람들이고, 지고의 선이란 그 질서의 주체와 조화로운 삶을 사는 것인데, 회심체험자들은 그런 실재를 만나서 체험하여 그들의 삶이 근본적으로 변환되는 것이다. 여기에서 그 대상이 실제로 존재하는지 아닌지는 그렇게 중요하지 않다. 왜냐하면 체험자들이 그 존재의 실재를 느끼고, 그 대상에 대한 믿음이 확고하면 그들의 존재가 변환되기 때문이다.

그 이유는 인간의 의식에는 어떤 실재에 대한 감각이나 객관적인 현존에 대한 느낌에 대한 지각知覺이 있는데 그것은 지적인 작업의 산물이 아니라 감각과 비슷한 것이라서 사람들이 그 실재를 지각하는 한, 그 체험은 체험자에게 절대적인 의미를 부여하기 때문이다. 그때 체험자들은 인간의 삶에는 눈에 보이는 현상 이외에 그보다 더 높은 실재가 있으며, 그 실재가 모든 것을 움직인다는 확신을 가지게 된다. 그 결과 그의 삶은 그 실재와의 관계를 중심으로 해서 재편되고, 그의 자기 이해와 삶의 태도는 변화되지 않을 수 없다. 인격의 중심이 변하는 것이다. 그래서 제임스는 "한 인간이 '회심했다.'고 말하는 것은 전에는 주변적인 것에 머물렀던 종교적 이념들이 지금은 중심적인 위치를 차지하게 되었으며, 종교적 습관들이 그의 에너지의 습관적 중심을 형성하게 되었다는 것을 의미한다."[4]라고 말하였다. 그 전까지 현실세계를 중심으로 해

4) James W(1997) : 앞의 책, p254. cf. James W(1997) : 앞의 책, pp79-92.

서 이루어져 왔던 삶이 눈에 보이지 않는 실재實在를 중심으로 해서 이루어지는 것이다. 그 실재가 신앙인들에게는 그들이 믿는 절대자이며, 그 믿음은 그들에게 무엇보다 중요한 것이 된다.

이러한 회심체험에는 다음과 같은 네 가지 특성이 있다.[5]

첫째, 회심체험은 통합의 체험이다. 체험자들이 신적 실재에 대한 체험을 통하여 인격의 중심이 새로워져서 그 전까지 분열되었던 것이 새로운 질서 속에서 하나가 되는 것이다. 그들은 그 전까지 영과 육 사이의 갈등, 세상을 향한 욕망과 하나님을 향한 욕망 사이의 갈등, 그가 원하는 상태와 원하지 않는 상태 사이의 갈등이 심하여 병적인 망설임과 불안, 우울 등으로 고통을 받았는데, 이제는 그 모든 것이 신적 실재의 빛 아래서 재해석되고 통합되는 것이다. 그 결과 회심체험자들은 행복을 찾을 수 있게 된다. 그래서 제임스는 회심체험은 영적 치유가 일어나는 체험이라고 주장하였다.[6] C. G. 융의 분석심리학적으로 말하자면, 그 전까지 그를 괴롭히던 내면의 정신요소인 그림자와 아니마/아니무스 등이 통합되어 새로운 인격으로 거듭나는 것이다.

둘째, 회심체험은 깨달음의 체험이다. 체험자는 그 체험을 통하여 그의 삶을 온전히 변환시키는 깨달음을 얻게 되는 것이다.

---

5) Seong-Minne Kim(1991) : "Essai sur l'expérience religieuse : Etude comparative de l'expérience religieuse et du processus d'individuation", thèse de doctorat de l' Univerté de Strasbourg II, Tome 1. pp158-302.

6) James W(1997) : 앞의 책, pp219-246.

이 세상은 그가 눈으로 보고, 듣고, 감각으로 지각하는 세계 이외에 더 깊고 완전한 세계가 있으며, 그 자신보다 더 큰 어떤 존재가 그 세계를 주관한다는 사실을 깨닫게 되는 것이다. 그런데 그 실재는 그를 사랑하고 "그가 자기를 사랑하는 것보다 그를 더 사랑하고, 그가 자기에게 가까이 있는 것보다 더 가까이 있는 것"을 깨닫는 것이다. 그러나 그는 여태까지 그 실재를 알지 못했고, 그 실재와 무관하게 살았다. 그러나 이제 그 실재를 체험했고 그 실재가 그를 사랑하고 있다는 사실을 깨달았을 때 그가 그동안 얼마나 어리석었는지 알게 되고, 그 실재와 무관하게 살았던 죄를 통회하게 된다. 그리고 그의 삶을 새롭게 발견한 그 실재를 중심으로 하여 해석하고 살려고 한다. 그 결과 그는 이제 더 이상 그 자신은 물론 이 세상을 두려워하지 않고 적대적인 태도를 취하지 않게 된다. 따라서 그의 무의식과도 편안한 관계를 회복하게 된다.

셋째, 회심체험은 변환의 체험이다. 변환은 회심체험의 삶에서 가장 인상적인 부분인데, 사람들은 회심체험을 통하여 인격의 중심이 변화되기 때문에 삶 전체가 변환되지 않을 수 없는 것이다. 그러나 그 변환은 의지적이거나 도덕적인 노력에 의한 것이 아니다. 오히려 높은 차원의 정서에 의해서 고무된 변환이다. 체험자들은 높은 차원의 종교 감정이 새로운 힘의 원천이 되었기 때문에 어떤 열정에 이끌려 더 높은 정신상태를 향하여 나아가게 된다. 그래서 프랑스의 신학자 앙리 부아H. Bois는 모든 종교체험에는 그 체험을 어떤 방향으로 이끌어가려는 내적인 법칙이 존재하는 듯하다고 주장하였다.[7] 종교체험자들은 그들이 체험한 대상의 속성을 실현시키면서 그들의 삶을 완성시키려 한다는 것이다. 종교심리학에서 회심체험을 연구하는 가장 큰 이유는 변환에 있다. 그런데 이들의 변환은 신경증 환자가 정신치료를 통해서 삶이 변환되는 것과 유사한 양상을 보인다. 신경증 환자 역시 내면에 있는 강력한 정신요소를 체험하면서 내면이 통합되어 변환되기 때문이다.

넷째, 회심체험은 계속적인 발달의 체험이다. 회심체험은 많은 사람이 생각하듯이 한 번에 모든 것이 이루어지는 체험이 아니다. 체험자들은 다음에서 설명하듯이 여러 가지 우여곡절을 겪으면서 회심체험을 완성시켜 가는 것이다. 체험이 앞으로 나아가는 듯하다가 후퇴하고, 영적으로 고조되는 듯하다가 다시 침체상태에 빠지는 것이다. 그러나 체험자들이 그의 중심을 잃지 않으면 그들은 결국 그 체험을 완성시킬 수 있다. 우리는 그것을 아시시의 성 프란체스코나 마담 귀용이나 존 웨슬리 등 대부분의 체험자들에게서 볼 수 있는데, 진정한 회심체험은 단 한 번의 엑스타시 체험으로 그치는 것이 아니라 계속해서 더 높은 단계의 삶을 향해서 나아가는 것이다. 그 이유는 인격의 통합은 단 한 번의 정동체험으로 완성되는 것이 아니라 삶의 여러 가지 상황을 겪으면서 계속해서 다듬어져야 하기 때문이다.

---

7) Bois H(1908) : *La Valeur de l'expérience*, Librairie Critique Emile Nourry, Paris, p40.

회심체험의 과정

윌리엄 제임스는 회심체험에는 체험자들이 신적 실재를 체험하고 급격하게 변화되는 급격형과 체험자들이 오랜 기간의 수련을 거쳐서 회심이 이루어지는 점진형이 있다고 주장하면서, 전자를 위기형으로, 후자를 의지형으로 부르기도 하였다. 그 이유는 위기형 회심자들은 회심체험 전 실존적 위기 상황에 빠졌다가 그것을 극복하는 과정에서 회심체험을 통하여 문제해결에 이르고, 의지형 회심자들은 체험자들이 의식적이고 자발적인 방식으로 깨달음을 얻으려는 과정에서 회심이 이루어지기 때문이다. 이때 이 두 유형 사이에서 차이를 보이는 것은 초자연적 요소의 개입 때문이 아니라 체험자들의 성격이 다르기 때문이다. 급격형 회심을 하는 사람들은 점진형 회심을 하는 사람들보다 성격이 더 예민하고, 피암시성이 강하며, 무의식이 더 활성화되어 있기 때문인 것이다.[8] 하지만 근래에 들어와서 제임스의 분류는 너무 단순한 것이라는 비판을 받고 있다. 급격형 회심에도 변화를 향한 오랜 기간 동안의 회임기incubation period가 있고, 점진형 회심에도 결정적인 변환의 순간transforming moment이 있기 때문이다.[9]

이런 회심체험들, 특히 급격형 회심체험자들을 살펴볼 때 체험자들은 대체로 다음과 같은 다섯 단계를 거치는 듯하다.

---

8) James W(1997) : 앞의 책, pp292-293.
9) 김성민(2001) : 《종교체험》, 동명사, 서울, pp241-270.

첫 번째 단계에서 회심체험자들은 실존적 위기에 봉착한다. 그들이 삶에서 가장 가치를 두던 것에서 좌절하는 것이다. 병에 걸리거나 사업에 실패하거나 실연하는 등 그것이 아니면 그들의 삶에 아무 의미가 없다고 생각했던 것들이 이뤄지지 않아 절망하게 되는 것이다. 그때 그들은 모든 수단을 강구하여 그 위기에서 벗어나려고 한다. 그러나 그들이 노력하면 노력할수록 상황은 악화되는 경우가 많다. 이때 회심체험자들은 자기 자신에 대한 회의, 죄책감 등을 느끼고 정서적으로 깊은 우울 때문에 고통을 받는다.

두 번째 단계는 자기-포기 단계인데, 그때 그들은 모든 노력을 포기해야 한다. 그들에게 다가온 실존적 위기를 의도적, 의지적으로 해결하려는 생각을 돌이키고 하나님에게 모든 것을 맡겨야 하는 것이다. 그들이 모든 의식적 노력을 포기할 때 그들은 내면에서 어떤 강력한 힘이 작용하는 것을 느끼게 된다. 그때 그들은 그 힘을 따라갈 수밖에 없으며 점차 모든 것이 그 힘을 중심으로 해서 통합되는 것을 느끼게 된다. 그러면서 그들은 그들 자신의 힘으로 무엇인가를 하려고 하지 않고 내면에 있는 흐름을 따르면 그들의 내면에 평화가 찾아오는 것을 알게 된다. 그 평화감은 그들에게 모든 것을 새롭게 보게 하며, 그 전에 알지 못하던 의미를 깨닫게 한다.[10] 그때 그들은 그들에게 다가온 위기가 더 이상 위기가

10) James W(1997) : 앞의 책, p86. 그래서 제임스는 "개인의 의지는 포기되어야 한다. ……개인이 저항하고 그가 원하는 것을 이루려고 노력하는 한 구원은 그에게 나타나기를 거부할 것이다."라고 하였다. James W : 앞의 책, p264.

아니고 이 세상에는 그들이 알지 못했던 더 큰 의미의 세계가 있다는 사실을 깨닫게 된다. 그래서 그들은 새로워진 의식상태에서 과거와 현재는 물론 현재와 미래를 통합하고 그 전까지 살았던 좁은 자아의 세계에서 해방된다. 그에 대해서 앙리 들라크르와는 이렇게 말하였다. "우리 영혼은 이제 더 이상 느끼고, 생각하고, 존재하는 것도 아니고, 우리 생각의 주체로 스스로를 느끼거나 존재하는 것도 아니다. 오히려 영혼은 '광대무변한 넓음 안에' 있다고 느끼고, 우리 의식이나 생각이 무한 속으로 확장되고 있음을 느끼려고 한다."[11)]

세 번째 단계는 엑스타시 상태다. 그들은 그들을 새로운 세계로 이끌어 간 실재를 그들의 내면에서도 찾을 수 있었지만 그것을 모르고 그들이 헤맸었다는 사실을 깨닫고 그들의 어리석음을 안타까워하는 한편 그 실재에게 용서받았다는 느낌을 가지게 되는 것이다. 그리고 그 실재는 무한한 사랑이라는 사실과 그가 그 실재와 매우 밀접한 관계에 있음을 깨달으며 엑스타시 상태에 들어가게 된다. 어떤 체험자들은 환청을 듣거나 환시를 보는데, 그런 것들이 없을 경우에도 체험자들은 신적 실재에 대한 현존감을 느끼고 그 실재와 하나가 된다. 그때 그 체험은 그의 삶에서 가장 중요하고 결정적인 체험이 된다. 그것이 가진 강력한 힘 때문에 그들은 그 체험을 잊지 못하고 그다음의 삶은 그 체험을 중심으로 해

11) Delacroix H(1938) : *Les Grands mystigue chrétiens*, Félix Alcan, Paris, p235.

서 영위되는 것이다. 그러나 신비상태는 그렇게 길게 지속되지 않는다. 그래서 그런 흥분상태가 지나면 체험자들은 다시 일상 속에 들어가게 된다.

네 번째 단계는 영혼의 어두운 밤의 단계인데, 체험자들은 일상 생활 속에서 그 실재의 부재를 느끼고 영혼이 어둠 속에 잠기는 것이다. 엑스타시 상태가 지난 다음 체험자들은 다시 일상으로 돌아오는데 그 전단계에서 있었던 체험이 너무 초자연적인 체험이기 때문에 그 체험에 대해서 다시 반추하면서 그것이 너무 짧았고, 비현실적인 것 같아서 그 체험에 대해서 의심하게 되는 것이다. 그들이 무슨 착각을 한 것이나 아닌가 하고 생각하거나 그들이 잘못된 것을 체험하지 않았나 하는 생각이 드는 것이다. 때때로 그 체험이 실제적인 것으로 느껴질 때, 그들은 그들이 특별한 존재가 아닌가 하는 교만에 빠지거나, 그 체험에서 생긴 은사에 집착하여 더 강력한 체험을 하려고 하기도 한다. 영혼의 어두운 밤이 찾아오는 것은 그 때문이다. 그때 그들은 실존적 위기에서 겪었던 것과 마찬가지로 신의 부재不在를 느끼면서 어둠에 빠지게 되는 것이다. 그때 그들이 느끼는 어둠은 처음의 어둠보다 더 짙을 수 있다. 그러나 그것은 주관적인 느낌일 뿐 실제로는 그 전의 어둠보다는 농도가 많이 가셔진 어둠이다. 그럼에도 불구하고 그 어둠은 체험자에게 매우 아프고 고통스러운 것이다. 그들이 전에는 신의 현존 속에서 살았는데 이제는 버림받았다고 느끼기 때문이다. 그때 그들은 다시 한 번 자기-포기를 해야 한다. 지난번의 현존체험도 신적 실재의 뜻이었고 지금의 부재도 그의 뜻이며, 그에게는 아무 능력이 없다는 것을 깨달아야 하는 것이다. 신의 부재 속에서 신의 현존現存을 보아야 하는 것이다. 그러면 그들은 다시 현존감을 느끼게 되고, 신적 실재와 하나가 되게 된다. 들라크르와는 이 시기가 체험자들에게 매우 중요한 시기라고 강조하였다. 그때 그들은 자신에 대한 집착에서 벗어나 신적 실재를 궁극적으로 신뢰하게 되기 때문이다.[12)]

마지막으로 새로운 삶의 단계가 있는데, 회심체험자들이 사도적인 삶을 살게 되는 단계다. 체험자들은 그런 과정을 거치면서 그 전과 전혀 다른 삶을 사는 것이다. 제임스는 중간에 여러 가지 이유 때문에 좌절되는 경우도 있지만 모든 회심체험은 궁극적으로 새로운 삶을 향해서 나아간다고 주장하였다. 체험자들이 영적으로 고양되어 과거처럼 저급한 생각이나 충동에 사로잡히지 않고, 과거에 불가능하다고 생각했던 것을 할 수 있게 되며, 그 전과 전혀 다른 차원의 삶을 살게 되는 것이다. 제임스는 그런 삶은 과거 기독교 성자들이 살았던 삶의 모습과 같은 것이라고 하면서 성자성saintliness이라고 불렀는데, 성자성의 특징은 첫째로 이상적인 힘의 존재에 대한 확신 때문에 세계를 이기적으로 보지 않고 좀 더

12) Delacroix H(1938) : 앞의 책, p52. cf. 베르고트 역시 이 시기의 중요성을 강조하였다. "이러한 저항은 ……그들이 건강하다는 징표로서 그 자체로 대단히 정상적인 현상이다. 이렇게 하면서 회심체험자들은 하나님이 그들에게 갑자기 돌입해 오실 때 ……그들의 인격이 붕괴되는 것에 대해서 스스로를 방어하는 것이다." Vergote A(1966) : Psychologie religieuse, Ch. Dessart, Bruxelle, p241.

폭넓은 경지에서 보게 되고, 둘째로 이상적인 힘이 그의 삶에 친근하게 관계를 맺는다고 생각하면서 그 힘의 통제에 기꺼이 헌신하려고 하며, 셋째로 지극히 협소했던 자아의 테두리가 녹아 버림으로써 엄청난 용기와 자유를 느끼게 되고, 넷째로 그의 정서의 중심이 사랑과 조화와 긍정적인 감정으로 바뀌게 된다. 그리하여 그에게는 이제 다른 사람을 사랑하는 것이 어렵게 느껴지지 않는다. 그 전까지 다른 사람들을 조건적으로 대했다면, 이제는 그 사람과 공감하는 관계에서 대할 수 있게 된다. 완전한 정도는 아니지만, 하나님이 사람을 사랑하는 것과 같은 사랑으로 다른 사람을 사랑하게 되는 것이다: "인격적 에너지가 종교적 중심 속에 자리 잡고 있으며, 영적인 열심에 의해서 행동하는 사람은 육적인 자아 속에 갇혀 있었던 과거와 전혀 다른 삶을 살게 된다."[13] 기독교에서 말하는 성화聖化된 삶인 것이다. 여태까지 말한 회심체험의 과정을 도표로 그리면 〈도표1〉과 같이 된다.

이러한 특성과 과정을 가지고 있는 회심체험의 전형적인 유형은 우리에게 회심체험이 가지고 있는 원형적 특성을 말해 주는 듯하다. 회심체험은 사람들이 잃어버린 영혼을 찾아서 방황하다가 신적 실재를 만나서 안식을 얻게 되는 하나의 서사시임을 말하는 것이다. 그것은 성경에 나오는 출애굽 이야기나 돌아온 탕자 이야기는 물론 수많은 기독교 영성가들의 삶을 통해서 구체화되었다.

13) James W(1997) : 앞의 책, p316.

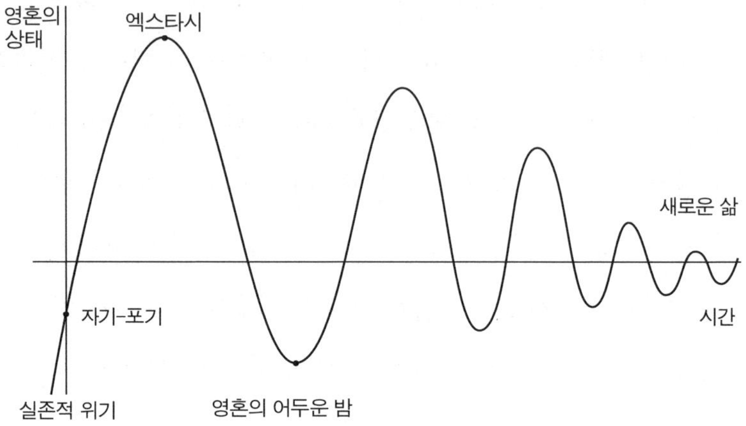

〈도표1〉 회심체험의 과정

그래서 종교인들은 실존적 위기에 봉착했을 때, 그들이 들었던 회심체험자의 이야기를 떠올리고 자기도 그런 체험을 통해서 당면한 위기에서 벗어날 수 있을 것이라는 암시를 받는다. 더구나 입문식initiation이 없어진 현대 사회에서 회심체험은 세상을 향한 욕망과 정신적 가치를 향한 욕망 사이에서 갈등하는 사람들에게 새로운 삶의 희망을 보여 주는 입문식의 역할을 하기도 한다. 위대한 회심체험자들은 고대 영웅들이 괴물이나 용을 만나서 그들을 죽이고 보물이나 아름다운 여인을 얻듯이, 원형적 콤플렉스 때문에 고통을 받는 사람들에게 삶의 모델을 제시하면서 이끌어 주는 것이다.

아시시의 성 프란체스코와 회심체험

우리는 성 프란체스코에게서도 그런 극적인 변환과 새로운 삶의 전형을 찾아볼 수 있다. 그 역시 삶의 곤경을 극복하는 과정에서 하나님을 체험하여 그 후 그 전과 전혀 다른 삶을 살았고, 그다음에 사람들에게 많은 영향을 끼쳤던 것이다. 그는 자서전을 직접 쓰지 않았지만, 그에 관한 전기는 많이 있다. 그 가운데서 제일 처음 출판되었고, 가장 신빙성이 있는 전기는 그가 죽은 지 3년 후인 1229년 교황 그레고리우스 9세의 명령으로 토마스 첼라노가 쓴 《아시시의 성 프란체스코의 생애》다. 이 책은 1229년 제1생애가 집필된 다음 1246년에 제2생애, 1253년 제3생애가 덧붙여졌는데, 제2생애와 제3생애에는 그의 삶에 대한 기록보다 초자연적인 기적에 관한 것이 더 많다. 성 프란체스코가 성인이 되고 난 다음 그를 더 신비하게 묘사하려는 의도가 엿보이는 것이다. 그다음에 나온 것은 1260년 성 보나벤투라가 쓴 《아시시의 성 프란체스코 대전기》다. 그것은 가톨릭교회의 공식 전기가 되었는데, 토마스 첼라노의 전기와 비교하면 신학화가 훨씬 더 많이 이루어진 느낌을 준다. 성 프란체스코를 모범으로 삼아 나아가게 하려는 의도가 드러나는 것이다. 그래서 이 글에서는 보나벤투라의 전기보다 첼라노의 전기를 원본으로 삼아 그의 삶을 살펴보고 분석심리학적으로 해석하고자 한다.

중세 유럽 사회와 성령의 시대

아시시의 성 프란체스코는 기독교 역사상 가장 독특한 인물 가운데 하나다. 그는 대부분의 사람이 선언적 의미로 여기고 실천 불가능하리라고 생각했던 예수 그리스도의 생활방식을 그대로 실천하여 형식화되어 가던 기독교에 새로운 영성을 불어넣었기 때문이다. 그는 그리스도와 하나가 되려는 열망에서 겸손한 태도로 모든 피조물을 사랑하면서 살았고, 예수 그리스도의 성흔stigmate을 받아 나중에는 그리스도와 완전히 하나가 되었다. 그래서 그는 중세를 지나 근세로 이행되는 무렵 새로운 세계관을 요청했던 사람들에게 새로운 삶의 길을 보여 주었고, 프랑스의 철학자 앙리 베르그송이 말했던 대로 인간성을 한 단계 더 끌어올렸다. 그는 소리 높이 외치지 않았지만 많은 사람은 그의 삶에서 마음속 깊이 울려 퍼지는 메아리를 들었으며, 생명의 흐름이 멈추었던 지점에서 새로운 물꼬를 텄던 것이다.[14)]

이러한 성 프란체스코의 삶은 그가 살던 시대의 고뇌를 그의 몸

14) cf. Bergson H(1984)(1959) : *Oeuvres*, PUF, Paris, pp1194-1200. 앙리 베르그송은 위대한 신비가들은 다만 존재하는 것만으로도 사람들 속에 있는 '생의 약동(élan vital)'을 불러일으켜 다른 사람들에게 커다란 영향을 미친다고 주장하였다.

에 짊어지고 그것을 해결하려는 과정에서 이루어진 것이다. 그는 1181년혹은 1182년 이탈리아의 아시시에서 태어났는데, 그가 살았던 유럽의 12, 13세기는 격동의 시대였다. 그 이유는, 첫째 그당시 황무지가 많이 개척되고 농업기술이 발달하여 시장에는 잉여생산물이 넘쳐나 상공업이 발달하였고, 화폐가 유통되기 시작하면서 부의 축적이 가능하여, 도시가 활기를 띠고 상인들이 주도적으로 등장하게 되었기 때문이고, 둘째 11세기 말 시작된 십자군전쟁으로 동방 세계의 문물이 들어와 이슬람 세계의 발달한 지성과 신기한 물품이 정체되어 있던 유럽 사회에 충격을 주었기 때문이다. 그당시 이러한 시대적 변화에 가장 민감했던 지역은 프랑스의 중남부 지방과 이탈리아 중북부 지방이었는데, 프랑스 인들은 십자군 원정 초기부터 끝까지 핵심적인 역할을 하였고, 베네치아, 제노바, 피사 같은 이탈리아 항구 도시들은 이슬람 세계의 창구가 되었기 때문이다. [15)]

자연히 그당시 신흥도시 자본가와 토지를 바탕으로 한 봉건귀족 사이에는 갈등과 분쟁이 끊이지 않았다. 새롭게 힘을 축적한 도시민은 자치를 원했지만 영주는 거기에 맹렬하게 저항했기 때문이다. 따라서 그당시 이탈리아에서는 도시민과 귀족, 서로 다른 기반 위에 서 있던 도시와 도시 사이의 전쟁이 끊이지 않았다. 또

15) Ferguson WK(1995) : 《서양근세사》, 이연규, 박순준 역, 집문당, 서울, pp70-73. cf. Michio H(1999) : 《이탈리아사》, 임희선 역, 일빛, 서울, pp80-83.

한 교회는 장원경제의 기반이 되었던 기독교적 우주관이 흔들리게 되자 십자군운동을 일으켰다. 그러나 십자군운동은 결과적으로 그보다 더 큰 세계관의 변화를 가져오게 하였고, 교회는 물질적 풍요 때문에 영성spirituality을 잃고 부패하여 중세인들에게 정신적인 지주가 되지 못하였다. 성직자들은 교역을 통하여 수입이 늘어나자 더욱더 탐욕적으로 되어 교회 소유 토지들을 사유화하거나 그들의 자녀에게 상속하였고, 성직을 매매하는 등 타락이 극심해졌던 것이다. 자연히 일반인의 신앙은 미신화되어 중세에 성인 숭배는 극심해졌는데, 그것은 정신적으로 고양된 삶을 살려는 방향으로 나아가지 못했고 병을 고치거나 현실적인 복을 받기 위한 것으로 나아갔다. 어떤 성인은 눈병에 특효가 있고, 어떤 성인은 위장병에 좋다는 미신이 퍼져서 사람들은 성인의 유해를 자기 도시에 모셔 놓으려고 전쟁도 불사하였던 것이다. 성 프란체스코가 죽었을 때 아시시도 그의 유해를 빼앗기지 않으려고 특별 경계를 서야만 하는 일이 벌어졌다. 기독교가 온통 미신화되었던 것이다. 그에 대한 반작용으로 프랑스의 리용이나 알비 등에서 개혁운동이 일어났지만 그들의 너무 엄격한 태도와 반교회적인 태도 때문에 이단으로 정죄되어 박해를 받았다. 그당시 사회는 격동의 와중에서 소용돌이쳤던 것이다.[16)]

이와 같은 혼돈 속에서도 그당시 세속 사회는 활력이 넘쳐 흘렀

16) Ferguson WK(1995) : 앞의 책, pp80-84. cf. Michio H(1995) : 앞의 책, pp84-86.

으며, 중세에서 근세로 넘어오는 징검다리 역할을 하였다. 새롭게 생겨난 도시민은 중세의 집단적이고 정체적인 사회에서 개인적이고 역동적인 삶을 살게 하는 데 충분하였던 것이다. 또한 이슬람 사회에서 들어온 새로운 지식은 중세의 이념 중심적이었던 학문을 좀 더 실용적인 학문을 진작시켜 주었다. 또한 그당시 새롭게 싹튼 시민의식은 라틴어 문학을 부흥시켜서 그 전까지 교회 중심적이고 귀족 중심적이었던 사회에서 세속 사회의 가치를 인정하고 하층민에게까지 관심을 돌리는 사회로 나아가게 하였다. 특히 이때 중요한 역할을 했던 것이 떠돌이 음유시인이었는데, 그들은 이 지방 저 지방을 다니면서 프로방스 궁정에서 있었던 사랑 이야기나 봉건 기사 계급의 무훈시를 들려주었다. 그것은 당시 풍요했지만 사회적으로 불안했던 사람들에게 새로운 흥을 북돋워 주게 하였다. 그들은 삶의 낭만적인 측면을 고양시켰고, 듣는 사람들의 무의식을 자극하여 신화적 세계로 몰아넣었다.[17] 회심하기 전 프란체스코도 그당시의 이와 같은 풍조의 영향을 많이 받았고, 음유시인을 동경하기도 하였다. 그의 낙천적이고 자유스러운 태도 역시 그당시 사회 풍조 때문이었을 것이다.

한편 예언자적 종말사상가였던 조아킴 드 플로르1145~1202년는 이런 유럽 사회를 성령의 시대라고 규정했는데, 그 이유는 주님이 이때 성령 안에 오셔서 사람들의 태도가 그 전과 근본적으로 바뀌

17) Ferguson WK(1995) : 앞의 책, pp88-104.

게 되어, 사람들은 이 세상에 임시적으로 세워진 제도에 열광하지 않고 좀 더 완전한 사회를 향해서 나아갈 것이라고 생각했기 때문이다.[18] 그는 이 세상의 역사를 세 시기로 나누었는데, 첫째 시대는 아담부터 예수 그리스도까지 계속되는 성부의 시대, 둘째 시대는 우시아 왕부터 1260년까지 계속된 성자의 시대, 셋째 시대는 베네딕트로부터 시작된 성령의 시대이다. 각 시대는 어느 정도 겹쳐 있는데, 그가 시대 구분을 이렇게 한 것은 구약성서의 계보에 따라서 한 시대를 14세대로 잡았기 때문이다. 이렇게 보았을 때 지금 우리가 사는 시대는 성령의 시대로 세상의 종말에 가까이 다가간 시대다.[19]

그에 의하면 첫째 시대는 노동력과 노예주의적 봉건제도가 중심이 된 시대로 율법의 시대이고, 둘째 시대는 성직자나 교회의 계층구조 체제가 중심이 된 시대로 성직자가 중심이 되는 은총의 시대이며, 셋째 시대는 사람들이 국가나 교회의 권위에 종속되지 않고, 노동 대신 명상에 힘쓰고, 율법에 대한 복종 대신 사랑에 힘쓰는 시대로 수도원적 삶이 중심이 된다. 그의 이러한 생각은 그당시 사회의 혼란 때문인데, 그는 앞에서 말했던 것과 같은 그 시대의 혼란에서 적그리스도의 출현을 읽었고, 그런 사회가 갱신되려

18) Joachim de Flore(1182) : Cons. 5.84, Pelikan J(1978) : *The Christian Tradition : A History of the Development of Doctrine. Vol.III, The Growth of Medieval Theology*, The Univ. of Chicago Press, Chicago, pp301-302.

19) Henel IC(1983) : 《폴 틸리히의 그리스도교 사상사》, 송기득 역, 한국신학연구소, 서울, p229.

면 이 세상의 풍조에 휩쓸리지 않는 새로운 영적 공동체가 필요하다고 생각했던 것이다. 새로운 시대는 좀 더 완전한 사회인데, 그때 성령은 모든 사람의 마음속에서 역사하여 세상 전체가 수도원적인 삶으로 변화되게 된다. 그러나 새로운 시대는 옛 시대와 단절된 것이 아니라 옛 시대의 태 속에서 부화되어, 곧 예수 그리스도가 죽은 자 가운데서 부활하셨듯이 그 모습을 드러낼 것이다. 그때 모든 사람은 새로운 지도자의 인도를 따라서 새 예루살렘으로 들어가게 되며, 신적인 영은 모든 사람 안에서 살게 되고, 모든 것은 성령을 통해서 하나님과 직접적으로 관계를 맺게 된다.[20] 조아킴은 이런 시대가 도래하기 위해서는 이 세상을 수도원화 할 주체가 될 수 있는 새로운 영성 집단이 필요하다고 강조하였다. 그는 완전한 그리스도교의 신앙생활을 위해서는 수도원적 삶이 무엇보다도 중요하다고 생각했던 것이다. 이러한 조아킴의 종말사상은 프란체스코회에 많은 영향을 끼쳐서 프란체스코회가 새로운 수도원 운동을 전개하였는데, 그것은 그때 못지않게 세속화되고 타락한 현대 교회에도 절실히 필요한 듯하다.[21]

20) Henel IC(1983) : 앞의 책, p230-232. cf. Pelikan J(1978) : 앞의 책, p303.
21) Henel IC(1983) : 앞의 책, pp231-232.

아시시의 성 프란체스코의 회심 이전의 삶

프란체스코는 상인이었던 아버지 피에트로 베르나도네Pietro di Bernardone와 어머니 피카Pica 사이에서 세 자녀 중 맏아들로 태어났는데, 그의 아버지는 지극히 세속적이고 야심만만한 사람이었다. 그는 당시 새롭게 시작된 상업에 종사하여 그의 아버지 대까지 물려 내려온 가난에서 벗어나려고 하였고, 그의 아들 역시 그가 이뤄놓은 부를 토대로 기사騎士가 되어 가문을 새롭게 일으키게 하려는 욕망으로 가득 차 있었다.[22] 그러나 그의 어머니는 아버지와 반대되는 성격으로, 차분하고 영적이며 신앙심이 깊었던 듯하다. 그래서 그녀는 남편의 욕망 때문에 고통당하는 아들에게 연민을 느꼈고, 아들이 아버지에게서 벗어나 자신의 삶을 살기를 바라고 있었다.

프란체스코가 태어났을 때 그의 아버지는 마침 출타중이라 피카 부인은 그를 조반니Giovanni라고 이름 지었는데, 그 이유는 프란체스코가 세례 요한처럼 예수 그리스도을 앞장서서 증거하는 인물이 되라는 염원 때문이었다.[23] 그러나 그의 아버지는 돌아온 다

22) 우리는 이런 욕망을 농부였다가 광부가 되어 부를 축적하고 가문을 일으키려고 했던 마르틴 루터의 아버지에게서도 찾아볼 수 있다. 루터 역시 아버지의 세속적인 욕망을 따르려고 법학을 공부하다가 자신의 길을 찾아서 인문학, 신학으로 전공을 바꾸지만 그런 과정에서 아이덴티티의 위기와 정신적 고통을 겪는다. Erikson EH(1982) : 《청년 루터》, 최연석 역, 도서출판 인간, 서울, p53.

23) 그래서 그런지 아시시의 성 프란체스코는 다른 어느 성인의 축일보다 세례 요한의 축일을 가장 크게 여겼다고 하며, 그 역시 나중에 세례 요한 못지 않게 "여자가 낳은 사람 중에서 가장 큰 사람"이 된 듯하다. Celano T(1992) : 《아시시의 성 프란체스코의 생애》, 프란체스코회 한국관구 역, 분도출판사, 왜관, p215.

음 그를 프란체스코Franciesco라고 하였는데 그것은 그가 모직물 장사 때문에 자주 들르는 프랑스의 남부 프로방스 지방이 매우 아름답고 발달해 있었기 때문이다. 프란체스코 역시 프로방스 지방처럼 잘 살고 번창하기를 바랐던 것이다. 그의 작명 과정에서 있었던 이런 우여곡절은 그의 어머니와 아버지의 정반대되는 성향과 그가 살던 시대의 종교적인 삶과 세속적인 삶 사이의 갈등 및 프란체스코가 평생 동안 살며 싸워야 했던 대극opposite의 갈등을 그대로 보여 주고 있다. 그는 조반니로 태어났으나 프란체스코가 되어야 했고, 결국 그 둘을 통합하는 삶을 살아야 했던 것이다.

성 프란체스코는 회심하기 전과 회심한 후 매우 다른 삶을 살았는데 회심하기 전 그는 그당시 풍요하고 세속적이었던 분위기 속에서 다른 청년들과 마찬가지로 세상을 추구하면서 살았다. 그는 아버지를 도와서 상업에 종사했으며, 친구들과 어울려 "부질없는 한담과 노래, 부드럽고 하늘거리는 옷차림을 하고 ……허영에서 동시대인을 앞질렀던……",[24] 매우 외향적인 삶을 살았던 것이다. 특히 나병환자만 보아도 진저리를 쳤을 정도로 마음이 약했던 그는 성격이 매우 강했던 아버지가 원하는 대로 가업에 종사하며, 전쟁에 나아가 공을 세워 기사가 되려고 하였다. 아버지의 착한 아들이 되어 집단적 가치를 추종하며, 이 세상을 얻으려고 했던 것이

---

24) 이 글에서는 토마스 첼라노의 전기를 주로 참고하였다. Celano T(1992) : 앞의 책, pp53-54.

다. 그러나 그런 삶이 그에게 기쁨만 가져다주었던 것 같지는 않다. 왜냐하면 그에게는 술친구가 많았고 그는 괴로울 때면 술친구들과 정신없이 술을 마시며 호기를 부렸기 때문이다.[25] 내향적이었던 그가 외향적으로 살면서 괴로워했고, 술을 마시며 외향성을 과보상하려고 했지만 여의치 않았던 것이다.

프란체스코의 이러한 삶은 1202년 그가 이웃 도시 페루지아와의 전쟁에서 포로로 잡힐 때까지 지속되었다. 한 개인의 삶은 사회적 상황과 떼어놓을 수 없는데, 그의 삶은 포로생활 후 그 전과 전혀 다르게 전개되었던 것이다. 아시시는 본래 스폴레토의 후작 콘라드의 영지였는데, 하인리히 6세의 계승 문제로 황제권이 약화되자 아시시 시민은 교황 이노센트 3세의 후원으로 콘라드를 추방하고 1200년 자치를 선포하였다. 그러나 아직도 귀족의 세력 아래 있던 페루지아는 1202년 아시시에 쳐들어와 두 도시 사이에 전쟁이 벌어졌고, 그 와중에서 그는 포로가 되어 1년 동안 수감생활을 하였다. 포로 기간 동안 그의 삶의 행적을 말해 주는 명확한 기록은 없지만 그 생활은 지극히 내향적이었을 것이다. 그러한 삶은 그처럼 외향적인 삶을 살던 사람에게는 모든 것을 다시 생각하게 하는 기회를 제공하였을 것이다. 그는 1년여의 포로생활 후 풀려났으나 이어 병이 나 오랫동안 앓았다. 이때 있었던 인생의 시련

25) 그것은 그가 회심한 다음 옛 친구들이 그를 다시 불러내어 주연을 베풀고 그에게 "경비를 모두 부담하리라는 것을 추호의 의심도 없었기…… 때문이다."라는 구절에서 읽을 수 있다. Celano T(1992) : 앞의 책, p219.

은 그에게 삶을 새로운 각도에서 보게 하였다. 그래서 그는 "들판의 아름다움, 포도원의 쾌적함 ……들도 그를 즐겁게 하지 못하였다. 그는 이런 변화에 놀랐고, 이런 것들을 사랑하는 자들을 가장 어리석다고까지 여겼다."[26] 그 전까지의 외향적 삶의 태도에서 벗어나 지극히 내향적인 태도로 변했던 것이다.

아시시의 성 프란체스코와 회심

그러나 이때의 변화는 아직 완전한 변화는 되지 못하였다. 그에게 세상에 대한 욕망은 여전하여 더 깊은 체험이 필요했던 것이다. 그런 변화의 계기는 1205년에 찾아왔다, 그때 아시시에 살던 젠틸레 백작은 인노센트 3세의 편에서 싸울 군대를 모집하여 아폴리아로 출정하려고 하였던 것이다. 그러자 프란체스코는 공명심에 들떠서 기사로 참여하기로 하고 군비를 갖추어 장도에 오르려고 하였다. 그러나 그가 출발하기 전 그는 이상한 환시를 보았다. 그 환시 속에서 그는 그의 집 안에 전투용 장비인 말안장, 방패, 창 등이 가득 차 있는 것을 보았는데, 그것은 모두 그와 그의 부하의 것이라고 하였다. 그는 환시에서 깨어난 다음 자신이 앞으로의 전쟁에서 크게 공을 세우고 영화롭게 될 것이라고 해석하였다. 그러나 며칠 후 그는 또 다른 환시를 보았는데, 그때 그는 "주인과 종 가운데서 누가 더 좋겠느냐?"라는 음성을 듣고 주인이라

26) Celano T(1992) : 앞의 책, p55.

고 대답하였다. 그러나 그때 "너는 왜 주인 대신 종이 되려고 하느냐?"는 소리가 들려왔다. 그래서 그는 어떻게 해야 하느냐고 물으니, "네가 태어난 곳으로 돌아가거라. 네가 본 이 환시는 나를 통해서 영적으로 완성될 것이다."라는 음성이 다시 들렸다. 그 말을 듣고 그는 지체 없이 아시시로 돌아갔다. 극적인 체험을 한 다음 그는 회심하였던 것이다.[27)]

이때의 회심은 그에게 결정적인 전기를 마련해 주었다. 그는 세상을 얻고 세상의 기사騎士가 되려던 욕망에서 벗어나 하나님의 기사가 되려는 변환의 순간transforming moment을 마련해 주었던 것이다.[28)] 그는 앞으로 내면에 있는 유혹과 더 많이 싸워야 하지만 이 체험은 계속해서 그를 붙들어 주고 최종적인 목표까지 이끌어 갈 수 있는 원천이 되었다. 아폴리아로 가던 발길을 돌이켜 아시시로 돌아온 그는 기도에 힘쓰며 하나님이 그에게 갈 길을 가르쳐 주시고 그의 뜻을 실행할 수 있도록 도와주기를 간청하였다. 그 전처럼 사람들과 어울리기보다 조용히 토굴 속에 들어가 하나님과 대화하려고 했던 것이다. 값비싼 보화를 발견한 농부가 자신의 모든 것을 팔아서 그 밭을 사듯이 그는 새롭게 발견한 보화를 간직하려

27) Celano T(1992) : 앞의 책, p57, pp217-218.

28) Loder J(1981) : *The Transforming Moment*, Harper & Row, San Franciesco. cf. 성 프란체스코의 회심에 대해서는 여러 가지 학설이 있으며, 1206년 그가 구이도 주교 앞에서 아버지를 부인한 것으로 잡기도 하는데, 이 글에서는 아폴리아에서 아시시로 가던 길을 돌이킨 시점으로 생각하고자 한다. Celano T(1992) : 앞의 책, p74. 주68.

고 애썼던 것이다.

프란체스코가 이렇게 변하자 사람들은 이상하게 생각하면서 그가 미친 것이 아닌가 하고 생각하였다. 더구나 자기 몸은 금식과 고행으로 쇠잔해졌지만, 비싼 옷감을 팔아서 다 쓰러져 가는 성 다미아노San Damiano 성당의 사제에게 돈을 모두 주었다고 하자 사람들은 더욱더 그렇게 생각하였다. 한편 그의 아버지 피에트로는 프란체스코가 자신의 기대를 저버리고 더욱더 종교적으로 되어 가자 분노를 느끼던 차에 그가 좋은 옷감을 내다팔았다는 이야기를 듣고는 더 참지 못하였다. 그래서 프란체스코에게 달려가 그를 끌고 와 집에 감금하였다. 그러나 피카 부인은 아버지가 나간 사이에 아들의 뜻이 확고한 것을 알고는 풀어 주었다.[29)]

성 프란체스코의 회심에서 결정적인 사건은 그가 1206년 구이도 주교 앞에서 아버지와 완전히 결별한 사건과 그 얼마 후 그가 나병 환자를 부둥켜안고 입을 맞춘 사건이다. 자기 아내가 아들을 풀어 주었다는 것을 안 피에트로는 이제 자신의 아들이 더 이상 자신의 재산을 축내지 못하게 하기 위하여 아시시의 주교 앞에서 자기 재산의 모든 소유권을 포기하도록 하였다. 그때 프란체스코는 육신의 아버지의 뜻을 알고 그것을 다짐하는 한편 그가 입던 모든 아버지의 옷까지 벗어서 알몸이 되었다. 세상의 아버지와 완전히 결별하고 하늘 아버지만 섬기려는 의식을 하였던 것이다. 그러자 구이도

29) Celano T(1992) : 앞의 책, p65.

주교는 그가 입던 외투를 벗어서 그의 알몸을 가리게 하였다.

프란체스코가 아폴리아에서 돌아온 다음 그는 겸손한 마음으로 가난한 사람을 돌보고 기도를 열심히 했지만, 나병환자에 대한 역겨운 마음은 아무리 해도 가셔지지 않았다. 그러던 어느 날 그는 기도하는 가운데 악마가 아시시에서 가장 흉하게 생긴 꼽추 여인을 보여 주면서 그가 지금 하는 일에서 손을 떼지 않으면 그를 그렇게 만들겠다고 위협하는 듯한 느낌을 가졌다. 그러나 그때 곧바로 하나님은 그를 부르시더니 "네가 육적으로 헛되이 좋아했던 것을 이제는 영적인 것으로 바꾸어야 한다. 네가 나를 알기 원한다면 달콤한 것 대신 쓴 것을 택하여 너 자신을 경멸하여라."라는 음성을 들려주었다. 그때 그의 마음에는 이상한 평화가 찾아오는 것을 느꼈다. 그 후 그는 어느 날 아시시 교외에서 말을 타고 가는데 나병환자를 보았다. 그에게서 역겨운 마음이 다 가신 것은 아니지만, 그는 약속의 말씀을 생각하고 말에서 내려 그에게 다가가 입을 맞추었다. 그러자 그에게서는 역겨운 마음이 없어지고 감사와 기쁨이 솟아 넘쳤다. 그의 마음속에 끝까지 남아 있던 감정적 장애가 벗겨지고 고통받는 이들에 대한 더 깊은 사랑이 흐르게 되었던 것이다.[30)]

30) Celano T(1992) : 앞의 책, p69, pp221-222. cf. Hugolino(1996) : 《성 프란시스의 작은 꽃들》, 크리스찬 다이제스트, 서울, 26.

성전의 재건: 외적 재건과 내적 재건

성 프란체스코가 회심을 한 다음 제일 처음 한 것은 성전을 재건한 일이었다. 그는 아버지로에게서 풀려난 다음 가난한 사람들을 돌보고 기도생활에 몰두하고 있던 어느 날 성 다미아노 성당 근처에 갔다가 성당 안에 들어가 기도하는 중에 성당 벽에 걸려 있던 그리스도의 고상苦像에서 입술이 움직이며 "프란체스코야, 가서 다 허물어져 가는 나의 집을 수리하여라."라고 하는 영음을 들었다. 그 성전은 11세기에 지어졌으나 사람들의 신앙열이 식으면서 다 쓰러져 가고 있어서 그가 보기에도 너무 초라했는데, 그리스도가 그에게 성전 재건을 명령한 것이었다. 그가 깜짝 놀라서 그리스도의 모습을 보니 그 고통이 너무 심한 듯하였고, 그리스도의 상처가 그에게 찍혀진 듯 그에게까지 심한 통증이 느껴질 지경이었다.[31]

이때 그가 체험했던 그리스도의 고통은 그의 영혼에 깊이 각인되었다. 그는 그리스도의 아픔에 공감하면서 슬피 울었고, 그가 만나는 사람들에게 그리스도의 수난에 대하여 이야기하면 그들도 그 고통을 느끼는 듯하였다. 성전 건축을 위해서 다른 사람들에게 구걸하는 것이 쉽지 않았지만 그가 그리스도의 수난을 회상하면 그렇게 어려울 것도 없었다. 그래서 그가 어느 날 사람들이 많이 모인 곳에 가서 구걸하려다가 창피한 느낌이 들어서 발길을 돌이키려고 할 때 그리스도의 고난을 회상하면서 내면적인 저항을 극

31) Celano T(1992) : 앞의 책, pp223-224.

복한 적도 있었다. 그리스도의 고난을 회상하면서 그의 인간적 약함을 극복했던 것이다. 그렇게 하면서 그는 모자라는 것들을 그의 노역으로 대신하고, 마을 사람들과 함께 성 다미아노 성당을 재건하였다. 그 성당은 나중에 성녀 클라라Clara를 비롯한 제2수도회의 본거지가 되었다. 그 외에도 그는 그 근처에 있는 성 베드로 성당과 천사의 성 마리아 대성당을 재건하는 등 성당 재건에 앞장섰다.[32)]

그러나 그에게 내린 그리스도의 성전 재건 명령은 외적인 의미만은 아니었을 것이다. 그것은 오히려 그의 마음에 있는 성전을 재건하고, 당시 쓰러져 가던 그리스도의 교회 전체를 다시 일으켜 세우라는 내적인 측면도 있었을 것이다. 하지만 그가 그것을 깨달으려면 좀 더 시간이 필요했는데, 그 계기는 두 해가 지난 1208년또는 1209년 성 마티아 사도 축일에 찾아왔다. 그는 그때 그가 재건한 아시시 인근 포르치웅쿨라에 있는 천사의 성 마리아 대성당Basilica di S. Maria delli Angeli에서 미사를 드리고 있었는데 사제가 마태복음 10장 9-10절 말씀을 읽는 것을 들으며 깊은 감동을 느꼈다. 그 말씀을 듣자 그는 "이것이 바로 내가 찾던 것이다. 이것이 내가 원하던 것이다. 이것이 바로 내가 온 정성을 기울여 하고 싶어 하던 바다."[33)]라는 생각과 함께 벅찬 기쁨이 밀려왔고, 그 말씀은 그리스도께서 자기에게 직접 내리는 것이라는 확신이 들었다.

32) Celano T(1992) : 앞의 책, pp70-73, pp223-224. cf. 콘벤투알 프란체스코회(2005) : 《아시시의 성 프란체스코 대전기》, 권숙애 옮김, 분도출판사, 왜관, pp29-31.
33) Celano T(1992) : 앞의 책, p74.

그 말씀의 내용은 예수 그리스도가 그의 제자들을 선교지로 보내면서 금이나 은을 소유하지 말며, 배낭이나 두 벌 옷이나 신이나 지팡이를 가지지 말고, 오직 하나님 나라에 합당한 회개를 선포해야 한다고 당부한 말씀이었다. 하나님이 그들과 함께하실 것이니까 아무 염려하지 말고 오직 하나님만 의지하라는 의미였다. 그 말씀을 듣고 성 프란체스코는 즉시 실천에 옮겼다. 한 벌 옷에 만족하고, 신을 벗었으며, 들고 있던 지팡이를 던져 버리고 그리스도의 복음을 사람들에게 선포하였던 것이다. 그는 이제 이 세상 모든 것에서 벗어나 그리스도만 믿고 그리스도에게만 그의 삶을 의탁하려고 했던 것이다. 그때 그에게는 기쁨이 밀려 왔고, 그가 전하는 말씀에는 힘이 있었다. 그는 그 전과 전혀 다른 사람이 되었던 것이다. 그의 마음에는 하나님의 성전이 확고하게 세워졌고, 이제 세상 사람들의 마음속에 새로운 성전을 지으려고 세상을 향해 나아가려고 했던 것이다.[34)]

그는 이제 정말 다른 사람이 되었다. 그 결과 그가 전하는 말씀은 사람들의 마음을 파고들었고, 그들의 영혼에 깊은 충격을 주었다. 그래서 그를 따르는 사람들은 점점 늘어났다. 그 사람들 가운데는 그처럼 자기 재산을 모두 팔고 그를 따르려는 사람도 있었지만 세상에 살면서 그의 정신을 지키려는 사람들도 있었다. 그를 따르는 사람들이 늘어나자 그는 규칙의 필요성을 느꼈고, 자신이

---

34) Celano T(1992) : 앞의 책, pp75-77.

만든 규칙을 승인받기 위해 1209년또는 1210년 로마에 가서 교황 인노센트 3세를 만났다. 그의 활동은 이제 한 개인을 넘어 좀 더 광범위하게 세상을 변화시키는 불꽃이 되었던 것이다. 그 가운데서 특이한 것은 아시시에 살던 클라라가 1212년 그의 설교를 듣고 찾아온 것이다. 클라라는 본래 귀족이었는데 그의 설교를 듣고 모든 것을 버리고 그의 가르침대로 살려고 했던 것이다. 그래서 그는 클라라를 비롯한 여자 수도사들을 성 다미아노 성당에 머물게 하였다.[35)]

작은 형제회의 탄생과 수행

성 프란체스코는 그를 따르는 사람들이 많아지자 그들과 함께 스폴레토 골짜기로 들어가 더욱더 엄격한 고행에 힘쓰면서 그들의 모임을 '아시시의 통회자Penitents from Assisi'에서 '작은 형제들Lesser Brothers'이라고 바꿔 불렀다. 그는 무엇보다도 그의 인간적인 의지가 그리스도를 따르려는 의지를 거스르지 않게 하려고 했는데, 그러기 위해서 그는 육체의 정욕concupiscence과 충동을 극복하고, 외적 감각을 경계하며, 게으름에 빠지지 않는 것이 수도생활에 중요하다고 생각하고, 그의 형제들에게도 강조하였다. 그래서 그는 맛있는 음식을 먹지 않으려고 하였고, 부드러운 옷이나 안락한 잠자리를 마련하지 않으려고 하면서 육체의 욕망이 정신을 거스르지

35) Celano T(1992) : 앞의 책, p70, pp231-233.

않게 하려고 하였다.[36)]

그러나 모든 사람에게 소유욕, 성욕, 명예욕 등 육신의 정욕을 억제하기란 보통 어려운 것이 아니다. 그래서 그는 제자들과 함께 더 큰 극기를 실천하려고 여러 가지 방법을 고안하여 그리스도에게 더 가까이 가려고 하였다. 그는 한 곳에 너무 오래 머무르면 소유욕이 생길까 봐 거처를 자꾸 옮겨 다녔고, 다른 사람이 그의 선행에 대해서 칭찬하면 극구 말렸다. 그는 다른 사람에게 초대를 받아도 먼저 동냥을 해서 음식을 가지고 갔으며, 옷의 감촉이 너무 부드러우면 일부러 딱딱한 밧줄을 안쪽에 대고 입었다. 또한 육적인 유혹이 오면 겨울에도 얼음 구덩이에 들어가 욕망의 흔적이 말끔히 없어질 때까지 있었던 적이 한두 번이 아니었다. 한 번은 아무리 해도 유혹이 떠나지 않자 그는 밖에 나가서 눈사람 일곱을 만들어 놓고 자기에게 "자, 이것이 너의 마누라이고, 그 옆의 것들은 너의 두 아들과 두 딸이며, 나머지 둘은 너에게 시중을 들 하인과 하녀다. 너는 한 분 하나님도 제대로 섬기지 못하면서 어떻게 이렇게 많은 가족을 돌보려고 하느냐?"라고 하면서 꾸짖었다. 그에게도 인간적인 욕망이 떠나지 않았으며, 그것이 하나님을 향한 욕망을 거스를까 봐 극도로 경계했던 것이다.[37)]

36) cf. 콘벤투알 프란체스코회(2005) : 앞의 책, pp53-63. cf. 어거스틴 역시 인간의 죄는 부족에서 생기는 것이 아니라 물리도록 더 취하는 것(satiety)에서 생긴다는 사실을 깨닫고 회심 후 그것을 경계하였다. Augustine(2003) : 《성 어거스틴의 고백록》, 선한용 역, 대한기독교서회, 서울, pp75-92.

그러면서 그는 인간에게 정욕은 외적 감각을 통해서 오기 때문에 외적 감각을 경계하려고 애를 썼다. 특히 여자들과 가까이 하려고 하지 않았으며 여자들과 이야기할 때도 얼굴을 보지 않았다. 또한 그는 그의 형제들도 되도록 여자들을 만나지 않도록 했으며, 수녀원을 자주 방문하지 못하게 하였다. 외적 감각 때문에 시험에 들지 않게 하려고 했던 것이다. 그는 성녀 클라라와 그녀의 자매들이 그에게 같이 와서 식사를 하고 싶다고 아무리 강청해도 듣지 않았다. 그러다 어느 날 마지못해서 초대에 응했는데, 식사를 마친 다음 자매들이 설교를 부탁하자, 그는 타고 남은 재를 자기 주위에 원圓 모양으로 빙 둘러 바닥에 뿌린 다음, 자기 머리 위에 다시 뿌리고 "하나님 나를 불쌍히 여기소서."라는 말만 한 적이 있다. 자기는 재에 불과한 존재이니까 수녀들이 그를 숭배할 것이 아니라 하나님만 찬양할 것이라는 사실을 그의 몸으로 보여 주었던 것이다. 그것은 수녀들에게만 가르친 것이 아니라, 그와 그의 형제들 모두 이성을 재처럼 여기라는 의미였을 것이다.

또한 그는 사람들이 게으르거나 쓸데없이 한담이나 즐기는 것을 엄격하게 경계하였다. 사람들은 일을 하게 되어 있는데 많은 사람이 삶을 자기 자신과의 싸움으로 생각하지 않고 무사武士답지 않게 뒤로 빼는 경우가 많았기 때문이다. 그래서 그는 자신이 스스로 여러 가지 일을 하였고, 구걸하러 갈 때도 제자들만 시키지

37) Celano T(1992) : 앞의 책, pp90-95, pp326-328.

않고 온 마을을 열심히 돌아다니면서 구걸하였다. 몸을 움직이지 않고 편하게 되면 여러 가지 잡념이 들고, 우리 몸은 육신의 정욕에 빠져든다고 생각하였기 때문이다. 그래서 그는 형제들에게 "나는 나의 모든 형제가 일을 하기를 바라며 어떤 일에 종사하기를 바랍니다. 그리고 일을 할 줄 모르는 형제는 기술을 배워야 할 것입니다."[38]라고 말하곤 하였다.

그러나 그가 자신의 몸을 혹사시킨 것만은 아니었다. 그에게 유혹과 충동이 들 때는 그의 몸을 당나귀라고 부르면서 정욕을 제어하려 했지만, 다른 한편으로는 육신을 너무 억압하지 않으려고 하였다. 그래서 그는 그의 형제에게 "육신 형제는 신중히 돌봐주어야 합니다. 그렇게 해야 육신은 거세게 몰아치는 나쁜 성미를 일으키지 않을 것이며, 깨어 있어도 피곤할 줄 모를 것입니다. ……그리고 육신은 이렇게 말할는지 모릅니다. '나는 허기져서 약해졌습니다. 나는 당신의 수련이 부담스러워 견딜 수가 없습니다.' 그러나 충분한 음식을 취하고도 그렇게 투덜대면 게으른 짐승은 따끔한 맛을 보아야 합니다."라고 말하였다. 그는 고행을 위한 고행을 한 것이 아니라 하나님 안에서 더 큰 기쁨을 얻으려고 이 세상의 허망한 즐거움이나 육적인 기쁨을 불러일으키는 것을 거들떠보지 않으려 했던 것이다.[39]

38) Celano T(1992) : 앞의 책, pp366-368.
39) Celano T(1992) : 앞의 책, pp338-339.

그가 육신의 정욕을 다스리려고 하면서 특별히 얻으려고 했던 덕목은 청빈, 겸손, 순명이었다. 우선 그는 가난이 인간을 그리스도와 가장 가깝게 갈 수 있게 해 주는 덕이라고 생각하여 모든 종류의 가난을 실천하려고 하였다. 음식을 먹더라도 배불리 먹으려고 하지 않았으며, 옷도 두 벌 이상 가지지 않으려고 하였고, 집도 세상에서 가장 낮고 비천한 곳에서 살려고 하였다. 육신이 조금이라도 좋고 나은 것에 길들지 않도록 경계했던 것이다. 그래서 그의 옷은 가장 허술하였고, 좋은 것이 조금이라도 생기면 가난한 사람들에게 주려고 하였다. 그는 사람들이 필요를 충족시키면 쾌락에 넘어가고, 일단 쾌락에 넘어가면 하나님에 대한 열심이 식어진다는 사실을 잘 알았기 때문이다. 온 세상은 가난을 싫어하고 두려워하기까지 했지만, 그는 가난을 '가난 부인Lady Poverty'라고 부르면서 가난 부인을 사랑함으로써 그리스도에게 더 가까이 다가가려고 하였다.

둘째로 그는 천성적으로 지극히 겸손한 사람으로 태어났지만, 교만이 모든 악의 근원이라는 사실을 잘 알았기 때문에 더욱더 겸손하게 살려고 하였다. 그는 어느 자리에서나 다른 사람보다 윗자리에 앉으려고 하지 않았고, 하나님께 간구할 때도 자기 기도를 믿기보다 다른 사람에게 대신 기도를 해 달라고 부탁하였다. 또한 그는 손윗사람에게만 겸손하게 대한 것이 아니라 손아랫사람에게도 그랬고, 다른 사람들에게 권고와 충고를 주기보다는 다른 사람이 주는 권고와 충고를 받아들여 자신의 행동을 개선하려고 하였다. 언젠가는 위골리노 주교가 그에게 그의 수도회 형제들이 교회에서 여러 가지 직책을 맡아야 하지 않겠느냐고 하자, “주교님, 나의 수사들은 윗사람이 될 생각은 절대로 하지 않도록 작은 형제들이라고 불리고 있습니다. ……그들이 엄격히 그 직책에 머물게 하시고 결코 교회에서 어떤 지위도 갖지 않게 해 주십시오.”라고 하였다. 그래서 그는 사제 서품을 받지 않고 평생 부제副祭에 머물러 있었다.[40)]

그의 이러한 겸손은 순명順命으로 이어졌는데, 그는 자신을 따르는 수도회에서도 총장 자리는 다른 사람에게 맡기고 그에게 순종하였으며, 나중에 수도회의 보호 추기경이 된 위골리노 추기경을 공손하게 따랐다. 그가 순명을 강조한 것은 순명이야말로 하나님을 두려워하는 태도에서 나오는 것이기 때문이라고 생각했기 때문이다. 그는 순명의 가장 좋은 예를 시신屍身이라고 했는데, 시신은 어느 곳에 뉘어도 투덜대지 않고, 다른 곳으로 옮겨도 울부짖지 않기 때문이다. 그러면서 그는 윗사람이 명령하면 부당하게 보여도 그대로 따라야 하고, 윗사람은 가볍게 순명이라는 이름으로 명령 내려서는 안 된다고 강조하였다.[41)]

이러한 성 프란체스코의 태도에서 우리는 그가 지극히 단순한 사람이라는 것을 알 수 있다. 그리고 그는 그런 단순성을 가지고 그리스도의 기사처럼 이 세상을 향해서 나아갔다. 그러나 그 무기

40) Celano T(1992) : 앞의 책, pp347-357.
41) Celano T(1992) : 앞의 책, pp357-361.

는 이 세상의 어떤 것보다도 강력한 것이었다. 왜냐하면 그들은 이 세상에 대해서 철저히 죽었으므로 이 세상 어디에서나 안전하였고 두려움에 사로잡히지 않았기 때문이다. 그들은 이 세상의 모든 근심과 걱정을 치워 놓았기 때문에 하늘에서 오는 위로와 기쁨을 모두 받을 수 있었는데, 그러한 삶의 태도는 여태까지 어떤 수도자나 수도회에서도 실천한 적이 없는, 오직 그의 단순성만이 얻을 수 있었던 통일된 인격에서 나온 것이었다.[42)]

아시시의 성 프란체스코의 인간성과 피조물과의 대화

그러나 프란체스코는 어두운 금욕가가 아니라 즐거운 영성가였다. 억누를 수 없는 육신의 정욕 때문에 고통받으며 그것을 억압하려고만 했던 것이 아니라 즐거운 마음으로 하나님께 나아갔던 영적인 음유시인이었다. 그래서 첼라노는 "허망한 즐거움이나 육적인 즐거움을 불러일으킬 수 있는 것은 도무지 거들떠보지도 않았고 가지지도 않았을 때, 그들에게는 큰 기쁨이 있었고…… 지상의 모든 근심 걱정을 치워 놓았기 때문에 오직 천상적 위로만이 그들을 즐겁게 하였다."[43)]라고 주장하였다. 사실 그는 기독교의 수많은 영성가 중에서 가장 밝은 색깔의 사람이었다. 다른 사람들보다 더 엄격한 금욕과 고행을 했음에도 불구하고 언제나 기쁨을 잃

---

42) cf. Celano T(1992) : 앞의 책, pp86-89.
43) Celano T(1992) : 앞의 책, p89.

지 않았으며, 슬픈 기색을 띠는 제자가 있으면 책망했던 사람이었던 것이다.

그가 그런 태도를 견지했던 것은 천성적으로 그가 낙천적인 성격을 타고났기 때문이기도 하지만, 수도자들이 악마의 간계에 대항할 수 있는 가장 큰 무기는 마음의 기쁨을 누리는 것이라고 생각했기 때문이었다. 그래서 그는 “악마는 하나님의 종에게서 마음의 기쁨을 채 갈 수 있을 때 통쾌해합니다. ……그렇게 해서 곧은 마음과 깨끗한 생활을 얼룩지게 합니다. 그렇지만 마음에 기쁨이 충만하면 뱀이 독을 뿜어도 허사입니다.”[44]라고 제자들을 가르쳤다. 그러나 그는 참된 기쁨과 헛된 기쁨은 엄격히 구분하여 이 세상적인 것은 물리치고, 영적인 것에서만 기쁨을 누리려고 하였다. 그래서 조금이라도 실의失意에 빠지려는 기색이 들면 곧장 달려가 기도를 통하여 마음의 조화를 이루려고 하였다.

다음으로 그는 사랑과 동정심으로 가득 찬 사람이었으며, 사랑의 완덕을 향해서 나아간 사람이었다. 그는 제자들을 극진히 돌봐주었으며 가난하고 병든 사람들을 보면 진심으로 같이 아파했고 그들이 나을 수 있도록 애썼다. 그는 가난한 사람을 보면 그가 청하거나 청하지 않거나 그가 입고 있던 외투를 벗어 준 적이 한두 번이 아니었다. 더구나 언젠가 가난한 사람이 그에게 찾아와 도움을 청하자 그들에게 마땅히 줄 것이 없었을 때 그에게 있던 유일한 재산

44) Celano T(1992) : 앞의 책, p335.

인 신약성서를 건네준 적도 있었다. 그가 그것을 팔아서 필요한 것을 사라는 의도에서였다.[45] 그래서 모든 사람은 그에게 더 가까이 있으려 하였고, 그는 모든 사람과 사랑을 나누려고 하였다.

이러한 그의 사랑은 사람을 향한 것만이 아니었다. 그는 하나님의 모든 피조물도 사랑하려고 하였고, 그들도 그것을 알았다. 그래서 그가 "나의 새 자매들이여! 여러분은 여러분의 창조주를 마냥 찬미하고 늘 사랑해야 합니다."라고 말하면 새들은 그의 말을 알아듣는 듯이 즐거워하였다. 한 번은 올무에 걸린 산토끼가 가여워서 그를 놓아 주었지만, 산토끼는 산으로 가려고 하지 않고 그의 품으로 계속해서 돌아온 적도 있었다. 심지어는 마을 사람을 물어 죽였던 늑대까지 그가 꾸짖자 아주 양순해진 적도 있었다. 그는 모든 피조물 속에서 하나님을 보았고, 하나님 안에서 그들을 사랑했던 것이다.[46] 피조물에 대한 그의 사랑은 1225년 그가 지은 '태양의 노래'에서 절정에 달하는데 거기에서 그는 해, 달, 별, 바람, 공기, 불, 땅은 물론 죽음까지도 모두 형제이며 자매라고 부르면서 하나님께 감사와 찬송을 올렸다. 그는 이 세상에 있는 모든 것을 사랑했고, 그 안에서 기쁨을 누렸으며, 하나님께 찬송드렸던 것이다.[47]

---

45) Celano T(1992) : 앞의 책, pp296-299, p302, p379.

46) Celano T(1992) : 앞의 책, pp113-116, p249, pp296-299, p302, p379.

47) St. Franscisco of Assisi & Ste. Clare of Assisi(2004) : 《성 프란체스코와 성녀 클라라의 글》, 작은 형제회 한국관구 옮겨적음, 분도출판사, 왜관, pp222-224.

이러한 성 프란체스코를 가리켜서 토마스 첼라노는 그가 천성이 조용했고, 대화에서는 상냥했으며 정신은 진지하였다고 평하였다. 또한 그는 모든 사람을 온유하게 대했고, 모든 사람의 행동에 자기를 맞추려고 노력하였다고 덧붙였다. 이러한 그의 성품은 자연히 그를 평화의 사람으로 나아가지 않을 수 없게 했는데, 그는 무엇보다도 평화를 사랑하였다. 그래서 그는 제자들에게 하나님의 말씀을 전하기 전에 먼저 "주께서 여러분에게 평화를 주시기를 기원합니다."라고 하면서 평화를 기원하라고 당부하였다. 그래서 하나님을 모르던 사람들까지 그의 말을 듣고 평화를 간직하게 되어 평화의 자녀가 되었다. 그가 얼마나 평화를 사랑했는지를 보여 주는 예는 그가 어느 날 로마냐의 이몰라에서 그곳 주교를 만나 그의 교구 안에서 프란체스코의 제자들이 설교를 할 수 있게 해 달라고 부탁했을 때 나타났다. 그때 그 주교는 그 교구의 사제들만이 설교를 해야 한다고 하면서 그 청을 거절했는데 성 프란체스코는 아무 대꾸도 하지 않고 공손하게 물러난 다음, 얼마 후 다시 그에게 아주 겸손한 마음으로 다시 청했던 것이다. 그러자 그 주교는 그의 이런 태도에 감화되어 승낙할 수밖에 없었다.

그는 모든 것을 평화로운 마음과 태도로 설득하려 했던 것이다.[48] 그래서 "주여 나를 평화의 도구가 되게 하소서."라는 구절로 시작하는 유명한 '평화의 기도'가 그의 저작인지 아닌지 확실하지

---

48) Celano T(1992) : 앞의 책, p76, p82, pp138-139, pp353-354.

않지만, 그의 저작으로 알려지게 된 것인지도 모른다. 그는 무엇보다도 평화를 사랑하였고, 평화를 이루려고 하였던 것이다. 이런 모든 것을 볼 때 그는 육체의 감옥에서 해방되었고, 이 세상의 모든 것에서 떠나 참된 자유인으로 이 세상을 살았던 사람이 아니었나 생각된다.

영혼의 어두운 밤과 그리스도의 성흔

성 프란체스코가 개인적인 회심을 통하여 문자 그대로 그리스도를 따르려는 삶을 살았을 때, 처음에 사람들은 그를 정신이상이 아니냐고 의아해했다. 그러나 그의 단순, 소박한 태도와 한결같은 겸손과 사랑이 가득한 마음씨는 머지않아 사람들의 가슴에 깊은 반향을 일으켰고 그의 곁에 수많은 사람을 불러 모았다. 그래서 그에게는 수도회를 만들 생각이 전혀 없었지만 상황은 그의 뜻과 전혀 다르게 전개되어 갔다.

1217년 포르치웅쿨라에서 첫 번째 성령강림총회를 했을 때 그를 따르는 사람들이 5,000명이 넘어 공식적인 수도회를 출범시키지 않을 수 없었던 것이다. 하지만 신비적 영성가였던 성 프란체스코와 하나의 집단이 된 수도회 사이에는 갈등이 없을 수 없었다. 그리스도와 사도들의 생활방식을 그대로 따르려는 그의 이상과 그것을 모든 사람에게 똑같이 적용할 수 없다는 현실파 사이에 인식 차가 컸기 때문이다. 그 갈등의 절정은 1221년 그가 이집트의 다미에타에서 선교하고 있을 때 터져 나왔다. 그때 수도회 내부에서는 엄격한 수행을 해야 한다고 주장하는 수도사와 엘리아스를 비롯한 현실주의자들 사이에서 격렬한 다툼이 벌어졌던 것이다.[49)]

그 갈등은 나중에 교황 그레고리우스 9세가 된 위골리노 추기경의 중재로 프란체스코의 이상을 최대한 지키면서 하나의 집단이 된 수도회의 현실도 수용하는 선에서 수습되었고, 수도회의 규칙은 1223년 최종적으로 승인될 때까지 두 번이나 수정되어야 했다. 그러나 프란체스코는 이미 하나의 조직으로 커진 수도회가 그가 처음에 생각했던 것과 다른 방향으로 나아가는 것을 보고 마음에 깊은 상처를 입었다. 그는 그런 고통을 겪으면서 '영혼의 어두운 밤'을 지나가지 않을 수 없었다. 그때 이미 그는 오랫동안의 금욕적인 고행으로 위장병을 앓았지만, 이때의 갈등으로 몸이 더 쇠약해졌던 것이다. 하지만 수도회는 그가 처음에 의도했던 것과 달리 점점 더 조직화되어 갔고, 호화스러워졌다. 심지어 그가 선교에서 돌아오니 그가 처음 수도회를 시작했던 포르치웅쿨라의 성 마리아 성당을 아주 웅장하고 화려하게 건축하고 있었다. 평소 거처를 만들 때 돌로 만들지 말고 자그맣고 가난하게 나무로 만들라고 했던 그는 화가 나서 지붕에 올라가 기와와 벽돌을 내던지며 건물을 허물라고 소리쳤다. 그러나 곁에 있던 아시시의 기사들이 그 건물은 수도회의 소유가 아니라 시市의 소유라고 말려서 그는

49) Celano T(1992) : 앞의 책, pp28-29.

그것을 지켜볼 수밖에 없었다. 많은 것은 이제 그의 뜻과 너무 다르게 진행되었던 것이다.[50)]

성 프란체스코가 '영혼의 어두운 밤'을 나오게 된 것은 1223년 무렵이었다. 그는 이제 많은 것을 그대로 받아들이려 하였고, 더 깊은 기도 속에서 예수 그리스도의 가르침과 발자취만 따르려고 하였다. 그래서 그는 그해 성탄절 무렵 아기 예수의 탄생을 경축하고 싶은 강렬한 소망을 느껴서, 아시시 인근 그렉치오에서 첫 번째 성탄과 같은 장면을 연출하였다. 아기 예수를 구유에 눕혔고 그 옆을 소와 당나귀가 둘러싸게 하는 등 첫 번째 성탄처럼 아주 소박하고 단순하며 겸손하게 아기 예수의 탄생을 맞으려고 했던 것이다. 이윽고 시간이 되어 그가 미사를 집전하자 놀라운 일이 벌어졌다. 온 하늘이 밝은 광채로 물들었고 그렉치오 전체가 베들레헴에서처럼 거룩 속에 빠져드는 것이었다. 거기 참석했던 요한은 말구유에 누워 있던 아기 예수께서 성 프란체스코가 다가오자 깨어나는 환시를 보았다고 나중에 증언하였다. 중세의 긴 어둠 동안 사람들에게 잊혀지고 영향력을 잃어 가던 예수 그리스도의 복음이 그의 선교와 함께 깨어났던 것이다.[51)]

그렉치오에서 첫 번째 성탄이 그대로 재현된 다음 성 프란체스코는 예수 그리스도가 십자가상에서 받았던 성흔을 그대로 그의

50) Celano T(1992) : 앞의 책, p70, p271.
51) Celano T(1992) : 앞의 책, pp139-142.

몸에 받는 일이 일어났다. 평생 동안 그리스도의 정신을 그의 몸으로 살려고 했던 그에게 그리스도와 육체적으로 하나가 되는 역사가 일어났던 것이다. 그의 나이 마흔이 넘자 그는 이제 몸이 많이 쇠약해졌고, 그가 오래 살지 못할 것이라는 사실을 알아챘다. 그래서 그는 기도생활에 더욱 힘을 썼으며 깊은 명상 속에서 그리스도를 더 깊이 체험하려고 하였다. 그래서 그는 1224년 9월 성 미카엘 대천사를 기념하여 라베르나 산에 올라가 40일 동안 금식기도를 시작하였는데, 어느 날 신적인 명상이 그의 마음에 흘러들어 오는 것을 경험하였다. 그때 그는 환시 속에서 여섯 날개를 가진 천사가 십자가에 못 박힌 사람의 형상을 하고 있는 것을 보았는데, 천사의 날개 둘은 그의 머리 위로 들어 올렸고, 다른 둘은 날기 위해 뻗어 있었으며, 마지막 둘은 그의 온몸을 감싸고 있었다. 그 광경을 보자 그는 알 수 없는 신비에 휩싸였지만 그것이 무엇을 의미하는지 알지 못하였다. 그러나 천사가 십자가에 못 박혀 있다는 사실을 생각하자 그는 찌르는 듯한 고통이 몸에 전달되는 듯한 느낌이 들면서 강한 통증을 느꼈다. 그러더니 곧 그의 손과 발에 상처들이 생기기 시작하였다. 그의 손과 발 한가운데가 못으로 찔린 듯하였고, 오른쪽 옆구리에서는 창에 찔린 듯 피가 흐르기 시작하였다. 그는 너무 놀라 당황하였지만, 그의 마음은 기쁨과 슬픔으로 흘러넘쳤다. 그는 곧 그가 십자가에 못 박히신 그리스도를 영적으로는 물론 몸으로도 더 완전히 따라야 한다는 것을 알게 하시려는 그리스도의 뜻임을 깨달았다. 그는 이제 고통당하

신 그리스도의 성흔을 그의 몸에 받아 그리스도와 완전히 하나가 되었던 것이다.[52)]

52) Celano T(1992) : 앞의 책, pp151-154. 성 프란체스코의 성흔은 그의 신비주의에서 매우 중요한 의미를 갖는다. 그것은 그당시 그의 고뇌가 얼마나 컸고, 그것을 수용하는 과정에서 그의 내면에서 어떤 일이 일어났는지를 보여 주는 사건이기 때문이다. 그러나 앞으로 우리가 살펴보게 될 분석심리학적 고찰에서는 다루지 않을 것이다. 왜냐하면 그 부분은 신비주의의 과정에서 말하는 '영혼의 어두운 밤'과 히스테리 기전을 중심으로 하여 또 하나의 논문으로 더 깊이 다루어야 하기 때문이다.

아시시의 성 프란체스코의 회심체험에 대한 분석심리학적 해석

그리스도교 역사에서 아시시의 성 프란체스코만큼 특이한 존재도 없을 것이다. 그는 어느 누구보다 나자렛에서 살던 예수처럼 소박하지만 진실한 삶을 살았으며, 결국 예수 그리스도처럼 성흔을 몸에 받아 그다음에 오는 많은 그리스도인에게 새로운 길을 보여주었기 때문이다. 의학사를 보면 성흔에 대한 기록은 아시시의 성 프란체스코 이전에는 발견되지 않는다. 그러나 성 프란체스코가 성흔을 받은 이래 성녀 카트린느, 테레사 노이만 등 신비주의자들은 물론 그 밖에 많은 사람에게서 성흔이 나타났다.[53] 그는 조아킴이 말했던 대로 성령의 시대를 맞아 모든 사람이 그들의 몸을 통하여 그리스도를 실현시킬 수 있도록 새로운 영적 공동체를 일으켜 세웠던 것이다. 그는 그가 들은 영음처럼 무너져 가던 그리스도 교회에 새로운 바람을 불러일으켰고, 그의 어머니 피카 부인의 기대대로 그리스도의 길을 앞장서서 닦았던 성령의 시대의 세례자 요

53) Janet P(1975) : *De I'Angoisse à U'Extase*, Félix Alcan, Paris

한이 되었던 것이다. 이러한 아시시의 성 프란체스코의 삶을 분석심리학적으로 살펴보면 우리는 그가 내면에 있는 모든 정신요소를 통합하여 결국 '우리 안에-있는-하나님'God-withim-us인 자기自己를 온전히 실현시킨 것을 살펴볼 수 있다고 말할 수 있을 것이다.

회심체험과 리비도의 정체 및 퇴행

아시시의 성 프란체스코의 삶은 1205년에 있었던 회심체험을 분기점으로 해서 극적으로 달라진다. 그때 그는 기사가 되어 세속적으로 출세하려던 길에서 돌이켜 아시시로 돌아와 그 전과 전혀 다른 삶을 살고 아시시의 구이도 주교 앞에서 아버지 베르나르도네와 결별하여, 그리스도의 기사가 되려고 했던 것이다. 그가 그렇게 변화된 것은 그때 갑자기 이루어진 것이 아니다. 오히려 그가 1202년 페루지아와의 전투에서 포로로 붙잡혀 1년여 동안 수용소에서 보냈고, 석방된 다음에도 1년 동안 중병에 걸려 고생할 때 그의 무의식에서 회임incubation되었다고 해야 한다.

융에 의하면 사람들에게 어떤 행동을 하게 하는 것은 정신에너지인 리비도인데, 리비도는 사람들에게 있는 생명력la force vitale으로서 사람들에게 충동으로 느껴지기도 한다. 리비도는 인간의 정신현상 가운데서 하나의 성향tendance이나 욕망désir이나 의지vouloir 또는 정감affect 등으로 나타나, 사람들에게 여러 가지 행동을 하게 하는 것이다. 융은 리비도를 성 에너지로만 보았던 프로이트와 달리, 그것을 좀 더 넓은 의미로 보아 양적인 특성을 가진 하나의 에너지라고 주장하면서 쇼펜하우어가 말한 의지volonté나 베르그송이 말한 생의 약동élan vital과 비슷한 정신에너지énergie psychique라고 설명하였다. 그렇게 될 때 인간의 모든 정신현상은 정신에너지 때문에 생기는 것이고, 성 에너지는 수많은 정신현상 가운데서 정신에너지가 성적 대상에 부어졌을 때 작용하는 것이라고 말할 수 있다.[54)]

융에 의하면 정신에너지는 투여되는 대상에 따라서 여러 가지 형태로 변환되는데, 정신에너지는 등가의 원리le principe d'équivalence과 엔트로피의 원리le principe d'entropie를 따라서 작용한다. 여기에서 등가의 원리는 물질에너지에서 말하는 에너지 보존의 법칙과 유사한 원리인데, 정신의 어느 한 영역에서 정신에너지의 일정 부분이 사라졌다면 그와 같은 양의 에너지가 정신의 다른 영역에서 생겨난다는 것이다. 즉, 의식에서 어떤 대상에 부었던 에너지가 소멸되었다면 그와 똑같은 양의 에너지가 무의식에 공상이나 환상의 형태로 생겨나고, 사람들이 본능을 억압하면 다른 한편에서 종교열이 생길 수 있다는 것이다. 그래서 융은 "병적인 관심, 즉 어느 증상에 대한 과도한 고착은 같은 정도의 강도를 가진 또 다른 관심으로 대체되지 않는 한 없어지지 않는다."[55)]라고 주장하였다. 그러므로 강력한 에너지를 가진 하나님의 상은 정신의 치료과정

54) Jung CG(1981) : *L'Energétique psychique*, Librairie de l'Université Georg, Genève, p33, pp48-50.
55) Jung CG(1981) : 앞의 책, p40.

에서 환자에게 있는 병적인 증상을 없애는 데 커다란 도움을 줄 수 있다. 왜냐하면 그 증상에 집중되었던 에너지가 하나님의 상으로 옮겨질 때 그 증상은 이제 더 이상 그 사람을 괴롭히지 못하도록 소멸되기 때문이다. 또한 융은 유아시절 부모에게 가지고 있던 감정이 분석가에게 전이되는 것 역시 등가의 원리로 설명할 수 있다고 주장하였다.[56)]

다음으로 엔트로피의 원리는 등가의 원리를 보완하는 원리다. 융은 정신의 어느 두 영역 사이에 에너지의 차이가 있으면 그 사이에서는 에너지의 교류가 일어나고, 그 교류는 두 영역 사이에서 에너지의 차이가 없어질 때까지 지속된다고 주장하였다. 그것은 물리 현상 가운데 어느 두 물체 사이에 온도 차이가 있을 때, 두 물체의 온도가 같아질 때까지 그 사이에서 작업이 행해지는 것과 같은 원리다. 그래서 회심체험자들은 회심 전과 회심 후 전혀 다른 삶을 살지만 회심을 한 다음 단번에 거룩한 삶을 살지 못하고 수많은

56) 융은 사람들이 성 에너지를 종교나 예술 영역으로 전환시켰을 경우, 그것은 더 이상 성 에너지가 아니라고 강조하였다. 프로이트가 리비도를 성 에너지라고 하는 것은 리비도를 질적으로 판단하는 것인데, 융은 리비도는 질적인 개념이 아니라 어떤 정신활동에서도 사용할 수 있는 일정한 양의 에너지라고 주장한 것이다. 그러면서 융은 인간의 정신현상에는 어떤 목적이 있으므로 목적론적으로 살펴보아야 한다고 강조하였다. 그것은 퇴행의 경우에서도 마찬가지로 퇴행도 단순하게 병리적인 측면에서만 살펴볼 것이 아니라, 거기에서도 어떤 목적을 찾아볼 수 있다는 것이다: "목적론적 관점은 원인을 목적에 비추어서 생각한다는 것이다. 거기에서는 퇴행을 예로 들 수 있는데, 퇴행은 원인론적으로 살펴보면 '어머니에 대한 고착' 때문에 생겨난 것이지만 목적론적으로 보면, 그때 리비도는 어머니-이마고로 내려가고 거기서 기억-연상을 찾아서 그것을 통하여 한 단계 더 발달하려고 하는 목적을 가지고 있는 것이다. 즉, 성적 체계에서부터 영적 체계로 발달하려고 하는 것이다." Jung CG(1981) : 앞의 책, p42.

동요와 불안정 속에서 흔들리다가 안정을 찾게 된다. 그때 처음 상태와 나중 상태 사이의 차이가 크면 클수록 두 상태 사이에서 진동oscilation이 커지고, 진폭이 컸을수록 그다음에 형성되는 태도가 확고해진다.[57)]

다음으로 융은 정신에너지의 운동에는 전진progression과 퇴행regression이 있다고 주장했는 데, 에너지의 전진은 사람들이 매일매일 환경에 적응하는 데 사용하는 에너지의 사용 양태이며, 퇴행은 환경에 적응하는데 투여되었던 정신에너지가 내면과 주체로 방향을 돌려서 내면세계에 적응할 때 작용하는 에너지의 사용법이다. 이때 정신에너지는 외부세계를 떠나 내면으로 들어가 기억의 보고에서 옛날의 이미지를 끄집어낸다. 그때 제일 먼저 떠오르는 것은 어린 시절의 기억이며, 특히 부모의 이미지다. 외부로 방출되지 못한 에너지는 내면으로 들어가 어린 시절의 기억을 들추어 내는 것이다. 이때 사람들은 그 이미지에 사로잡혀 고통받기도 하지만, 그 이미지를 재통합하여 현재 적응하지 못하는 삶의 양태를 극복하고 새롭게 태어나기도 한다. 그러므로 퇴행은 발달의 퇴보나 후퇴가 아니라 인간 발달에 꼭 필요한 하나의 과정으로 작용하는 경우도 많다.[58)]

리비도가 전진할 때 사람들은 그가 접하게 되는 대상에 에너지

57) Jung CG(1981) : 앞의 책, pp44-48. 우리는 그와 같은 모습을 앞으로 살펴볼 아시시의성 프란체스코의 회심체험에서도 찾아볼 수 있다.
58) Jung CG(1981) : 앞의 책, pp59-60. cf. Jung CG(2005) : 《상징과 리비도》, p138.

를 투입하여 상황을 인식하고, 그때그때 필요한 작업을 하면서 그에게 주어진 과제를 수행한다. 그러나 적응은 사람들이 환경에서 나온 요구를 끊임없이 충족시키면서 리비도를 전진시켜야 하는 작업으로서 언제나 쉬운 일만은 아니다. 왜냐하면 리비도의 전진은 사람들에게 경직된 습관적 사고방식mental habitus과 일방적인 태도를 형성하게 하여 적응을 방해하거나 환경이 변화되어 새로운 적응방식을 요구하는 경우도 발생하기 때문이다. 이때 정신에너지는 잠시 정체되거나 퇴행하면서 사람들에게 새로운 적응방식을 요청하여, 사람들은 잠시 어려운 지경에 빠지기도 한다.

정신에너지의 퇴행은 보통 에너지의 정체와 함께 생기는데, 에너지의 정체는 정신에너지가 환경적 요인이나 서로 반대되는 두 개의 서로 다른 성향이 맞설 때 이루어지고, 곧 정신에너지의 퇴행을 불러온다. 그런데 융은 정신에너지의 정체는 사람들에게 삶이 더 이상 흐르지 못하게 하고 모든 것이 활기를 잃게 하여 삶의 의욕을 저하시키고 우울증을 야기한다고 주장하였다. 그러나 물이 댐에 고여 있을 때 물은 여태까지 흐르던 것과 다른 방향으로 흐르려고 하면서 새로운 물길을 찾고, 운동에너지를 위치에너지로 바꾸어 그 전과 전혀 다른 새로운 전진을 가능하게 하기도 한다. 마찬가지로 정신에너지 역시 퇴행과 정체상태에서 그 전과 다른 방식의 새로운 적응을 하게 하는 긍정적인 의미를 찾아볼 수 있으며, 상징은 그때 매우 중요한 역할을 한다. 댐에 고여 있던 물이 그 밑에 있는 터빈을 통하여 전력을 생산하듯이, 정체되고 퇴행되었던

정신에너지는 상징을 통하여 그 전과 전혀 다른 방식으로 해석되어 역동적인 삶을 살게 하는 것이다.[59)]

그래서 융은 정신에너지의 퇴행은 그 전까지 환경에 적응하느라고 배제해 놓았던 정신내용의 가치를 고양시키고 활성화시킨다고 주장하였다. 그런데 그때 사람들이 배제한 내용은 유아 성욕과 관계되는 비도덕적이고 비합리적인 내용으로 구성되어 있지만, 그것은 본래 그렇게 열등한 것은 아니다. 오히려 그당시 환경의 요청이나 의식의 일방적인 관점 때문에 열등하다고 판정되어 무시되고 억압된 것들이다. 그러므로 그것은 사람들에게 삶을 또 다른 관점에서 볼 수 있게 하고, 지금 실패한 의식의 태도를 대체하여 새로운 삶의 가능성을 열어 줄 수도 있다. 그것들이 아직 충분히 의식화되지 않아서 서투르게 보이지만, 그 속에는 훨씬 더 풍부하고 창조적인 내용들이 담길 수 있는 것이다. 그래서 융은 퇴행에는 그동안 무시했던 삶의 또 다른 측면을 살펴보고, 영혼의 문제에 직면하라는 삶의 요청일 수 있다고 강조하였다. 그 내용이 위험하게 보이지만 밤 바다의 항해를 거쳐서 새로운 탄생을 기대할 수 있는 검은 태양sol niger이기도 하다는 것이다.[60)] 그러므로 의식은

59) Jung CG(1981) : 앞의 책, p60. cf. 그러나 융은 리비도의 정체는 사람들에게 충동적 성향을 강화시키고 매우 다양한 양태의 무절제와 탈선으로 이끌 수 있는 모든 가능성과 성향을 환기시키며, 특히 성적인 문제를 불러일으킬 수 있으므로 에너지의 정체가 생기지 않도록 해야 한다고 강조하기도 하였다. Jung CG(2005) : 앞의 책, pp252-253.

60) Jung CG(1981) : *L'Energétique psychique*, pp55-57. Jung CG(1989) : *Aspects of the Masculine*, ed. By Beebe J, MJF Books, New York, 92-3.

이제 그 내용들을 받아들여야 한다. 퇴행하는 리비도는 흔히 부모상을 되살리고, 유아기를 재현하려고 하며, 출생 전 단계까지 내려가 개인의 기억과 전혀 상관이 없는 원형적인 상을 되살리는데, 사람들은 그때 그 상像을 상징적으로 해석하고 어머니의 품에서 다시 태어나야 한다는 것이다. 그렇지 않을 경우, 사람들은 원형의 이미지에 사로잡혀 정신질환 상태에 빠지게 된다.[61]

이와 같은 융의 주장은 아시시의 성 프란체스코의 회심체험을 잘 설명해 주고 있다. 아시시의 성 프란체스코에게 있어서 포로생활은 그에게 리비도의 퇴행을 가져다주었을 것이기 때문이다. 포로생활을 하기 전 그의 삶은 지극히 야심적이고 세속적인 아버지 베르나르도네의 전형을 따라서 세상을 얻으려는 매우 활기차고 야심만만한 것이었다. 그러나 그는 이제 적군의 포로가 되어 갑자기 외적인 삶이 차단되어, 모든 것이 궁핍하게 되고 자존심 역시 여지없이 꺾이게 되었다. 그의 삶은 갑자기 바뀌게 된 상황 때문에 여태까지와는 전혀 다르게 전개되었던 것이다. 융의 정신에너지론에 비추어 보면 그의 삶은 지금까지 지극히 외향적이었던 만큼 포로 기간 동안에는 지극히 내적인 삶이 되었을 것이다. 에너지의 운동은 그만큼 반대쪽으로 멀리 가야 했기 때문이다. 그의 포로생활에 대한 기록은 자세히 나와 있지 않지만, 그는 포로생활

61) Jung CG(2006) : 《영웅과 어머니 원형》, 한국융연구원 C. G. 융저작 번역위원회 역, 솔 출판사, 서울, pp64-81.

초기 몹시 견디기 어려웠을 것이다. 그러나 그 생활은 1년 동안이나 지속되었다. 그때 프란체스코는 그의 지난날을 모두 떠올리면서 현재의 고통을 견디려고 했을 것이다.

융은 사람들에게 어떤 위기 상황이 나타나면 그 상황에 해당되는 전형典型이 무의식에 배열된다고 주장하였다.[62] 집단적 무의식을 따라서 인류가 여태까지 문제해결을 해 왔던 방식이 이미지 형태로 나타나 그 위기 상황을 극복하게 한다는 것이다. 그 가운데 하나가 기독교적인 회심체험인데, 프란체스코 역시 그 길을 따랐을 것이다. 그는 이제 모든 것이 막힌 상황에서 모든 것을 하나님께 맡기고 하나님이 내면에서 이끄는 대로 따르려고 했던 것이다. 그는 그 자신도 명확하게 의식하지 못했지만 영적인 길로 들어섰던 것이다. 기독교인들이 전통적으로 따랐던 이 영적 순례의 길은 고대 신화에서는 영웅의 방랑으로 그려진다. 영웅들은 그 과정에 수많은 고난과 어려움이 있지만, 그들의 마음속 깊이 담긴 그리움을 따라서 나아가는 것이다. 그 길이 태양을 향한 나방의 몸짓이 될지, 아니면 용을 정복하는 길이 될지 아무도 모른다. 그러나 영웅들은 그 길을 향해 나아가 현재 그들에게 닥친 위기를 극복하고, 그것을 통해서 그 자신이 되어야 한다.[63]

62) Jung CG(2006) : 앞의 책, p79.

63) 융은 그가 프로이트와 헤어지는 데 결정적인 계기가 되었던 융 전집 제5권인 (*Métamorphose de l'âme et ses Symboles*) 전체를 통해서 무의식에 있는 부정적인 세력을 극복하고 더 고양된 의식의 상태에 도달하려는 인간 정신의 고뇌를 살펴보고 있다. Jung CG(1983) : *Métamorphose de l'âme et ses Symboles*, Buchet/Chastel, Paris.

포로생활 내내 프란체스코는 외적 삶이 박탈된 상태에서 자연히 그가 여태까지 살았던 삶을 뒤돌아보고, 그의 어머니와 아버지로 대표되는 서로 다른 두 가지 삶의 태도에 대해서 살펴보았을 것이다. 정신에너지가 퇴행했을 때 그가 무슨 생각을 했는지에 대해서는 그의 전기에 자세하게 나와 있지 않다. 그러나 포로생활에서 돌아온 다음 그의 삶은 그것이 어떻게 이루어졌는지 알 수 있게 한다. 그는 지금까지 살았던 삶과 전혀 다른 방향으로 나아갔던 것이다. 그는 그가 그때까지 외향적이고 야심적인 삶에 적응하느라고 무시하고 버려 두었던 내적인 삶과 종교적인 삶에 몰두하려고 했던 것이다: "퇴행은 그 전까지 적응하는 데 거의 쓰이지 못하고…… 무의식화 되어 있던 정신 내용의 가치를 고양시키고, 그것을 의식의 문턱 위로 끌어올린다. ……그 내용은 적응에 별 도움을 주지 못해서 여태까지 의식과 거리를 두고 있던 것들이다."[64) 우리는 여기에서 "한 인간이 회심했다고 말하는 것은 전에 그에게 주변적인 것으로 머물렀던 종교적 이념이 이제는 중심적인 위치를 차지하게 되었으며, 종교적 습관이 그의 에너지의 중심을 형성하게 되었다는 것을 의미한다."[65)]라는 제임스의 말을 떠올리게 된다. 그에게는 이제 그의 아버지로 대표되는 그당시 사회의 세속적이고 외향적인 삶과 전혀 다른 새로운 삶이 시작되었던 것이다.

64) Jung CG(1981) : 앞의 책, p55.
65) James W(1997) : 앞의 책, p254.

그가 포로에서 풀려난 다음 1년여 동안 중병을 앓았던 것은 어떤 병인지 확실하지 않다. 그러나 포로 기간 동안의 삶은 그에게 중병을 앓을 만큼 충격적인 것이었음에 틀림없다. 그의 내면에 있던 두 가지 삶의 태도, 즉 세속적이고 야심적인 태도와 종교적이고 내면적인 태도가 격심하게 싸워서 괴로웠던 것이다. 그는 한편으로는 포로 기간 동안 이 세상에 있는 것에 대해 회의를 배웠지만, 아직도 젊음의 열정이 그의 몸을 휘감을 때는 그것들을 향한 욕망을 모두 끊지는 못해서 시달렸던 것이다. 그래서 한편으로는 그가 예전에 좋아했던 것을 경멸했지만, 다른 한편으로는 아직도 허영의 끈에서 풀려나지 못하고 비뚤어진 노예의 멍에를 목에서 풀어 버리지 못했던 것이다. 그러나 그의 내면에 한 번 자리 잡은 새로운 수로canal는 계속해서 흐르기 시작하여 그는 예전처럼 그것에 열정을 느끼지 않았고 그가 새롭게 발견한 보화를 닦으려고 산속 동굴에 들어가 기도를 드렸다. 그가 이렇게 두 가지 의지 사이에서 흔들린 것은 더 굳건한 안정을 얻기 위한 동요였다.[66] 그래서 융은 "지하세계로의 여행은 리비도에게 있어서 목욕하면 다시 젊어지는 청춘의 샘과 같다. 그래서 겉으로 보기에 죽은 것 같이 보이는 상태에서 새로운 생산력이 눈을 뜨는 것이다."라고 주장하였다.[67]

그러다가 그는 십자군에 참전하기 위해 아폴리아로 가다가 환

66) Celano T(1992) : 앞의 책, pp58-59.
67) Jung CG(1983) : *Métamorphose de l'âme et ses Symboles*, p94.

시와 환청을 경험하고 아시시로 돌아오는데, 그 환시와 환청은 그의 무의식 깊은 곳에서 나온 것이었다. 그가 보았던 말안장, 방패, 창 등의 전투 용구는 그가 삶의 진정한 주인이 되고, 마음속에 있는 하나님의 이미지를 찾고 지키는 데 필요한 전투 용구들이었고, 그것을 그에게 허락한 것은 그의 마음속에 있는 어머니였던 것이다. 그 환시는 아직도 삶의 진정한 길을 알지 못하고, 공명심에 불타서 헤매는 세속적 영웅에게 질문을 했다. "너는 어디를 가려느냐? 그리고 너는 주인과 종 가운데서 무엇이 되려느냐?"[68] 그는 자신의 삶이 지금 주인으로서의 삶인지 아니면 종으로서의 삶인지도 모르면서 "주인이 되려고 한다."라고 대답하였다. 그러자 무의식 깊은 곳에서 들려오는 목소리는 "주인이 되려면 너는 네가 태어난 곳으로 돌아가야 한다. 네가 본 이 환시는 나를 통해서 영적으로 완성될 것이다."[69]라고 하였다. 융은 창조적 환상은 리비도를 유사한 표상으로 옮김으로써 단순한 충동성에서 해방되게 한다고 주장했는데, 프란체스코가 그때 보고 들었던 환시와 환청은 그에게 가득 찼던 세속에 대한 열망을 돌려서 더 깊은 곳에 있는 진정한 영적 대상으로 향하게 하는 창조적 환상이었던 것이다.[70]

많은 사람은 그들이 지금 어떤 모습으로 사는지 알지 못한다. 의식으로는 자기 삶의 주인으로 살려고 하지만, 실제로는 주인으

---

68) 콘벤투알 프란체스코회(2005) : 앞의 책, p20.
69) 콘벤투알 프란체스코회(2005) : 앞의 책, p20.
70) Jung CG(2006) : 《영웅과 어머니 원형》, p105.

로 살지 못하고 눈에 보이는 것에 이끌려 세상의 종으로 사는것이다. 그래서 사람들은 매일을 그렇게 바쁘게 살고, 매일을 그렇게 쫓기면서 사는지도 모른다. 자신의 삶을 자기 뜻대로 하지 못하면서 언제나 거기에서 헤어 나오기만 바라고 있는 것이다. 그러나 그런 삶은 결코 주인으로 사는 것이 아니다. 언젠가 주인이 되어야지 하면서 구원을 기다리는 노예의 삶인 것이다. 그런데 프란체스코에게는 이때 구원이 찾아왔다. "네가 태어난 곳으로 돌아가라." 여기에서 '네가 태어난 곳'은 그의 지난날 죄를 지으면서 살던 아시시다. 그가 이 세상을 얻으려고 온갖 잘못을 저질렀고 세상의 쾌락을 얻으려고 온갖 방탕을 했던 곳이다. 그런데 주인이 되려면 그것들을 모두 짊어져야 한다는 것이다. 그가 그 모든 것을 십자가처럼 짊어질 때에만 구원이 가능한 것이다. 그래서 그는 아직 오지도 않은 미래의 기사가 되려던 거짓된 환상을 버리고 죄가 가득한 현실로 돌아와 그 모든 죄를 벗기 시작하였다.[71)]

회심 후 성 프란체스코가 제일 먼저 해야 했던 일은 그가 그의 아버지로 대표되는 집단의식collective consciousness에서 벗어나는 일이었다. 아버지는 어떤 사회에서 일반적으로 수용되고 있는 진리나 전통적인 생각이나 합리적이고 남성적인 가치관을 대표하는데, 프란체스코는 이제 거기에서 벗어나 내면의 목소리를 따라야

71) Celano T(1992) : 앞의 책, p57, pp217-218. cf. 고려 시대의 보조국사 지눌은 "땅에서 넘어진 자, 땅을 딛고 일어서라."고 하였다. 知訥(2004), 《마음을 닦는 길》, 불일출판사, 서울.

했던 것이다.[72] 그에게 있어서 아버지는 그의 외적 인격인 페르조나를 형성하는 데 많은 영향을 끼쳤다. 그래서 그가 아버지에게서 벗어난다는 것은 그가 여태까지 입고 살았던 페르조나를 벗어 버린다는 사실을 의미한다. 그는 이제 그당시 풍요하고 화려한 세속 생활을 추구하려는 태도에서 벗어나 그가 알지 못하는 내면의 새로운 길을 개척하려고 했던 것이다.

앞에서도 살펴보았듯이 프란체스코에게서 아버지와의 분리는 극적으로 이루어졌다. 그는 아버지가 사 주었던 옷을 다 벗어 버리고 구이도 주교가 입던 수단을 걸쳤던 것이다. 분석심리학에서 많은 경우 옷은 페르조나를 나타내는데, 그는 이제 세상에 속해 있던 페르조나를 벗어 버리고 하늘 아버지의 사람으로 거듭나는 의미에서 구이도의 성의聖衣를 입었던 것이다. 그것은 그가 아폴리아로 출전하기 전 환상에서 보았던 기사의 이미지와 합쳐져서 이제 그가 앞으로 나아갈 길을 예시하는 듯하다. 그는 이제 세속 세계의 기사가 되어 외적인 삶과 물질적인 삶에 몰두하려는 집단의식에서 벗어나 하늘 아버지의 아들로 다시 태어나 영적인 기사로서 내적인 삶과 정신적인 삶을 살려는 장엄한 통과의례를 치렀던 것이다. 이러한 성 프란체스코의 새 출발은 아브라함이 본토, 친척, 아비의 집을 떠나 가나안으로 가서 새로운 민족의 아버지가 되었던 것이나, 나중에 마르틴 루터가 법률가가 되어 집안을 일으키기

72) Jung CG(1974) : *Collected Works* (C.W.) XII, Princeton University Press, Princeton, p50.

를 바랐던 아버지에게 맞섰던 것과 같은 유형의 선택으로 내면의 길을 가려는 사람들에게 필수적인 제의祭儀다.

금욕수행: 동물적 충동의 희생

성 프란체스코는 회심 후 허영과 탐욕으로 가득 찬 옛 삶을 돌이켜 자기가 가진 모든 것을 팔아 가난한 사람들을 돌보고, 전쟁으로 폐허가 된 교회를 수리하며, 토굴에 들어가 자신의 경건한 소망을 채워 달라고 눈물을 흘리며 하나님께 기도드렸다. 그러다가 그는 어느 날 마태복음 10장 9절부터 10절에 있는 "너희 전대에 금이나 은이나 동을 가지지 말고, 여행을 위하여 배낭이나 두 벌 옷이나 신이나 지팡이를 가지지 말라. 이는 일꾼이 자기 먹을 것을 받는 것이 마땅함이니라."마 10, 9-10라는 말씀을 듣고 그 말씀은 하나님이 바로 자신에게 주시는 말씀이라는 생각이 들어서 가슴이 뭉클했다. 그래서 그는 즉시 한 벌의 옷에 만족하고 허리에 있던 허리띠를 풀어서 새끼줄을 매었으며, 그에게 있던 모든 소유도 포기하였다. 절대 청빈을 선택하면서 새로운 금욕과 고행의 길에 들어섰던 것이다.

그리스도에 대한 그의 절대적 순명은 프란치스칸 영성의 핵심 중 하나다. 그들은 하나님께 자기를 온전히 맡겨 자기를 완전히 포기해 무아無我상태가 되려고 하며, "그분은 나의 주인이기에 그분의 뜻과 순종을 벗어나서는 어디에 가지도, 무엇을 하지도 못할 정도로 그분의 수중에 매어 있기를 원합니다."라는 성 프란체스코의 유언처럼 철저하게 가난하게 살려고 한다.[73] 그리하여 프란체스코는 나자렛의 예수 그리스도가 그랬듯이, 두 벌 옷이나 신발 두 켤레도 가지지 않았고, 일용할 양식도 가지지 않아 매일매일 구걸해야 했지만, 다른 사람이 그에게 조금이라도 남아 있는 것을 요구하면 그것까지 모두 주었다. 그래서 그는 아주 추운 겨울에도 외투도 걸치지 못하여 벌벌 떨면서 다닐 때도 많았다. 그는 인간성 속에 있는 모든 연약함을 철저하게 극복하고 하나님의 영과 하나되어 그의 내면에 있는 영적인 것만 뽑아 내려고 했던 것이다. 그와 같은 그의 뜻은 "진정으로 마음이 청결한 사람은 이 세상에 있는 것들을 멸시하고, 하늘 나라에 있는 것들을 찾는 사람입니다. 그들은 깨끗한 마음과 영혼으로 살아 있고 참된 주 하나님을 바라보고 경배하기를 그치지 않습니다."[74]라는 설교에 잘 나와 있다.

그는 그렇게 가난했고 금욕적이었지만 즐겁고 명랑한, 그러면서 평화로운 사람이었다. 그것은 그가 나자렛 예수와 하나가 되어 그에게 속해 있는 모든 육신적인 것을 십자가에 희생시켰기 때문이다. 그는 나자렛 예수가 2000년 전 갈릴리 지방 나자렛에서 그렇게 했듯이, 그로부터 1200년이 지난 다음 아시시에서 그 자신을 철저히 비워내 그의 내면에 있던 그리스도를 온전히 실현시켰기 때문이다. 그는 그가 해야 하는 것은 당시 부패한 교회처럼 그리

73) Celano T(1992) : 앞의 책, pp74-75.
74) Francis of Assisi and Clare(1982) : *The Complete Works*, Paulist Press, New York, p32.

스도의 영광과 함께하여 물질적으로 타락하는 것이 아니라, 그리스도의 가난과 함께하는 것이 영적인 길이라는 사실을 알았던 것이다. 그래서 그는 다음과 같이 말하였다. "우리 모든 형제여, 자기 양떼를 구하기 위하여 십자가의 고난을 당하신 선한 목자를 바라봅시다. 주님의 양은 주님과 함께 고난과 박해, 모욕과 가난, 상처와 유혹 등 모든 것을 함께합니다. 그들은 그것들 때문에 주님으로부터 영원한 생명을 이미 받았습니다."[75)]

처음에 그가 아무리 노력해도 극복하지 못했던 것은 나병환자에 대한 역겨움이었다. 그는 회심을 한 다음 모든 사람을 사랑하고 또 돌보려고 했는데, 나병환자만 보면 역겨움이 올라와 코를 막을 수밖에 없었던 것이다. 그래서 그는 자신의 그런 연약함을 극복하기 위하여 많은 애를 썼지만 성공하지 못하였다. 그러던 어느 날 그는 마침 길을 가다가 나병환자를 만났다. 그때 그는 마음을 굳게 먹고 그에게 다가가 입을 맞추었다. 그러나 이상한 것은 그때 그는 나병환자에 대한 역겨움에서 해방되었던 것이다. 그 순간 그는 그를 덮고 있던 그림자를 벗어 버릴 수 있었던 것이다. 그는 젊은 시절 나병환자와 정반대되는 삶을 살았다. 그는 야망ambition에 가득 차 있었고, 허영에 들떠서, 사치와 방탕에 빠져서 살았던 것이다. 회심 초기 그의 그런 성향은 여전히 무의식에 남아 있었을 것이고, 그것들은 고개를 들고 나올 기회만 노리고 있었을지도

75) Francis of Assisi and Clare(1982) : 앞의 책, p29.

모른다. 나병환자에 대한 역겨움은 어쩌면 그의 무의식 속에서 아직도 남아 있는 역겨운 옛 사람인지도 모른다. 그래서 나병환자의 모습은 그에게 실제로 역겹게 느껴지기도 했겠지만, 그런 무의식의 역동 때문에 더욱더 역겹게 느껴졌을지도 모른다. 그러나 나병환자에게 입을 맞추었을 때, 그는 그에게 묶여 있던 에너지가 풀려나는 것을 느끼고 해방감을 느꼈다. 그리고 더욱더 가난하고 더욱더 헌신적인 삶을 살 수 있었다. 그래서 그는 임종의 순간 그때의 기억을 떠올리면서 "내가 죄 중에 있었기에 나병환자들을 돌보는 것이 나에게는 너무 역겨운 일이었습니다. 그런데 주님은 친히 나를 그들에게 데리고 가셨고, 나는 그들 가운데서 자비를 베풀었습니다."[76]라고 말하였다. 그때 그는 결정적으로 변화되면서 영적인 길을 향해서 나아갔던 것이다. 그의 내면에 있는 옛 사람을 동화시키고, 새로운 삶을 향하여 나아갔던 것이다.

기독교 영성가들은 그들을 육신적인 것들과 현세적인 것들에 묶어 놓는 자연적 충동을 극복하고, 영적으로 거듭나기 위하여 금욕과 고행을 한다. 그들이 그런 충동에 휩싸이면 더 높은 정신성에 도달하지 못하고, 그의 내면에는 다시 육신적인 것들과 영적인 것들이 충돌하여 조화를 이루지 못하기 때문이다. 그러나 그들이 자연적인 서로 충동을 극복하고, 기도와 명상을 통하여 내면을 통합하면, 그들은 더 자주 영적인 상태에 들어갈 수 있고, 더 오랫동

76) Celano T(1992) : 앞의 책, p68.

안 그 상태에 머물러 있을 수 있다는 사실을 경험을 통해서 알기 때문에 그들은 그들에게 있는 자연적 충동을 극복하려고 한다.

기독교에서는 초기부터 자연적 충동을 극복하기 위해서 금욕을 강조했는데, 그것은 본능을 제한하여 더 높은 정신과정에 오르려는 인간 본성에 의한 것이다. 그래서 정신에너지는 언제나 자연적 원리와 영적 원리 사이의 긴장에 빠지는데, "인간에게 영적 원리는 자연적 원리에 맞서서 무엇이라고 생각할 수 없는 힘처럼 다가온다."[77]라고 융은 주장하였다. 인간에게는 육신의 요구를 충족시키려는 자연적 충동 못지않게 그것을 뛰어넘으려는 정신적 충동이 강하다는 것이다. 이 둘 사이에서 어쩌지 못하는 사람들은 고통을 당하고 리비도가 흐르지 않아서 신경증에 빠지기도 한다. 그러나 종교는 그 둘 사이를 중재하는 상징체계를 만들었고, 사람들은 종교의 도움을 받아 그 문제를 해결할 수 있었다. 현대 사회에서 지금 그 두 원리의 극단만이 강조되는 듯 한데 그것은 현대 종교의 상징이 리비도를 흐르게 하는 경사면을 마련해 주지 못하기 때문일 것이다. 그러나 사람들 속에 있는 정신성의 원리는 동물적 충동을 극복하도록 언제나 촉구한다.

로마제국에서 기독교가 폭넓게 받아들여졌던 것도 이와 같은 인류의 요망 때문이었다. 체임벌린에 의하면 그당시 로마 사회에서는 퇴폐문화가 만연하였고, 사람들은 극단적인 야만성에 빠져

---

77) Jung CG(1981) : *L'Energétique psychique*, p77.

서 대단히 혼란스러웠다. 그래서 사람들 가운데는 그런 풍조에 염증을 느끼고 자살하는 경우도 많았다.[78] 그렇기 때문에 기독교는 사람들이 자연적 충동에서 벗어나도록 엄청난 에너지를 기울였고, 사람들은 그당시의 조야함과 무의식성에서 벗어나기 위하여 기독교를 수용하였다. 기독교는 금욕을 강조하는 한편 수도원과 은둔이라는 또 다른 삶의 방법을 제시하면서 사람들의 열망을 수용했던 것이다. 사람들은 본능을 끊임없이 제한하여 더 높은 정신성을 향하여 나아가려고 하는데, 그런 성향은 사람들에게 규범이나 영적 원리가 조상들에게 물려받은 것으로써 꼭 지켜야 한다는 생각으로 나타난다. 그런데 기독교에서는 그때 새로운 상징체계를 제시하면서 사람들의 그런 욕망을 충족시켜 주었다. 그래서 많은 사람은 그때 기독교에 몰입하게 되었다. 융은 사람들이 자연적 충동을 제한하지 않으면 야수가 날뛰고 모든 문명은 온통 광란에 빠질 텐데 기독교는 그때 새로운 삶의 원리를 제공하여 당시 사람들의 요구에 부응한다고 주장하였다: "기독교가 전파되기 이전에 이미 인류가 어떤 주목할 만한 구원의 소망에 사로잡혀 있었다는 것은 알려진 바와 같다."[79]

사람들은 무의식에 있는 자연적 충동을 매우 두려워했고, 그것을 제한하여 더 나은 상태로 나아가려는 본성적 욕구를 가지고 있

78) Chamberlain : "Die Grundlagen des 19", *Jahrhunderts*. Jung CG(2005) : 《상징과 리비도》, p126, 주5에서 재인용.

79) Jung CG(2006) : 《영웅과 어머니 원형》, p127.

었으며, 그것은 인간을 다른 동물들과 구분하게 하였다. 왜냐하면 사람들은 그가 그 충동에 휩쓸리면 '영혼의 상실loss of soul'에 빠져서 자신도 모르게 격노하거나 일탈된 행동을 하여 고통을 받았던 경험이 있기 때문이다. 그래서 융은 "자연의 충동, 더 정확히 말해 그러한 충동 가운데서 우월성superbia, 오만과 조정 불가능성concupiscentia, 탐욕을 억제 또는 억압하려는 의지는 — 그것이 외적인 궁핍에서 나온 것이 아닌 한 — 영적인 원천에서, 다시 말해 누미노제를 지닌 정신적 상像에서 유래한다. 이러한 상, 견해, 신념 혹은 이상은 그 개체에 특유한 에너지 덕분에 영향력을 발휘한다." 라고 주장하였다.

종교는 상징을 통하여 사람들이 이 충동에 빠지지 않고, 그의 리비도를 더 높은 단계로 변환시켜 정신의 조화를 찾게 해 주는 기전을 가지고 있다. 상징은 본능의 리비도를 그와 유사한 상징적 대체물로 흐르게 하는 경사면la pente을 제공하여 리비도가 무절제하게 방출되거나, 정체 또는 퇴행하지 않게 해 주기 때문이다. 그 결과 사람들은 종교적 상징의 도움으로 자연적 충동에 굴복하여 무질서하게 살지 않고 삶의 파괴하지 않게 한다. 융은 그런 예로 미트라스 종교의 희생제의를 들었다. 미트라스 종교에서는 황소를 희생시키는데, 그때 황소는 단순한 황소가 아니라, 인간의 내면에 있는 동물적 충동의 상징이다. 그래서 미트라스 종교인들은 황소를 희생시키면서 그의 내면에 있는 동물적 충동을 희생시켜 그 충동의 희생자가 되지 않는다. 사람들에게는 자연적 충동을 극복하고 영적인 상태에 도달하려는 영적 그리움, 영적 동경aspiration passionnée이 짙게 깔려 있는 것이다.[80] 무의식은 단지 소망만 하는 것이 아니라 인간을 넘어서는 어떤 것이 있으며, 사람들을 어떤 상태로 이끌어 가는 초개인적인 조정점self-regulating factor이 있는 것이다.[81]

융은 사람들에게 있는 자연적 충동을 성적인 것으로만 보지 않았다. 리비도는 자연상태에 있는 일종의 욕구appetitus로서 그 본질을 이루는 것은 기아, 갈등, 수면, 성욕, 감정적 상태, 정감 등 정신 에너지인데, 그것이 종종 성욕과 동일시되는 것은 성욕이 가장 정감이 강한 충동이기 때문이다. 종교는 사람들이 원시적인 본능에 맞설 수 있게 하는 상징체계를 만들어 주었는데, 현대인은 현대 종교에서 무엇인가 부족감을 느끼고 있는 듯하다.[82] 또한 융은 사람에게는 본래 그의 정신을 구성하는 남/녀, 선/악, 외향성/내향성 등 모든 대극적 요소를 통합시키려는 영적 기능이 있는데, 그것은 충분히 분화되지 않을 경우 감각적인 곳으로 흘러서 성적인 특성을 지니게 되어 사람들에게 저열한 무드와 에로틱한 환상을 만들어 낸다고 주장하였다.[83] 그러므로 사람들은 그의 내면에 있는 자연적인 충동과 맞서 싸우면서, 성욕에 대하여 특별한 주의를 기울

80) cf. "미트라스적 희생제의에서는 충동성의 극복이 ……자신의 충동성을 포기하는 형태로 나타난다." Jung CG(2006) : 《영웅과 어머니 원형》, p164. 같은 맥락에서 폰 프란츠는 스페인의 투우 역시 남유럽 사람들에게 아직도 동물적 충동이 남아 있는 징표라고 주장하였다.

81) Jung CG(1976) : *Probleme de l'Ame moderne*, Buchet/Chastel, Paris, p80.

82) cf. Jung CG(2005) : 《상징과 리비도》, p204, p227.

83) Jung CG(1989) : *Aspects of the Feminine*. Beebe J, MJF Book, New York, p12.

여 왔다. 왜냐하면 성욕은 단순한 본능이 아니라 창조력으로써 개인의 삶에서 본질적인 요인이 될 뿐만 아니라 정신적인 삶에 지대한 영향을 끼치기 때문이다. 그러나 융은 현대인들은 아직 성욕에 대하여 손상되지 않으면서도 충분히 맞설 수 있을 만큼 충분히 의식화되어 있지 못하다고 주장하였다.[84)]

성 프란체스코의 삶에서도 자연적인 충동은 그에게 커다란 고통이 되었다. 더구나 그가 회심을 하기 전, 그의 삶이 지극히 세속적이고 야심적이었기 때문에 그와 같은 악습은 그의 후기 삶에 걸림돌이 되었을 것임에 틀림없다. 그가 그렇게 철저하게 금욕과 가난을 추구했던 것은 그의 무의식에서 나오는 불안 때문이었는지도 모른다. 그는 그의 내면에서 자연적 충동이 너무 강력해서 그것을 의식하고 더욱더 영적인 삶을 추구하였는지도 모르는 것이다.[85)] 그래서 그는 오만을 다스리기 위하여 겸손을 실천하였고, 허영과 탐욕을 다스리기 위하여 가난을 고집하였고, 무엇보다도 나태를 철저하게 경계하였다. 그러나 그는 이런 충동을 무조건 억압하려고만 하지는 않았다. 그는 제자들에게 "당나귀 형제를 잘 돌보아야 한다. 잘 돌보지 않으면 사람을 물기 때문이다."라고 하면서 충동과 조화를 이루라고 당부했기 때문이다.

84) Jung CG(1981) : 앞의 책, p82, p85.
85) Jung CG(2005) : 《상징과 리비도》, p227.

Lady Poverty와 정신에너지의 상징적 변환

융은 모든 사람에게서 벌어지는 자연적 원리와 영적 원리 사이의 투쟁은 단지 이성理性의 힘만 가지고서는 해결할 수 없다고 주장하면서, "눈앞에 보이는 현세의 열락과 힘에 대항하여 영원한 나라의 기쁨을 가지고 맞서야 하며, 감각적 정열에 대항하여 영적인 황홀경으로 맞서야 한다."[86]라고 주장하였다. 그래서 세계의 각종 종교는 여러 가지 상징을 제시하고 절대자와의 합일에서 느껴지는 법열法悅을 강조하면서 신도들이 자연적인 충동에 함몰되지 않도록 이끌었다. 종교 상징들로 하여금 자연적 충동에 부어졌던 리비도가 영적인 대상으로 흘러나오도록 하였던 것이다: "……상징은 새로운 에너지를 전달할 수 있는 가능성을 품고 있는데, 그것은 상징이 무의식적으로 묶여 있는 리비도를 풀어 내는 것이다."[87]

그러면 상징은 어떻게 리비도를 변환되게 하는가? 융에 의하면, "상징은 그 본성을 아직 잘 알 수 없기 때문에 오직 짐작만 할 수 있을 뿐인 무의식의 내용을 나타내는 가장 좋은 표현이다."[88] 상징이란 눈에 보이는 하나의 이미지를 통해서 눈에 보이지 않는 무의식적인 내용을 드러낸다는 것이다. 그래서 프랑스의 신학자 장 라드리에르는 "상징은 두 가지 의미를 표출하고 있다. 하나

---

86) Jung CG(1989) : 앞의 책, p99.
87) Jung CG(1977) : *Psychological Types*, p320.
88) Jung CG(1980) : *The Archetypes and the Collective Unconscious*, Princeton University Press, Princeton, p6.

의 의미가 해당되는 그 단어가 이미 그 용례用例에 따라서 나타내는 주된 의미라면, 두 번째 의미는 주된 의미에서 암시되고 있는 또 다른 의미다."[89]라고 하였다. 그런데 상징이 표상하는 일차적인 의미와 그것에서 표상되는 이차적인 의미 사이에 아무런 연관성도 없이 무작정 두 개의 의미가 결합해서 상징이 되는 것은 아니다. 이 두 의미 사이에는 반드시 어떤 관련성이 있어야 한다. 호랑이나 거대한 나무는 신神을 표상할 수 있어도, 하루살이나 굼벵이는 신을 나타낼 수 없는 것이다. 모든 상징에는 이렇게 일차적인 의미와 이차적인 의미 사이에 어떤 유비적인analogical 관계가 있기 때문에 사람들은 상징을 해석할 수 있고, 상징은 사람들에게 그 뒤에 있는 의미를 전달해 줄 수 있다.

또한 융은 인간의 정신에는 일상적인 삶의 영역에서 모두 사용되지 않는 잉여 리비도l'excedent de libido가 있는데, 그것이 상징을 만들고 상징은 본능적 대상으로 흘러들어 가는 리비도를 그와 유사한 대상을 만들어 리비도의 흐름을 바꾼다고 주장하였다. 예를 들어 말하자면, 바찬디스 족은 봄의 축제에서 땅에 구멍을 파고, 그 주위에 남성들이 창을 곧추세우고 돌면서 가끔 그 구멍에 창을 찌르면서 "이것은 구멍이 아니다."라고 외치며 그 해의 풍요와 다산을 기원하는데, 그들의 축제에서 부족민들이 하는 행위는 성적 행

89) Ladrière J(1982) : "Discours théologique et Symbole", *Le Symbole*, Université des Sciences Humaines de Strasbourg, Strasbourg, p119.

위 같지만 성적인 행위가 아니라 종교적 행위다. 그것이 겉으로 보기에는 영락없이 성적 행위 같지만, 성 행위와 다른 종교 행위인 것이다.[90] 그래서 그들은 그 제의를 할 때 여자들의 얼굴을 보아서는 안 된다. 여자들을 볼 경우 리비도는 성 에너지로 바뀌기 때문이다. 그러므로 그 동작은 본능의 유사형으로 성 에너지를 이끄는 수로canal의 역할을 하면서 리비도를 종교 에너지로 변환시키는 것이다. 그래서 그들은 그해 가을에 풍작을 기대하고 고통스러운 노동을 견딜 수 있다. 상징은 이렇게 리비도를 변환시키면서 자연적 충동을 종교나 문화 행위로 이끌어 주는 것이다. 그래서 융은 잉여 리비도가 배출되는 것에서 원시종교의 원초적인 모습과 개인적인 종교 형성의 초기 형태를 찾아볼 수 있다고 주장하였다.[91]

이때 주의해야 하는 것은 융이 성적인 대상에 부어졌던 리비도가 다른 대상에 부어지면 그것은 더 이상 성적 에너지가 아니라고 강조했다는 점이다. 왜냐하면 리비도는 질적인 개념이 아니라 양적인 개념으로서 부어지는 대상에 따라서 특성이 달라지기 때문이다. 따라서 성적 대상에 부어졌던 에너지가 종교적 대상에 부어지면 그것은 더 이상 성 에너지가 아니라 종교 에너지이고, 종교적인 대상에 부어졌던 에너지가 성적 대상으로 옮겨지면 그것은 성

90) cf. "본능 에너지의 변환은 본능적 대상의 유사형 속으로 물길의 흐름을 바꿀 때에만 이루어질 수 있다." Jung CG(1978) : *The Structure and Dynamics of Psyche*, p42. cf. Brown CA(1981) : Jung's Hermeneutic of Doctrine, Scholars Press, Chico, California.
91) Jung CG(1982) : 앞의 책, p84.

에너지인 것이다.[92] 리비도는 이렇게 변환되는데, 문명이란 상징의 도움으로 자연적 충동에 부어졌던 에너지가 그보다 높은 차원의 대상에 부어져 새로운 창조를 이루게 하는 것이다. 그래서 융은 "정신의 발달은 인간의 의도나 의지대로 되는 것이 아니라 상징의 이끄는 힘이 있어야 한다."[93]라고 주장하였다.

성 프란체스코에게도 마찬가지였다. 그 역시 그의 내면에 있는 성욕을 비롯하여 탐욕과 오만과 여러 가지 격정을 다른 사람들과 똑같이 느꼈을 것이고, 그것들을 물질적 대상에 부으려는 충동 때문에 괴로움을 당한 적도 한두 번이 아니었을 것이다. 그때마다 그는 자기 자신을 가혹하리만큼 다루었고, 금욕과 고행에 힘썼지만, 그에게 정말 도움이 되었던 것은 하늘 나라나 성모 같은 종교적 상징과 그가 회심한 다음 발견했던 귀중한 보물인 가난 부인이었다. 왜냐하면 그는 그런 싸움 가운데서도 가난 부인이라는 상징 덕분에 청빈의 자세와 겸손한 태도를 잃지 않았기 때문이다. 그가 어느 날 눈사람 일곱 개를 만들어 놓고 "너는 이런 고통스러운 세속적인 삶이 그렇게도 좋으냐?"라고 자신을 질책했던 장면은 그에게는 물론 일반 사람들에게 영적 원리를 따르지 않고 자연적 충동을 따르려는 유혹이 얼마나 강한 것인지 알게 해 준다. 그가 아무리 영성 수련에 힘썼고, 영적인 삶을 살려고 했을지라도 그 충동은

92) Jung CG(1982) : 앞의 책, p39.
93) Jung CG(1982) : 앞의 책, p44.

부지불식간에 그의 마음을 뚫고 나와서 그를 괴롭혔던 것이다.

중세 시대 사람들은 리비도가 성性으로 치닫는 것을 막기 위해서 귀부인 숭배 풍조를 만들어 냈다. 남성들이 귀부인을 숭배할 때 숭배의 대상은 더 이상 성애의 대상이 아니게 되고, 리비도는 거기에서 풀려나 다른 사회적 책무들을 수행할 수 있었기 때문이다.[94] 우리는 거기에서도 사람들에게서 이성異性에게 이끌리는 리비도가 얼마나 강한지 알 수 있다. 그때 성 프란체스코는 가난을 여성으로 의인화하여 아내로 삼았고, 그녀에 대한 사랑으로 리비도가 성 에너지로 변환되는 것을 막았다. 그는 자신이 약해지려고 할 때마다 가난 부인에게 기대어 마음을 다잡았던 것이다. 여기에서 주목할 점은 그가 사랑의 대상을 잡았기 때문에 자연적 충동을 더 잘 극복할 수 있었고, 그의 성정까지 온화하게 될 수 있었다는 사실이다. 모든 종교에서는 금욕이나 고행 등 금계禁戒를 통해서보다는 권계勸戒를 통해서 자연적 충동을 더 잘 다스리게 하는데, 그 역시 가난 부인에 대한 사랑을 통해서 그의 충동을 극복하려고 했던 것이다. 사람들이 어떤 나쁜 것을 하지 않으려고 애쓰기보다 다른 어떤 것을 위해서 그것을 하지 않으려고 할 때 그의 에너지는 더 효율적으로 작용하고, 그는 더 원만한 사람이 되는 것이다. 율법적인 태도보다 사랑하는 태도가 더 효과적인 것이다. 성 프란체스코가 누구보다도 쾌활한 신비가였던 것은 그에게 그런 태도가

94) Jung CG(1989) : *Aspects of the Feminine*. pp8-20.

있었기 때문이다.[95)]

사람들이 동물적 충동을 극복하는 데는 두 가지 방법이 더 있다. 하나는 그것을 억제함으로써 극복하는 것이고, 다른 하나는 그것을 받아들여 자신의 몸으로 살면서 무의식에 바쳐서 변환을 이루는 것이다. 충동이 강하고 크지 않을 때는 첫 번째 방법도 효과적이겠지만, 그렇지 않을 경우에는 두 번째 방법이 더 효과적이다. 그래서 융은 신화에서 용에게 처녀를 바치는 것은 무서운 어머니용를 달래기 위하여 탐욕의 상징인 아름다운 처녀를 바치는 것이라고 주장하였다. 무의식의 충동을 받아들이고, 그것을 몸으로 이기면서 극복하는 두 번째 방법을 그렇게 표현했다는 말이다.[96)] 그것은 종교의례에서 소중한 동물을 희생시키거나, 할례를 통해서도 나타나는데, 그 같은 희생을 통하여 충동적 갈구, 즉 리비도는 새롭게 풀려난다. 희생제의를 하면서 사람들은 그 동물과 함께 자신의 충동도 희생시키는 것이다: "상징이 언제나 하는 말은 다음과 같은 말이다. 이와 같은 형태 속에서 삶의 새로운 현현, 삶의 멍에와 진부함으로부터의 구원이 발견될 수 있는 것이다."[97)]

그래서 융은 "행동으로 모든 악과 죽음을 극복하고 신적인 대

95) cf. 이와 관련해서 융은 "이성만으로는 감각적인 욕망을 억누를 수 없다. 눈앞에 보이는 현세의 열락과 힘에 대항하여 영원한 나라의 기쁨이 맞서야 하며, 감각의 정열에 대항하여 초감각적인 희열에 맞서야 한다."라고 주장하였다. Jung CG(1981) : *L'Energétique psychique*, p12.
96) Jung CG(2006) : 《영웅과 어머니 원형》, pp429-430.
97) Jung CG(1977) : 앞의 책, p320.

표가 된 영웅은 저 후기의 제식들에서는 사제와 같은 자기 희생자가 되고…… 그 희생의 의미는 평범한 희생물의 가치를 훨씬 능가한다."[98]라고 주장하였다. 미트라스 종교에서의 황소의 희생은 무서운 어머니인 무의식에 바쳐지는 제물인데, 그와 같은 희생으로 의식은 무의식을 위하여 소유욕과 힘을 포기하여 대극이 통합되고 에너지가 해방된다는 것이다. 그것은 기독교에서 그리스도의 희생적 죽음에서 더 뚜렷하게 부각되는데, 그리스도는 자신의 생명을 모두 희생시킴으로써 인간 전체의 동물적 충동성을 길들였을 뿐만 아니라, 그것을 전적으로 포기하여 그 자신을 넘어선 인간 특유의 정신적 기능을 초세계적인 정신적 목표를 향해서 나아가게 했던 것이다.[99] 그런데 융은 이와 같은 희생은 삶에 대한 전적인 헌신에서만 가능하다고 강조하였다. 왜냐하면 그가 그의 내면에 있는 동물적인 충동을 피하지 않고 모두 체험하면서 자신의 몸으로 살아야만 리비도는 상징의 등가물로 흘러가기 때문이다. 그제야 비로소 리비도는 좁은 영역에서 나와 더 넓은 세계로 흘러가게 된다.[100]

희생과 더불어 또 한 가지 생각해야 하는 것은 사람들이 성숙하려면 유아시절을 벗어나야 하는 것이다. 사람들이 유아시절에 고착된 리비도를 해방시키지 못하면 무의식의 강박성에 시달리게

98) Jung CG(2006) : 《영웅과 어머니 원형》, p430.
99) cf. Jung CG(2006) : 앞의 책, p435.
100) Jung CG(2006) : 앞의 책, p403-404.

되기 때문이다. 사람들이 유아시절에서, 벗어나지 못하면 무의식은 항상 투사되어 유아적인 환경을 만든다. 그래서 사람들은 다른 사람들에게 의존하거나, 어린 시절 부모에게 그랬듯이 세상에서도 즉각적인 감정적 보상을 요구하는데, 그것은 결코 받아들여질 수 없다. 그에 따라서 그 사람들은 상처를 많이 받고 유약한 사람이 된다.[101] 그러므로 황소가 희생되듯이 자연적 충동은 희생되어야 하고, 유아시절은 희생 제물로 바쳐져야 한다: "아이의 리비도는 새로운 환경에 적응해야 함에도 불구하고 어머니의 든든한 팔에 보호받고 안주하려고 퇴행하여 시간과 보조를 맞추어 앞으로 나가지 못하고 만다."[102] 융은 남성이 어머니에게서 떠나지 못하면 아이를 성장시키지 않으려는 어머니가 나타나 유약하게 되고, 퇴행하게 된다고 주장하였다. 행복은 유년기에 있었다는 기억 때문에 앞으로 나아가지 못하고 향수에 젖거나 우유부단해진다는 것이다. 남성에게는, 열성과 용기가 있어야 하고 큰 스케일이 있어야 하는데 그렇지 못하게 된다는 것이다.[103] 그래서 유아시절에서 벗어나는 것은 무엇보다도 중요하다.

프로이트는 사람 속에 내재해 있는 나태성, 즉 무의식의 깊은 늪 속에 빠져서 유아시절의 환상으로 들어가고, 무의식의 충동성에 빠지려는 성향을 근친상간의 욕망으로 해석했는데, 융은 그것

101) Jung CG(2006) : 앞의 책, p405.
102) Jung CG(1970) : *Symbols of Transformation*, Princeton University Press, Princeton, p307.
103) Jung CG(1989) : *Aspects of the Feminine*. pp168-169.

을 글자 그대로 해석할 것이 아니라 상징적으로 해석해야 한다고 주장하였다.[104] 그리고 그런 상징들은 신화나 설화에서 휘어 감는 뱀이나 넝쿨, 몸을 칭칭 감는 해초 등으로 나타나며, 실제로 자식들을 부자연스럽게 사랑하고 헌신하여 자신에게 묶어 두려는 어머니에게서 나타나는데, 그것은 무의식에 있는 탐욕에 찬 잔인한 모성의 의인화라고도 주장하였다. 그러므로 영웅은 어려운 고난 속에서도 금지된 목표에 대한 저항을 인식하고 얻기 어려운 보물을 향한 그리움으로 그 난관을 극복해야 하는 것이다. 그때 그는 새로운 세계를 창조하게 된다. 그러기 위해서 영웅은 때때로 괴물의 몸 속에 들어가야 한다. 자기 몸을 희생하여 괴물 속에 들어갔다가 그 안에서 다시 태어나야 하는 것이다.[105]

그런 의미에서 성 프란체스코의 가난 부인은 위대한 상징이었다. 그에게 아내로서 자연적 충동을 변환시켜 주는 수로를 마련해 주는 한편 어머니를 떠나 성인이 되게 하는 상징이 되었기 때문이다. 왜냐하면 가난 부인을 아내로 맞았다면 그는 이제 더 이상 어머니에게 의존해 있는 어린아이가 아니기 때문이다. 더구나 가난 부인은 그에게 모든 것을 비우게 하고 한없이 낮아질 수 있게 하였다. 그에게 이 세상적인 것들에 대한 모든 탐욕에서 벗어나게 하

104) 아프리카 전설에서 영웅은 그에게 엉켜 있는 해초를 풀고 나오며, 이집트 신화에서 태양신 레는 밤의 항해 중에 밤의 뱀에 휘감겼다가 아침에 그것을 풀고 나온다. Jung CG(2006) : 《영웅과 어머니 원형》, p127.

105) Jung CG(2006) : 앞의 책, p271.

는 훌륭한 배우자로서 가난 부인은 탁월한 상징적 이미지였던 것이다. 이 세상에서 가난을 좋아하는 사람은 아무도 없을 것이다. 더구나 현대 사회에서는 공포의 대상이 될 수도 있다. 그러나 성 프란체스코가 따르려고 했던 가난은 그 뒤에 하늘 나라가 열려져 있는 그리스도의 가난이었다. 충분히 사랑할 수 있는 상징적 대상이었던 것이다. 그래서 그는 기쁜 마음으로 그것을 따를 수 있었고, 그녀와 온전히 하나가 되었을 때 이 세상에 있는 그 어떤 현세적인 것들도 하찮게 여길 수 있었다. 그는 여자가 낳은 자 가운데서는 가장 큰 자였지만, 하늘 나라에서는 가장 작은 자였던 세례 요한처럼 이 세상에 있는 그 어떤 것도 하늘 나라에서는 아무것도 아니라는 사실을 알았기 때문이다.

결론: 아시시의 성 프란체스코의 영성과 현대 사회

아시시의 성 프란체스코는 기독교의 성인 가운데서 가장 사랑을 많이 받은 인물이었다. 그는 13세기경 초기 자본주의가 형성되어 세속화가 시작되고, 십자군전쟁으로 혼란했던 사회에서 쓰러져 가는 예수 그리스도의 정신을 자신의 몸으로 실현시키면서 되살렸던 인물이다. 그래서 맥미첼은 그가 시작한 탁발승단 운동이 아니었다면 기독교는 지금의 기독교와 전혀 다른 모습을 보였을 것이라고 주장하였다.[106] 그는 인간의 가장 커다란 고뇌인 자연적 충동을 따르려는 성향과 정신성을 추구하려는 성향 사이의 원형적인 갈등을 억압하지 않고 그의 몸으로 모두 겪으면서 통합함으로써 같은 문제 때문에 고통당하는 사람들에게 새로운 길을 열어 주었던 것이다. 그래서 그가 개척한 길을 따르려는 사람들은 오늘날에도 여전히 '작은 형제들'이 되어서 전 세계에서 가난하고 겸손하게 그의 정신을 실현시키려고 한다.

106) McMichaels SW(1997) : *Journey out of the Garden*, Paulist Press, New York, pp6-7.

아시시의 성 프란체스코는 인간에게 본능적 충동이 얼마나 뿌리 깊은지 잘 알았다. 그래서 그는 금욕과 고행에 힘을 썼다. 그러나 그는 그것이 금욕과 고행만 가지고 해결될 수 있는 문제가 아니라는 사실도 잘 알고 있었다. 그래서 그는 그의 형제들 가운데 너무 엄격하게 금욕과 고행을 시행하는 형제들이 있으면 그것을 제지하였다. 그런 의미에서 '가난 부인'은 그에게 있어 매우 중요한 상징이었다. 그가 금욕과 고행을 하면서 본능적 충동을 억압할 때 발생할 수 있는 대극의 역전enantiodromie을 방지하게 할 수 있는 상징이었기 때문이다. 그는 본능적 충동을 억압하기만 하려고 했던 것이 아니라 본능적 충동에 담긴 리비도가 흘러갈 수 있도록 새로운 수로를 만들었는데, 그것이 '가난 부인'이라는 상징이었던 것 이다. 그래서 그는 본능적 충동을 억압하면서 고통받는 엄격한 수도자의 모습이 아니라 즐겁고 명랑한 음유시인이 될 수 있었다. 이렇듯 상징은 정신에너지를 변환시키면서 사람들에게 새로운 삶을 살 수 있게 한다. 그래서 많은 종교는 그동안 여러 문화권 속에서 정신에너지의 흐름을 원활하게 하면서 문화를 창출하게 하였다. 아시시의 성 프란체스코 역시 그런 위대한 종교적 천재 가운데 한 사람이었다.

그러나 융은 영웅적 행동의 효과는 오래 지속되지 못하고, 항상 새로운 영웅에 의해서 갱신되어야 한다고 주장하였다.[107] 왜냐

107) McMichaels SW(1997) : 앞의 책, p201.

하면 어떤 순간 효과적이었던 행동은 그다음 상황이 바뀌었을 때 반드시 효과적일 수 없으며, 때때로 일방성을 띠어 경직되기 때문이다. 그러므로 모든 사회는 주기적으로 새로워져야 하며, 새로운 시대에는 새로운 영웅이 나타나야 한다. 그런 의미에서 성 프란체스코는 예수 그리스도로부터 1200년이 지난 다음, 예수 그리스도를 그의 몸으로 실현시켜서 기독교에 새로운 정신을 불어넣었다. 그러나 현대 사회에서 그의 정신도 새로워져야 하는 듯하다. 그의 정신을 이어받으면서도 새로운 시대에서 고통당하는 이들의 무의식에서 요청하는 새로운 상징이 필요한 것이다. 왜냐하면 기독교는 이제 더 이상 많은 사람이 의미 있는 상징으로 받아들이지 않기 때문이다. 오히려 현대 사회에서는 종교에 부어졌던 리비도가 정체되거나 퇴행하여 여러 가지 문제를 불러일으키고 있으며, 무의식에 숨어 있던 괴물이 튀어나와 여러 가지 사건과 사고를 일으키고 있다. 바울이 말했던 대로 현대 사회에서도 '모든 피조물은 구원을 갈망'하고 있는 듯하다. 그런 의미에서 신비가들은 생명의 진화의 흐름이 막힐 때마다 나타나 생명을 더 높은 단계로 발전시켰다고 주장한 앙리 베르그송의 말이 의미심장하게 다가온다. 현대 사회에서도 새로운 상징을 가지고 정신에너지에 새로운 수로를 내줄 새로운 신비가가 나타나야 하기 때문이다.

참고문헌

콘벤투알 프란체스코회(2005) : 《보나벤투라에 의한 아시시의 성 프란 체스코 대전기》, 권숙애 역, 분도출판사, 왜관.

김성민(2002) : 《융의 심리학과 종교》, 동명사, 서울.

_____(2005) : 《분석심리학과 기독교》, 학지사, 서울.

知訥(2004) : 《마음을 닦는 길》, 불일출판사, 서울.

Bergson H(1959) : *Oeuvres*, PVF, Paris.

_________(1984) : *Les deux sources de la morale et de la religion*, PUF, Paris.

Bois H(1908) : *La Valeur de l'expérience*, Librairie Critique Emile Nourry, Paris.

Celano T(1992) : 《아시시의 성 프란체스코의 생애》, 프란체스코회 한국관 구역, 분도출판사, 왜관.

Delacroix H(1899) : *Essai sur Mysticisme spéculatif en Allemagne au 14e siècle*, Félix Alcan, Paris.

__________(1938) : *Les Grands mystiques chrétiens*, Librairie Félix Alcan, Paris.

Edinger E(1992) : *Ego and Archetype*, Shambhala, Boston.

Erikson EH(1982) : 《청년 루터》, 최연석 역, 도서출판 인간, 서울.

Ferguson WK(1995) : 《서양근세사》, 이연규, 박순준 역, 집문당, 서울.

Hawkins AH(1984) : *Archetypes of Conversion*, Associated University Press, London.

Henel IC(1983) : 《폴 틸리히의 그리스도교 사상사》, 송기득 역, 한국신학연구소, 서울.

Hugolino(1996) : 《성 프란시스의 작은 꽃들》, 크리스찬 다이제스트, 서울, 26.

James W(1902) : *The Varieties of Religious Experience*, New American Library, N.Y.

_______(1997) : 《종교체험의 여러 모습들》, 김성민, 정지련 역, 대한기독교회,서울.

Janet P(1975) : *De l'Angoisse a l'Extase*, Félix Alcan, Paris.

Joachim de Flore(1182) : Cons. 5.84.

Jung CG(1970) : *Symbols of Transformation*, Princeton University Press, Princeton.

_______(1974) : *Collected Works*(C.W.) XII, Princeton University Press, Princeton.

_______(1976) : *Probleme de l'Ame moderne*, Buchet/Chastel, Paris.

_______(1977) : *Psychological Types*, Princeton University Press, Princeton.

_______(1978) : *The Structure and Dynamics of the Psyche*, Princeton University Press, Princeton.

_______(1980). *The Archetypes and the Collective Unconscious*, Princeton University Press, Princeton.

_______(1971) : *Les Racines de la conscience*, Buchet/Chastel, Paris.

_______(1981) : *L'Energétique psychique*, Librairie de l'Université Georg, Genève.

_______(1983) : *Métamorphose de l'âme et ses Symboles*, Buchet/Chastel, Paris.

_______(1984) : *La Guérison psychologique*. Librairie de l'Univ. George, Gèneve.

_______(1989) : *Aspects of the Masculine*, Beebe J, MJF Books, New York.

_______(1989) : *Aspects of the Feminine*.

_______(2006) : 《영웅과 어머니 원형》, 한국융연구원 C. G. 융저작번역위원회 역, 솔 출판사, 서울.

Loder J(1981) : *The Transforming Moment*, Harper & Row, San Francisco.

Pelikan J(1978) : *The Christian Tradition: A History of the Development of Doctrine. Vol.III, The Growth of Medieval Theology*, The Univ. of Chicago Press, Chicago.

Kim Seong-Minne(1991) : “Essai sur l’expérience religieuse : Etude comparative de l’expérience religieuse et du processus d’individuation”, thèse de doctorat de l’Univerté de Strasbourg II, Tome 1.

McMichaels SW(1997) : *Journey out of the Garden*. Paulist Press, New York.

St. Franscisco of Assisi & Ste. Clare of Assisi(2004) : 《성 프란체스코와 성녀 클라라의 글》, 작은 형제회 한국관구 옮겨적음, 분도출판사, 왜관.

Ulanov AB(1999) : *Religion and the Spiritual in Carl Jung*, Paulist Press, New York.

Underhill E(1974) : *Mysticism*, New American Library, New York.

Vergote A(1966) : *Psychologie religieuse*, Ch. Dessart. Bruxelle.

________(1978) : *Dette et Désir*, Seuil, Paris.

잔느-마리 드 귀용 부인의 신비주의와 분석심리학

서언: 잔느-마리 드 귀용 부인의 신비주의에 대한 단상

17세기 프랑스 사회의 종교적 상황과 신비주의

신비주의와 상징

잔느-마리 드 귀용 부인의 삶과 신비주의

잔느-마리 드 귀용 부인의 신비주의와 그 특성

잔느-마리 드 귀용 부인의 신비주의에 대한 분석심리학적 고찰

결론

서언: 잔느-마리 드 귀용 부인의 신비주의에 대한 단상

귀용 부인에 대한 논문을 쓰면서 필자는 필자의 내면에 있는 많은 것이 정리되는 느낌을 받았다. 필자 역시 그녀보다 강도는 약하지만, 일종의 종교체험을 하였고 계속해서 그 길을 가려고 하는데 그녀의 기록은 필자가 미처 깨닫지 못한 것들을 발견하게 해 주었기 때문이다. 그녀는 그녀의 마음의 길을 매우 진지하게, 또 열심히 나아갔다. 하지만 그녀는 그 길을 가면서 아무에게도 도움을 받지 못하여 자기가 그 길을 제대로 가는지 아닌지 많은 의구심을 가지기도 하였다. 그 길은 모든 사람이 자기만의 방식으로 새롭게 가야 하는 길이었기 때문이다. 그래서 그녀의 자서전은 그녀와 비슷한 길을 가려는 사람들에게 많은 도움을 준다. 그녀가 자신의 내면을 매우 솔직하고 진지하게 토로하여 다시 자신의 차례가 되어 그 길에 들어선 사람들에게 어렴풋이나마 그 길에 대해서 알게 해 주기 때문이다. 그녀의 책들이 300여 년이 지난 지금까지 여전히 출판되고, 그녀에 대한 연구가 많이 행해지는 것은 그 때문일 것이다.

그녀의 체험 가운데 인상적인 것은 그것을 하나님으로 표기하든지 자기self로 표기하든지 간에 인간 내면에 인간 정신을 발달시키려는 어떤 원리 또는 실재가 틀림없이 작용하고 있다는 사실이다. 그래서 사람들이 그 길을 포기하지 않는 한 죽을 때까지 내면에 있는 그 중심을 향해서 나아간다는 것이 깊이 느껴졌다. 물론 그 결과는 사람들이 타고난 것과 살아온 과정에 따라서 모두 다 다를 것이다. 그러나 무의식적인 충동과 외부의 감각 세계로부터 어느 정도 해방될 수 있다는 점에서는 공통점도 있을 것이다. 그래서 사람들은 그 길을 가려고 하는데, 그것이 필자에게는 그렇게 쉬운 일이 아닌 듯하다.

필자는 신학과 분석심리학 사이에서 때때로 어려움을 느끼기도 하였다. 두 분야의 종착점이 정신발달이라는 점에서 비슷한 측면도 있지만, 서로 다른 언어로 설명하고 나아가는 방법도 다르기 때문이었다. 궁극적으로 종교체험과 분석심리학에서 말하는 개성화 과정은 서로 다른 분야의 작업이다. 그래서 어떤 때는 흥미 있었지만, 어떤 때는 혼란을 느끼기도 하였다. 그러나 귀용 부인의 신비주의에 대한 논문을 쓰면서 그 두 과정에 어떤 유비적인 연관성이 있구나 하는 사실을 절실하게 깨달았다. 특히 누멘으로서의 하나님에 대한 느낌은 필자에게 참 많이 다가왔다. 종교 체험자들이 체험하는 것은 누멘으로서의 하나님인데, 그 실재는 융이 말한 자기와 많은 면에서 유사하다. 따라서 그 실재를 체험한 사람들은 체험의 깊이에 따라서 그들의 삶까지 변화시킬 수밖에 없다. 귀용 부인 역시 그녀에게 다가온 고통을 극복하는 과정에서 누멘을 체험함으로써 변화되었고, 결국에는 이 세상을 초연한 태도로 살 수 있었던 것이다.

귀용 부인의 체험에 대해서 생각하다가 어느 날 필자는 잠이 들었는데, 다음과 같은 꿈을 꾸었다. "나는 K 교수와 함께 지하에 있는 교수식당에 내려가 음식을 먹으려는데, 식반食盤에는 호박 반쪽이 있었다. 그다음 장면이 바뀌면서 나는 호박죽을 먹었다. 그다음에 장면이 다시 바뀌면서 아내가 나에게 다가와 성관계를 가지자고 하였다." 필자는 그 꿈에 대해서 필자의 분석가와 꿈의 연상에 대해서 말하면서 다음과 같은 사실을 알게 되었다. K 교수는 경제학자이며, 필자와 그렇게 가깝지는 않지만 그래도 같은 대학교 동문이라 잘 알고 지내는 사이이다. 아마 필자의 세속적인 측면을 나타내는 부분일 것이다. 특히 그는 경제학자라서 더욱더 그럴 것이다. 호박에 대한 연상은 필자에게 있어서 이렇다. 호박은 식물이며, 어릴 때 하얀 호박꽃을 본 것이 생각난다. 호박은 전을 부치기도 하고, 여름에 반찬거리로 많이 사용된다. 호박의 꽃은 '호박꽃도 꽃이냐?'는 말이 있을 정도로 예쁘지 않은 꽃의 대명사다. 그러나 호박죽은 건강에 좋아서, 아내는 가끔 호박죽을 끓이고 필자는 아침 대신 종종 호박죽을 먹기도 한다. 꿈에서도 필자는 호박죽을 먹었다.

그때 필자의 분석가는 아서Arthur 왕 설화에도 그와 관계가 되는 이야기가 나온다고 하면서 읽어 보라고 하였다. 그래서 필자는 서

점에 가서 아서 왕 이야기를 사서 읽었는데, 아주 흥미 있는 부분을 찾을 수 있었다. 그것은 '거웨인Gawain과 레그널Ragnell 부인의 이야기'였다. 그 이야기에 의하면 아서 왕은 북동부 지방에 있는 스코틀랜드 영주 그로머Gromer와 싸우다가 잡혀서 죽게 되었다. 그때 그로머는 아서 왕에게 다음 1년 동안 '이 세상에서 여성이 가장 원하는 것이 무엇인지' 알아오면 그의 목숨을 살려 주겠다고 하였다. 1년이 다 되어 가도록 아서 왕은 그 대답을 찾지 못하여 고민하고 있는데 어느 날, 레그널 부인이 나타나서 아서 왕의 기사 가운데 한 명이 그녀와 결혼하면 그 대답을 가르쳐주겠다고 제안하였다. 그러나 레그널의 끔찍한 용모를 본 아서 왕은 아무에게도 그녀와 결혼을 하라고 할 수 없었다. 그녀는 키도 작고 뚱뚱했으며 얼굴은 빨갰고, 노란 이가 입술 사이로 튀어나와서 아주 흉측했기 때문이다. 그때 아서 왕의 조카인 거웨인이 자기가 그녀와 결혼하겠다고 하면서 대답을 얻어 냈다. 여성들이 가장 원하는 것은 아름다운 옷이나 보석이나 사랑하는 남자가 아니라 "그 자신을 결정할 수 있는 권리와 위엄을 인정받는 것"이었다.

아서 왕은 그 대답으로 목숨을 건졌고 거웨인은 레그널과 결혼하였다. 그러나 결혼식장은 전혀 즐거울 수가 없었다. 레그널이 너무 흉측해서 하객들의 마음이 침울하였기 때문이다. 첫날 밤 레그널은 거웨인에게 자신이 신부이니까 키스를 해달라고 하였다. 거웨인은 마지못해 키스했는데, 그 순간 레그널은 갑자기 아름다운 여인으로 변하였다. 거웨인이 깜짝 놀라자 레그널은 거웨인에게 이렇게 말했다—아서 왕을 붙잡았던 그로머와 그녀는 마녀인 모르가나 르 훼이Morgana le Fay의 마술에 걸려서 그렇게 흉측하게 된 것이라고 하였다. 그러나 거웨인이 그녀에게 키스를 하자 마술이 반쯤 풀려서 하루 중 12시간은 아름답지만 12시간은 다시 추하게 된다고 하였다. 그러면서 그녀가 다른 사람들과 같이 궁정에서 지내는 낮 시간 동안 아름답기를 원하는지, 아니면 거웨인 하고만 있는 밤 시간 동안 아름답기를 원하는지 선택하라고 하였다. 거웨인은 한참 생각하더니 그것은 자기가 선택할 것이 아니라 레그널이 선택해야 한다고 대답하였다. 왜냐하면 어떤 쪽이 그녀에게 더 편한지 그녀가 결정해야 하기 때문이었다. 그러자 레그널은 매우 기뻐하면서 거웨인의 그 배려 때문에 그녀의 마술이 다 풀려서 그녀는 24시간 동안 아름다운 모습으로 지낼 수 있다고 하였다. 거웨인은 그녀에게 '그녀 자신이 결정할 수 있는 권리와 위엄을 인정하게' 하였던 것이다. 그 거웨인과 레그널은 아름답고 씩씩한 아들을 낳고 이 세상 누구보다도 행복하게 잘 살았다.

이 이야기는 필자의 아니마의 변환의 필요성에 대해서 말하는 듯하였다. 레그널이 흉측한 모습에서 그녀에 대한 거웨인의 사랑과 존중으로 아름다운 모습으로 변환되듯이 필자의 아니마도 아니마에 대한 '신중하게 고려하고 주의 깊게 관찰하는 태도'를 통해서 변환되어야 한다는 것이었다. 그래서 꿈에서 그다음에 아내와의 성관계가 나오는 듯하다. 거웨인과 레그널의 이야기를 읽으면서 필자는 매우 흥미 있으면서도 가슴에 찡하는 느낌이 왔다. 필자의 내면에서 어떤 것이 건드려지는 것 같았기 때문이다. 그 이야기는 귀용 부인의 이야기와도 통하는 것이 있었다. 그녀 역시 신비체험을 하기 전에는 그녀의 인격이 레그널처럼 흉측한 모습이었지만 신비체험을 통하여 자아가 소멸되자 아름다운 여인으로 변환되었기 때문이다. 실제의 모습에서도 그녀는 본래 미인이었지만 천연두로 얼굴이 온통 못쓰게 된 다음 신비적 죽음과 바스티유를 거치면서 무사성과 초연한 태도에 도달하자 많은 사람은 그녀를 성녀聖女처럼 대하였다. 아름다운 레그널이 되었던 것이다. 모든 사람은 그의 내면에 있는 아니마의 권리와 위엄을 인정하여야 하는 것이다. 그러면 아니마는 점점 더 발달하여 레그널 부인 같이 아름다워지는 것이다. 귀용 부인에 대한 논문은 필자에게 많은 생각을 하게 하였고, 인간 정신의 깊은 곳을 느끼게 해 준 매우 값진 경험이었다.

17세기 프랑스 사회의 종교적 상황과 신비주의

17세기 프랑스 사회의 종교적 상황

잔느-마리 드 귀용 부인이 살았던 17세기 프랑스 사회는 프랑스 정신사에서 가장 중요한 시기 가운데 하나다. 당시 프랑스 사회를 지배하던 사상은 인문주의와 가톨릭교회의 개혁사상이었다. 그때 R. 데카르트를 비롯한 인문주의자들은 사람들이 정말 믿어야 하는 진실은 과연 무엇인지에 관해서 근본적인 문제를 제기하였고, 갈릴레이의 지동설과 뉴턴의 만유인력의 법칙은 기독교적 세계관에 대한 회의를 불러일으켰다. 다른 한편에서 가톨릭교회는 그 전 세기 독일에서 시작된 루터의 종교개혁에 맞서서 가톨릭교회를 개혁하려고 노력하였다.[1] 자연히 많은 사람은 그 전까지 교회에서 제시하는 교의나 제의에 만족하지 못하고, 그들의 내면 깊은 곳에 들어가 그들만의 하나님을 찾으려고 하였다. 따라서 이때 프랑스에서는 가톨릭 역사상 위대한 영성가들이 가장 많이 등

1) Deregnaucourt G & Poton D(1994) : *La vie religieuse en France aux XVIe-XVIIIe siècles*, Ophrys, Paris, pp131-134.

장했는데, 그 가운데 중요한 인물은 피에르 베륄, 성 프랑수아 드 살, 장세니우스 등이었다. 그들은 르네상스 이후 합리주의적인 사고가 팽배하여 가톨릭교회의 기반이 흔들리자 이 신비체험을 통해서 만났던 하나님을 전하면서 가톨릭교회의 영성을 회복시키려고 하였다. P. 베륄은 회심체험을 통하여 하나님의 절대성과 인간의 죄악성을 절감하고 기독교 영성을 찾던 중, 스페인의 신비가 아빌라의 테레사와 십자가의 성 요한의 주장에 공감하여 프랑스에 카르멜회를 들여왔고, 프랑수아 드 살은 사람들은 수도원 생활을 하지 않으면서도 내적 기도를 통하여 거룩한 삶을 살 수 있다고 주장하면서 일상생활에서의 영성을 강조하고 영성 수련서인 《신심생활입문》을 출판하였다. 또한 장세니우스는 합리적인 계몽주의, 인문주의의 흐름에 맞서서 기독교가 정당성을 찾으려면 어거스틴의 사상으로 돌아가야 한다고 주장하면서, 모든 것을 판단하는 기준으로 어거스틴의 사상을 제시하였다. 그를 중심으로 해서 생-시랑, A. 아르노, B. 파스칼 등이 모이면서 장세니스트가 생겨나 그 당시 많은 영향력을 행사하였다. 중세의 기독교 중심주의가 흔들리면서 근세로 전환되는 격변기에 이들은 인간성의 깊이를 찾으려고 노력하였던 것이다.[2)]

이 무렵에 나타난 신비주의의 또 하나의 흐름은 정적주의다.

---

2) Jacques Le Brun(1964) : "Le Grand Siècle de la Spiritualité Française et ses Lendemains", *Histoire spirituelle de la France*, ed. By Michel de Certeau, Beauchesne, Paris, pp252-254.

정적주의자들은 베륄이나 프랑수아 드 살과 달리 이단으로 정죄 받았는데, 그들은 특별히 어떤 사람의 가르침을 추종했던 사람들이 아니라 내적 기도를 하던 중 정적의 기도에 들어가 여러 가지 신비체험을 하였고, 그들이 체험한 하나님을 전하려고 했던 사람들이다. 그들을 정적주의자라고 부른 것은 그들이 기도가 깊어질 때 찾아오는 정적상태의 중요성을 강조하였기 때문이다. 그러나 그들이 체험한 하나님은 가톨릭교회가 제시하는 하나님과 달랐고, 그들이 가톨릭 교리와 다른 것을 주장하여 교회의 주시를 받았다. 그러다가 그들 가운데 일부 극단적인 사람들이 하나님을 이미 체험한 사람들에게는 금욕이나 고행이 필요 없다고 주장하자 교회에서는 그들 가운데 대표적 인물인 몰리노스Molinos를 이단으로 정죄하면서 박해하였다.[3)]

우리가 살펴보려는 귀용 부인도 정적주의자라는 혐의를 받았다. 그러나 그녀는 몰리노스와 아무 관계가 없었고, 몰리노스에 대해서 잘 알지도 못하였다. 그녀가 정적주의자라는 혐의를 받은 것은 그녀가 몰리노스처럼 내적 기도를 통해서 하나님과 합일되었고, 하나님의 절대성과 그녀의 무성無性을 절감하여 순수한 사랑과 순수한 믿음을 강조했다는 점밖에 없다. 그녀는 사람들이 하나님과 하나가 되려면 그들에게 있는 개인적 속성을 모두 포기하고 하나님만 순수하게 추구할 때 하나님은 그들에게 다가와 그들

3) Jossua J-P(2001) : *Seul avec Dieu : L'Aventure mystique*, Gallimard, Paris, pp102-107.

과 하나가 되고 거룩한 삶을 살 수 있다고 주장했던 것이다. 그녀의 이런 주장은 그녀가 매우 고통스러운 삶을 살면서 그것을 극복하는 과정에서 하나님을 만났고, 하나님의 사랑으로 고통에서 벗어나면서 형성된 믿음이다. 그녀에게 하나님은 모든 인간적인 것을 무한히 초월하는 절대자였던 것이다. 그러나 가톨릭교회에서는 그녀의 이런 교리를 받아들일 수 없었다. 그녀의 교리는 가톨릭적인 것이라기보다 그다음에 나오는 개신교적인 것이었기 때문이다.[4)]

신비주의와 그 발달 단계

신비주의는 신비가들이 신적 실재와의 합일 속에서 여러 가지 신비현상을 체험하고, 그들이 체험한 신적 실재의 속성을 그들의 삶을 통하여 실현하려는 사상과 실천체계 전체를 말한다. 그래서 지금까지 신비주의에 대한 연구는 주로 신비의식과 신비현상에 관해서 이루어졌다. 그러나 심리학적인 측면에서 볼 때, 신비주의는 인간 정신이 발달하는 과정에서 사람들이 그들의 내면에 있는 신적 인간성l'humanité divine을 체험하고 그것을 실현시키는 과정이라고 생각할 수 있다. 그런 관점에서 프랑스의 종교학자 H. 들라크르와는 신비주의는 신비가들이 신비체험을 통하여 정신발달을 이루게 되는 중요한 과정 가운데 하나라고 강조하였다. 그는 신비가

4) Guyon J-M(1983) : *La vie de Madame Guyon*, Dervy-Livre, Paris, p246(이하 La vie 라 칭한다).

들의 삶을 유심히 관찰하면 그들의 체험에는 어떤 내적인 법칙이 있어서 모든 신비체험은 외부적인 요인 때문에 좌절되지 않는 한 어떤 목표를 향해서 일관되게 발달한다고 주장했던 것이다. 신비가들은 삶의 여러 가지 문제 때문에 고통당하다가 신적 실재를 체험하여 의식이 확장되고, 그 신적 실재와 더욱더 하나가 되고, 그 실재를 자신의 몸으로 실현시키려고 했다는 것이다.[5)]

영국의 신비연구가 E. 언더힐 역시 신비주의는 초월적인 질서와 완벽한 조화를 이루려는 인간 정신의 타고난 성향의 표현인데, 신비가들은 신비체험을 거치면서 그 성향이 그들의 의식과 삶을 지배하여 정신적인 발달을 이루게 된다고 주장하였다.[6)] 그러면서 그는 신비주의는 대체로 깨달음-정화-조명-영혼의 어두운 밤-합일 등 다섯 단계를 거치면서 발달한다고 설명하였다. 제일 처음 신비가들은 감각적인 세계에 몰두하여 살다가 좌절을 경험하면서 그것을 뛰어넘는 초감각적인 세계를 찾다가 그 세계의 편린을 보고 어떤 깨달음을 얻어 그 세계에 몰두하게 된다. 이때 깨달음은 신비가의 여정에서 결정적인 역할을 한다. 왜냐하면 그들은 감각세계로부터 결정적으로 돌아서기 때문이다. 그때 그들은 그들에게 있는 욕망과 열정을 벗어 버리고, 외적 감각의 정화, 내적 감각의 정화, 정욕의 정화, 지성의 정화, 의지의 정화에 힘쓴다.[7)] 정화

5) Delacroix H(1938) : 앞의 책, p201.
6) Underhill E(1974) : *Mysticism : A Study in the nature and development of Man's piritual consciousness*, New American Library, New York, xiv.

의 단계에 들어서는 것이다. 그다음 정화가 어느 정도 이루어지면 그들에게 어느 날 조명이 이루어진다. 그들은 엑스타시 상태에 도달하고 신적 실재와 하나가 되는 것이다. 그러나 그것은 최종적인 상태가 아니다. 그들에게는 아직까지 자아가 남아 있기 때문이다. 그래서 그들은 다시 하나님의 부재상태인 영혼의 어두운 밤에 들어가 고통을 당한다. 이때는 조명상태에서 분명했던 하나님의 현존이 사라지고 갑자기 하나님이 없어지는 듯한 상태에 빠지게 된다. 하나님의 부재가 전면에 대두되는 것이다. 그때 신비가들은 그들에게 있는 개인적 속성인 자아의 죄성과 무능을 절감하고 하나님의 부재 속에서 고통을 당한다. 그러다가 그들은 그들의 고통 속에서도 하나님이 현존하신다는 사실을 발견하면서, 그들의 개인적 속성을 모두 벗어 버리고 그 상태에서 벗어나 하나님과 합일되는 삶을 살게 된다. 이때의 삶은 그 전까지의 삶과 전혀 다른 삶이다. 그래서 미국의 종교심리학자 윌리엄 제임스는 이 단계에서 성자성을 이룬다고 주장하였다. 기독교 성자들이 살았던 모습으로 살게 된다는 것이다.[8)]

신비가들이 그런 체험을 할 수 있는 것은 기도를 통해서다. 신비가들은 기도를 통해서 신적 실재를 만나고, 그와 하나가 되며, 모든 신비현상 역시 기도를 통해서 이루어지는 것이다. 기도는 그

7) Aumann J(1987) : 《영성신학》, 이홍근 역, 분도출판사, 왜관, pp207-240.
8) James W(1997) : 《종교체험의 여러 모습들》, 김성민, 정지련 역, 대한기독교서회, 서울, pp309-368.

들을 그들의 존재 깊은 곳으로 인도하고, 존재의 심층에 있는 신적 실재를 만나게 하기 때문이다. 사실 기도는 인간의 체험 가운데서 가장 깊고 내밀한 체험이다.[9] 기도는 사람들을 가장 그 사람다운 그 자신이 되게 하고, 일상적인 세계와는 전혀 다른 세계와 연결해 주는 것이다. 기도할 때 사람들은 그들의 정신에너지를 신적 실재에 집중시킨다. 의식으로 가득 찬 마음을 비우고 모든 정신에너지를 그 실재에게 쏟아붓는 것이다. 그때 그 에너지는 다시 그에게 되돌아오고, 그들을 변화시킨다. 왜냐하면 사람은 기도할 때 그 자신을 포기하고 신적 실재에게 모든 것을 맡기기 때문이다. 그 결과 그 전까지 막혀 있던 리비도는 새로운 길을 찾아서 아무 방해를 받지 않고 흐르게 된다. 그래서 미국의 분석심리학자 울라노프 A. B. Ulanov는 사람들이 기도하면서 무의식에 있는 원형적 요소에게 자기를 모두 넘겨 주고 그것이 가진 강력한 힘에 자기를 열어 놓을 때 변화된다고 주장하였다.[10] 기도가 때때로 놀라운 작용을 하는 것은 그 때문이다. 그래서 융은 "기도를 드릴 때 리비도는 내면으로 스며들고, 비유적으로 말해서 하나님의 나라가 조성된다. ……이런 상황은 리비도가 무의식에서 우세해지고 의식적인 삶을 결정하는 상태로까지 발달하게 된다."[11]라고 하였다.

---

9) Vergote A(1978) : *Dette et Désir : Deux axes chrétiens et la dérive pathologique*, Seuil, Paris, pp9-11.

10) Ulanov AB(1999) : *Religion and the Spiritual in Carl Jung*, Paulist Press, New York, pp16-27.

그러나 기도la prière라는 말은 신비가들이 신적 실재에게 다가가는 깊은 단계를 나타내기에는 너무 평이한 단어다. 더구나 신비가들이 드리는 기도는 사람들이 흔히 드리는 구송기도口誦祈禱가 아니기 때문에 더욱더 그러하다. 그래서 귀용 부인은 기도라는 단어 대신 내적 기도l'oraison라는 단어를 사용하였다. 사람들이 하나님과 깊이 만나려면 내면 깊이 들어가 하나님에게 사로잡혀야 하는데, 그 기도는 단순한 기도가 아니라 내적인 기도가 되어야 한다는 것이다. 그래서 E. 언더힐 역시 신비가들이 드리는 기도는 단순한 기도가 아니라, 다음과 같이 단계적으로 깊어지는 기도라고 주장하였다. 먼저 신비가들에게는 외부로 향했던 관심을 내면으로 돌리는 집중recollection이 필요하다. 그들은 감각세계에 관심을 기울였던 것에서 벗어나 내성화에 힘써야 하는 것이다. 그들에게 집중이 깊어지면 그들은 자신에 대한 의식이 희미해지고 무한자에 대한 의식이 뚜렷해지면서 내적인 고요가 이루어진다. 이때 그들은 정적의 기도quiet에 들어서는데, 그들은 거기서 지극한 평화와 희열을 맛보게 된다. 그 단계가 깊어지면 그들은 신적 실재와 하나가 되면서 지적 직관이 이루어지는 관상기도contemplation에 들어가게 된다. 그들의 삶이 하나님 안에서 이루어지고, 하나님이 그들의 하나님이라는 사실을 깨닫게 되는 것이다. 그런 상태에서 그들은 그

11) Jung CG(1973) : *Letters*, I, 23 May, 1950, Princeton University Press, Princeton, N.J.. 558.

들의 인간적인 속성을 모두 벗어 버리고 하나님과 하나가 되는 삶을 살게 된다. 일치의 기도orison of union로 들어가는 것이다. 모든 신비가는 이렇게 점진적으로 깊어지는 기도를 드리면서 내면의 체험이 깊어지고, 결국 하나님과 합일되는 삶을 살게 된다.[12)]

12) cf. Underhill E(1974) : 앞의 책, pp307-357. cf, Aumann J(1987) : 앞의 책, pp393-409.

신비주의와 상징

순례의 상징

신비가들이 쓰는 어휘에는 '불꽃'이니 '어두운 밤'이니 하는 상징적인 표현이 많다. 그들의 체험이 인간의 이성을 초월하는 신적 실재와의 합일이라 그들의 체험을 나타낼 수 있는 수단이 상징밖에 없기 때문이다. 신비주의를 나타내는 상징 가운데 가장 대표적인 상징은 순례, 결혼, 죽음과 재생의 상징 등일 것이다.[13] 먼저 순례의 상징은 십자가의 성 요한에게서 '갈멜의 산길'을 오르는 것, 아빌라의 테레사에게서 '내면의 성'을 들어가는 것, 존 번연에게서 '천로역정天路歷程'을 밟아 가는 것으로 표상되었다.[14] 신비의 길the mystic way은 신비가들이 어디로 가는지 잘 알지 못하면서, 수많은 위기

13) cf. 언더힐은 순례, 결혼, 재생의 상징이 많이 사용된다고 주장하였으나, 신비가들은 단순히 재생의 상징이 아니라 죽음을 거친 재생을 주장한 경우가 많다. 그래서 이 글에서는 죽음과 재생을 이어지는 과정으로 보고, 단순한 재생이 아니라 죽음과 재생의 상징을 연속적인 과정으로 보고자 한다.

14) St. Jean de la Croix(1986) : 《갈멜의 산길》, 최민순 역, 분도출판사, 왜관. Ste. Thérèse d'Avila(2001) : 《영혼의 성》, 최민순 역, 바오로 딸, 서울. Bunyan J(1980) : 《천로역정》 I, II, 오천영 역, 대한기독교서회, 서울.

와 위험을 겪으며 성지를 향해서 나아가는 순례와 같기 때문이다. 그들은 감각적인 것들로 가득 찬 일상계를 떠나서 실재계로, 눈에 보이는 헛된 세계를 떠나서 눈에 보이지 않는 신비의 세계를 향해 나아가는데, 그들은 순례를 마친 다음 육적 인간으로부터 신적 인간으로 다시 태어난다. V. 터너의 말대로 그들은 성소聖所에 다다를 때 물리적인 성소만이 아니라 마음속 깊이 있는 성소에 도달하는 것이다.[15]

프랑스의 종교학자 미셸 멜랑은 순례에는 매력attraction, 헌신dévotion, 고양élévation 등 세 가지 요소가 중요하며, 그것은 성지를 찾아가는 순례자들이나 마음속에 있는 성지를 찾아가는 신비가들에게 마찬가지라고 주장하였다. 그들은 그들의 내면에서 신적 원천과 사랑의 관계를 맺으려는 욕망에 강하게 이끌리고, 그 길고 어려운 과정에 헌신하며, 순례 뒤에 그들의 의식이 고양된다는 것이다. 이때 매력은 신비가들만 느끼는 것이 아니다. 그들은 그들을 먼저 부르는 신적 실재의 사랑에 이끌려 거기 응답하는 것이다. 신적 실재가 그들을 먼저 부른 것이다.[16] 그래서 그들은 그 부름을 따라서 그들이 살던 곳, 그들이 가지고 있던 좋지 않은 습관, 과거의 삶에서 떠나서 신적 실재에게 나아간다. 이런 떠남은 성서에도 많이 나타나고, 고대 세계의 영웅들 역시 새로운 길을 향해서 떠

15) Turner V(1973) : "The Center out there, Pilgrim's Goal" History of Religions, 12, 3. Meslin M(1984) : *L'Experience humane du divin*, Cerf, Paris, p189에서 재인용.
16) Meslin M(1984) : 앞의 책, p193.

났다. 아브라함은 '본토, 친척, 아비 집'을 떠났고, 모세도 이집트를 떠나 가나안으로 나아갔으며, 오디세이의 삶은 떠남의 연속이었다. 신비가들은 익숙한 곳을 떠나 아무도 알지 못하는 곳을 향해서 나아가는 것이다. 그리하여 그들은 결국 성지에 도달하면서, 그들의 마음 깊은 곳에 도달하게 된다.

그다음에 헌신은 그들의 여정에 수많은 위험이 도사리고 있기 때문이다. 그들은 그들의 존재 전체를 신비의 길에 바쳐야 하는 것이다. 그러나 그들이 전적으로 헌신할 때, 신적 실재를 향해서 나아가던 길은 신적 실재 안에서 나아가는 길로 바뀌게 된다. 처음에는 그들의 의지로 순례했지만 어느덧 또 다른 의지가 그들의 순례를 이끌고, 그들은 그 의지를 따르게 되는 것이다. 그때 그들에게 영적 의식은 더 강화되고, 그들 안에서 조명이 이루어지며, 그들은 신적 실재와의 합일을 경험하게 된다. 그들의 의식이 한없이 고양되는 것이다. 순례를 마친 다음 순례자들이 변환되는 것은 그 때문이다.[17)]

그래서 신비가들은 순례의 주체는 인간이 아니라 신적 실재라고 주장한다. 그들의 순례는 신적 실재의 사랑의 부름에 대한 응답이라는 것이다. 이런 사실을 간파한 베르그송은 "신비가들은 우리가 하나님을 필요로 하는 것처럼 하나님도 우리를 필요로 한다고 이구동성으로 말한다. 우리를 사랑하기 위해서가 아니라면, 하

---

17) Meslin M(1984) : 앞의 책, p193.

나님은 왜 우리를 필요로 하는가? 이것이 신비체험에 관해서 연구했던 모든 철학자들의 결론이었다."[18]라고 주장하였다. 신비가들은 그들을 완성시키려는 신적 실재의 부름을 듣고, 그 부름의 자극으로 자신을 완성시키려는 내적 실재가 작용하여 신비의 길에 들어선다는 것이다. 그런데 모든 신비가는 신비의 길이 모든 사람에게 열려 있다고 강조한다. 신비체험은 한두 사람의 종교적 천재만 하는 것이 아니라 모든 사람이 할 수 있다는 것이다. 그것은 모든 사람의 내면에 신적 인간성l'humanité divine이 들어 있기 때문이다. 그래서 베르그송은 "신비가들이 접하는 것은 다른 신비가들에 의해서 그의 말을 들을 수 있게 준비된 인류다. ……이스라엘 예언자들의 목적은 이론적으로 처음부터 존재해야 하는 신적 인간성이 없다면 아무리 해도 달성될 수 없었을 것이다."[19]라고 주장하였다. 신비의 길은 인간 정신이 더 높은 경지를 향해서 나아가는 영적 순례라는 것이다. 그런 의미에서 미셸 멜랑은 순례로서의 신비체험을 일종의 입문식initiation이라고 주장하였다. 신비가들은 신비체험을 하기 전 감각적인 것들에 사로잡혀서 살다가 신비주의라는 기나긴 영적 순례를 거치면서 내면의 중심에 도달하여 그것을 중심으로 살게 되기 때문이다. 그들은 신비체험을 통하여 자아-중심적인 삶에서 하나님 중심적인 삶을 사는 재중심화가 이루어지

18) Bergson H(1984) : 앞의 책, p1192.

19) Bergson H(1984) : 앞의 책, pp1178-1179. 여기에서 '신적 인간성'이란 융의 용어로 '자기'에 해당된다.

는 것이다. 같은 의미에서 에크하르트의 제자였던 신비가 타울러는 사람들은 영혼의 중심에서 신적 실재를 만날 수 있으며, 그 중심에서 살 때 이미 하나님의 나라가 실현되는 것을 볼 수 있다고 주장하였다.[20)]

결혼의 상징

다음으로 신비가들은 그들의 체험을 결혼과 사랑의 상징으로 종종 묘사하는데, 결혼은 두 요소의 결합과 그에 이은 새로운 탄생을 나타내는데 가장 좋은 상징이기 때문이다. 결혼의 상징 역시 성서는 물론 다른 종교의 신비주의나 신화에서 많이 찾아볼 수 있다. 신약성서에서는 열 처녀의 비유마 25:1-13와 어린 양의 혼인 잔치 비유계 19: 5-10가 대표적이고, 다른 구절에서도 인간의 영혼은 신부로서 신랑인 그리스도와 하나가 되어야 한다고 암시하고 있다. 구약에서는 아가서가 대표적인데, 아가서는 그 전체가 사랑과 결혼을 통하여 인간의 영혼과 신적 실재 사이의 관계를 상징적으로 나타내 신비가들이 가장 좋아하는 책이다. 영혼이 기도 속에서 하나님과 합일될 때 느끼는 황홀경을 신랑과 신부의 합일을 통해서 밖에는 표현할 수 없기 때문이다. 이런 종류의 결혼을 담은 신화, 즉 남신과 여신의 결합인 신성혼hieros gamos을 담은 신화는 세계 곳곳에 광범위하게 퍼져 있다. 그래서 종교사가 미르체아 엘리아

20) cf. Tauler: 'Sermon', Meslin M(1984) : 앞의 책, p229에서 재인용.

데는 이러한 결혼의 주제는 기독교 신비가뿐만 아니라 보편적인 상징이라고 주장하였다: "우주적으로 신성한 결혼인 하늘과 대지의 결혼은 매우 폭넓게 퍼져 있는 우주발생 신화다." [21]

그래서 귀용 부인은 회심체험을 통하여 영적으로 많이 성숙한 다음 그랑제 수녀와 함께 그녀를 온전히 예수 그리스도께 바치는 서약으로 1672년 아기 예수와 혼인의식을 치렀고, 남편이 죽은 다음 날 순결 서약과 함께 예수 그리스도와의 혼인을 확인하였다. 그녀의 영혼은 이제 예수 그리스도 이외에 다른 어떤 존재를 향하지 않을 것을 상징적으로 표현하였던 것이다: "내가 당신에게로 온전히 달려갈 수 있도록 나를 내 영혼의 가장 깊은 부분으로 인도해 주세요. 나는 내 영혼 깊은 곳에서 당신을 향하여 돌아서서 당신을 따라 달려갈 것입니다."[22]

또한 그녀는 하나님과의 합일을 바라면서, "……영적 결혼으로 비유할 수 있는 하나님과의 더 깊은 연합이 있습니다. 당신의 영은 그분의 영과 온전히 연합하여 당신은 온전히 그분의 것이 됩니다."[23]라고 하였고, 그녀의 영혼이 하나님과 합일될 때 느끼는 법열法悅을 다음과 같이 표현하였다: "하나님의 품은 달콤한 향수로 냄새가 진동하기 때문에 당신은 그분에게로 이끌리게 되어 감사함과 기쁨으로 충만하게 될 것입니다. 그분의 품에서 쉬는 것은

---

21) Eliade M(2002) : 《신화. 꿈. 신비》, 강응섭 역, 도서출판 숲, 서울, p212.
22) Guyon J-M(2006) : 《아가서》, 박선규 역, 순전한 나드, 서울, p25.
23) Guyon J-M(2006) : 앞의 책, p21.

모든 내면의 상처를 치유해 주는 진귀한 기름과도 같습니다."[24)]

중세 유럽에서 가장 영향력 있는 신비가 가운데 하나인 베르나르 드 클레르보도 사랑과 결혼의 상징을 즐겨 사용하였다. 그는 인간의 영혼은 신부처럼 하나님을 갈급해 있다고 주장하면서, "상호 간의 사랑이, 특히 신부와 신랑에게 적절한 것이라면 하나님을 사랑하는 영혼에게 신부라는 이름을 부여하는 것이 적절하지 못한 말이 아닙니다."[25)]라고 하였고, 신부는 순수한 마음으로 신랑을 대해야 한다고 주장하였다: "자신이 소유하게 될 것에 대해 염려하지 않고 오직 사랑의 대상만 찾는 사랑은 분명히 순수합니다. 육체적 욕망이 아니라 영의 순수함에 거하는 사랑은 거룩합니다."[26)] 신비가들은 하나님의 신비 안에서 하나님과 하나가 될 때 황홀경에 빠지며, 하나님에 대한 사랑으로 불타오를 수 있다. 그들의 영혼이 하나님과 하나가 되었기 때문이다. 그러나 클레르보에게 특이한 점은 그가 신비가들이 합일되어야 할 것은 하나님의 말씀이라고 강조했다는 사실이다. 사람들은 하나님 자체를 알 수 없고, 하나님의 말씀만 알 수 있기 때문이다: "하나님의 말씀과 영혼 상호 간의 사랑을 신랑과 신부의 사랑으로 나타내는 것만큼 달콤한 표현은 없습니다. ……그들은 하나의 기업, 하나의 거주지, 한 식탁을 가지고 있습니다. 그들은 사실 한 육체입니다."[27)]

24) Guyon J-M(2006) : 앞의 책, p22.
25) Bernard de Clairvaux(1991) : 《하나님의 사랑》, 엄성옥 역, 은성, 서울, p225.
26) Bernard de Clairvaux(1991) : 앞의 책, p226.

아빌라의 테레사 역시 신비가의 영혼이 하나님과 하나가 되는 것을 두 몸이 하나가 되는 결혼의 상징으로 표현하였다: "영적 결혼의 은혜에 있어서는 그렇지 않습니다. ……합일을 가지고 말한다면 그것은 마치 두 자루의 촛불을 한 끝에다 대는 것이라 하겠습니다. 이 순간 불빛은 하나뿐입니다."[28)]

그러나 그녀는 그때 맛보는 황홀은 마치 죽음처럼 깊은 것이라고 주장하였다: "이 경우 사랑을 한다면, 사랑하는 그것조차, 어떻게 무엇을 바라는지 그것마저 모르는 것입니다. 말하자면 감미로운 죽음, ……하느님 속으로 깊이 빨려 들어가느라 영혼은 육체를 떠난 듯한 감미로운 죽음입니다."[29)]라고 하였다. 하나님과의 합일 속에서 인간의 자아는 무화되기 때문이다. 아빌라의 테레사에게 있어서도 합일의 경지에 이르는 길은 기도밖에 없었다. 그래서 그녀는 다음과 같이 말하였다. "이 성으로 들어가는 문이 기도라고 일러드렸습니다. 보십시오. 자기 안으로 들어감이 없이, 즉 자아 인식이 없이 우리의 비참과 아울러 주님께 받은 바를 생각하여 자비심을 열심히 기도함이 없이 천국만 가겠다고 생각하는 것은 미친 짓입니다."[30)]

27) Bernard de Clairvaux(1991) : 앞의 책, p225.
28) Thérèse d'Avila(2001) : 《영혼의 성》, 최민순 역, 바오로 딸, 서울, p257.
29) Thérèse d'Avila(2001) : 앞의 책, p105.
30) Thérèse d'Avila(2001) : 앞의 책, p54.

죽음과 재생의 상징

신비가들이 그들의 체험을 통해서 육적 인간으로부터 영적 인간으로 거듭나는 과정에서 과거의 자아가 죽고 새로운 자아가 탄생하기 때문에 죽음과 재생의 상징 역시 중요한 상징이다. 특히 영혼의 어두운 밤을 깊이 거쳤던 십자가의 성 요한이나 귀용 부인에게 그 상징은 특별히 중요했다. 마찬가지로 기독교의 중심되는 상징인 십자가와 부활, 요나가 큰 물고기 뱃속에 들어갔다가 다시 나오는 구약성서의 기록, 마른 뼈들에 힘줄이 생기면서 다시 일어서는 에스겔서, 자기 의를 주장했던 욥이 깊은 어둠을 거친 다음 겸손한 사람으로 다시 태어나는 것 등은 모두 죽음과 재생의 상징의 변용變容이라고 할 수 있다. 그래서 E. 언더힐은 신비가들의 변환은 단순히 도덕적으로만 깨끗하게 되는 것이 아니라, '새로운 존재'로 근본적으로 변환되는 것이라고 주장하였다.[31] 신비가들은 새벽에 동이 트기 전 어둠이 가장 짙은 것처럼 새롭게 태어나기 전에 옛 자아가 근본적으로 죽어야 하는 것이다.

예언자 요나는 하나님으로부터 니느웨 사람들의 회개를 촉구하라는 명령을 받았지만, 그들의 죄악에 대한 반감 때문에 그 사람들에게 가지 않고 다시스로 가다가 그가 탄 배가 풍랑을 만나자, 배에 타고 있던 선원들은 요나가 하나님에게 죄를 지었기 때문에 그런 것이라고 생각하여 요나를 바다에 던져 버렸다. 그래서 요나

31) Underhill E(1974) : 앞의 책, p143.

는 큰 물고기 뱃속에 들어가 하나님께 자신의 죄를 고하고 구원을 청하는 기도를 드리자 물고기가 요나를 토해 내어 요나는 니느웨에 가서 회개를 촉구하였다. 이때 요나가 들어갔던 물고기 뱃속은 민담에 많이 나타나는 재탄생을 위한 자궁의 상징이다. 영웅들은 고래나 동물의 뱃속에 들어가서 죽었다가 새로운 존재로 다시 태어나는 것이다욘 1:1-2:10.

죽음의 상징은 욥에게 다르게 나타났는데, 그는 십자가의 성 요한처럼 극심한 고난을 죽음처럼 보냈다가 새로운 존재로 태어났던 것이다. 그 전까지 자기의自己義로 충만했던 사람이 갑자기 닥친 재난이라는 어둠을 지나면서 절대자 앞에서 모든 것을 그에게 맡기는 겸손한 사람으로 다시 태어났던 것이다. 그와 같은 모습은 욥기 40장 3절부터 5절까지에서 "욥이 여호와께 대답하여 가로되, 나는 미천하오니 무엇이라 주께 대답하리이까, 손으로 내 입을 가릴 뿐이로소이다. 내가 한두 번 말하였사온즉 다시는 더하지도 아니하겠고 대답지도 아니하겠나이다."라는 말에서 잘 드러난다. 욥은 여호와의 절대성 앞에서 자아를 완전히 포기하겠다는 것이 '손으로 입을 가릴 뿐'이라는 말로 표현한 것이다. 그에게서 고난은 재생을 위한 죽음이었던 것이다.[32]

귀용 부인은 7년 동안이나 어두운 밤을 지냈고, 그 밤을 통하여

32) 같은 종류의 상징은 에스겔서 37장 7절부터 10절에서도 발견되는데, 골짜기에 마른 뼈들에 여호와의 생기가 들어가자, 그 뼈들에 힘줄이 생기고 살이 올라서 살아나 대군(大軍)이 되었다. 여호와의 생기와 연합함으로써 죽음으로부터 재탄생으로 변환된 것이다.

새로운 삶을 얻었기 때문에 그녀에게서 죽음과 재생의 상징은 무엇보다도 중요했다. 그래서 그녀는 "그리스도인은 자신 안에 죽어야 할 무엇인가가 있음을 깨닫게 됩니다. ……모든 것은 그 위에 죽음의 냄새를 지니고 있습니다. ……이제 일련의 슬픔과 휴식, 죽음과 삶이 연차적으로 다가옵니다."[33]라고 말하였다. 그러나 그녀에게서 죽음은 마지막이 아니라 새로운 생명을 낳게 하는 모태였다. 그래서 그녀는 "무슨 일인가가 발생하려고 합니다. 이 죽은 자 안에서 무엇인가가 조금씩 조금씩 꿈틀거립니다. ……어느 정도 잿더미가 소생되면서 새로운 생명이 움트는 것입니다."[34]라고 하는가 하면, "당신이 죽음으로부터 일으켜 세워졌을 때 당신은 당신 안에 새 생명을 가지게 됩니다. 하나님이 당신을 죽은 자 가운데서 부활시키셨을 때 당신은 하나님을 당신의 영의 영으로서 당신 생명의 생명으로서 체험하게 됩니다."[35]라고 덧붙였다. 귀용 부인에게 있어 죽음은 목숨이 끊어지는 것이 아니라, 자아가 죽는 것이었다. 그래서 그녀는 "변화되기 위해서 당신은 당신이 지닌 모든 소유물을 잃어버려야 합니다. 그래야 하나님의 성품에 더욱 깊게 참여하게 됩니다."[36]라고 하였다. 이렇게 우리 안에 있는 옛 사람이 죽으면 새로운 존재로 다시 태어나는데, 그 삶은 이 세상에 있

33) Guyon J-M(2004) : 《영혼의 폭포수》, 기독교문서 선교회, 서울. p63.
34) Guyon J-M(2004) : 앞의 책, p104.
35) Guyon J-M(2004) : 앞의 책, p124.
36) Guyon J-M(2004) : 앞의 책, p107.

는 모든 유한한 것으로부터 해방된 진정한 삶이다: "이 죽음을 통해서 당신은 참된 당신이 될 수 있는 진정한 자유를 얻게 됩니다."[37)]

같은 맥락에서 십자가의 성 요한은 신비가들에게 다가오는 고통의 시기를 '영혼의 어두운 밤'이라고 부르면서 그 시기에 대해서 "……하나님과 함께하는 감미롭고 행복된 사랑의 생활이 살고 싶어서 철저한 제욕으로써 자기와 일체에 죽는 것을 말함이다."[38)]라고 하였다. 그러면 그 어두운 밤의 목적은 무엇인가? 거기에 대해서 그는 "그러기에 하느님께서는 영혼들을 어두운 밤에다 두셔서 이 모든 불완전함을 깨끗이 씻기시고 앞으로 이끌려 하시는 것이다."[39)]라고 하는가 하면, "이 메마름의 원인은 하느님께서 감각의 힘과 낙을 영 쪽으로 바꾸시기 때문인데 본성의 힘과 감각은 영의 그릇이 되지 못하므로 아쉽고 메마르고 텅 비게 된다."[40)]라고 하면서 더 명확하게 밝혔다. 그에게 있어서 어두운 밤은 영혼이 하나님과 합일되기 위해서 정화되는 시기였던 것이다. 그러나 정화의 주체는 신비가가 아니라 하나님이다. 왜냐하면 신비가들은 어두운 밤 동안 너무 무력하기 때문이다. 그래서 그는 "이 어두운 밤이란 영혼에게 끼치는 하느님의 한 작용으로써 영혼을 그 자연적이고 영성적인 무지와 불완전에서 정화시키는 것이다."[41)]라고 하는

37) Guyon J-M(2004) : 앞의 책, p115.
38) Saint John of the Cross(1993) : 《어둔 밤》, p17.
39) Saint John of the Cross(1993) : 앞의 책, p17.
40) Saint John of the Cross(1993) : 앞의 책, p50.
41) Saint John of the Cross(1993) : 앞의 책, p94.

가 하면, “영혼은 수동인 채 하느님께서 그 안에서 일을 하시므로 영혼은 아무것도 하지 못하는 것 ……기도도 못하고 의식적으로 하느님의 일에 참여하지도 못하며, 그 밖의 세상 일 같은 것은 더구나 그렇다.”[42]라고 덧붙였다.

한편 M. 엘리아데는 입문식initiation에 나타난 죽음과 재생의 상징을 종교사에서 찾아 다음과 같이 설명하였다: “우리는 괴물에 의해 삼켜지는 것이 영웅신화들과 죽음의 신화학에서와 마찬가지로 가입의례에서 왜 그토록 중요한 역할을 하는지 이해할 수 있다.”[43]

입문식에서도 죽음의 상징이 발견되는데, 그것은 죽음을 위한 것이 아니라 새로운 삶을 위한 것이라는 말이다. 그래서 그는 “모든 가입의례에서 보여 주는 죽음은 일반적인 의미의 죽음이 아니라 ……과거를 청산하고 완전히 거듭난 삶을 시작하기 위해 삶에 새로운 용어를 부여하는 것이다.”[44]라고 하였고, “어디서든지 이 의식은 후보자를 그의 가족과 격리하는 일과 숲 속에서 일정 기간 은둔생활을 보내게 하는 일로 시작된다. 여기에 이미 죽음의 상징이 존재하게 된다. 숲, 정글, 어둠은 피안 또는 하계를 상징한다.”[45]라

42) Saint John of the Cross(1993) : 앞의 책, p110.
43) Eliade M(2002) : 앞의 책, p271.
44) Eliade M(2002) : 앞의 책, p271.
45) Eliade M(1996) : 《성과 속》, 이동하 역, 학민사, 서울, p143. cf. “또 다른 의식도 입사적인 죽음의 상징을 보여 준다. 몇몇 종족에서 후보자는 매장되거나 새로 판 무덤에 눕혀진다. ……입사의 맥락에서 죽음은 세속적이며 거룩하지 않은 상태다. 종교적 경험도 없고 영혼에 눈이 먼 자연인의 상태를 초월하여 나아가는 것을 의미한다. 모든 고대 사회에서 정신적 생명에의 접근은 죽음과 새로운 탄생의 상징 가운데서 표현을 얻는다는 사실이다.”

고 주장하였다.

신비상태는 그것을 체험한 사람들에게 절대적인 권위를 갖는다. 그들은 영적인 순례를 거치면서 그들의 영혼이 하나님과 합일되어 그들의 옛 자아가 죽고 새로운 자아로 태어나기 때문이다. 그때 그들의 인격은 완전히 변화된다. 육적 인간에서 영적 인간으로 변환되는 것이다. 그래서 미국의 철학자 W. 제임스는 "한 인간에게 다가온 신비주의적 진리가 그의 삶을 지탱해 주는 힘이 된다면, 어떻게 그에게 다른 방식으로 살라고 명령할 수 있겠는가?"라고 물었다. 신비체험을 통하여 신비가들은 그들 존재의 새로운 중심을 찾았고, 앞으로 전개되는 삶은 그것을 중심으로 해서 이루어진다는 것이다. 그러나 신비주의는 그것을 체험하지 못한 사람들에게는 커다란 의미를 지니지 못하고, 그것을 이해하지 못하는 경우도 많다. 그들에게 신비체험은 전혀 다른 세계의 이야기이고, 그들의 합리적인 사고로는 도저히 파악할 수 없는 사건이기 때문이다. 신비가들이 종종 비판받고, 박해를 받는 것은 그 때문이다. 그래서 제임스는 신비주의는 이 세상에 합리적이고 감각적인 세계 이외에 그와 전혀 다른 질서의 세계가 존재하는 것을 보여 주지만, 그렇지 않은 사람들에게는 미지의 영역이라고 주장하였다.[46)]

귀용 부인의 박해는 그녀를 박해했던 사람들의 그런 몰이해 때문이었는데, 그 고난이 그녀의 신비주의를 더욱더 완성시키는 데

46) James W(1997) : 앞의 책, pp452-458.

도움을 주었다는 사실은 인간의 삶에서 종종 발견되는 또 하나의 신비인 듯하다.

잔느-마리 드 귀용 부인의 삶과 신비주의

귀용 부인은 17세기 프랑스 신비가 가운데 가장 대표적인 인물인데, 그녀의 생애를 살펴보면 우리는 고대 영웅신화의 전형적인 구조를 찾아볼 수 있다. 그녀의 삶에는 불임이나 영아 살해로 표상되기도 하는 어려운 탄생, 부모로부터 버려짐과 유년 시절의 고난, 고난과의 투쟁과 그 극복, 어둠 속에서의 죽음과 새로운 탄생, 새로운 삶 등 영웅신화의 전형적인 요소들이 발견된다. 그 과정에서 그녀에게 가장 중요했던 것이 기독교 신앙이었기 때문에 그것은 기독교적 영웅의 탄생으로 귀착되었고, 신비주의로 그 모습을 나타냈다는 점이 다를 뿐이다. 이러한 그녀의 삶을 신비체험의 단계에 따라서 구분하면 다음과 같이 다섯 가지 시기가 될 것이다.

첫 번째 시기는 1648년 어렵게 태어나 1668년 회심할 때까지, 두 번째 시기는 1668년 회심하여 1674년 영혼의 어두운 밤에 들어갈 때까지, 세 번째 시기는 1674년 그녀가 '신비적 죽음'이라고 부른 영혼의 어두운 밤에 들어갔다가 나오는 1680년까지, 네 번째 시기는 1681년 신비적 죽음에서 나와 젝스Gex에 가서 활발하게 활동하는 1695년 때까지, 다섯 번째 시기는 1696년 이단으로 체포되어 심문받고 뱅센느와 바스티유 감옥에서 지내다가 1703년 석방되고 1717년 죽을 때까지다.

첫 번째 시기: 어려운 탄생, 부모로부터 버려짐, 유년 시절의 고난(1648~1668년)

잔느-마리 드 귀용은 그녀의 어머니가 임신 중 몹시 놀라고 두려움에 떨었던 일 때문에 갑자기 조산하여 그녀가 태어났을 때는 숨도 제대로 쉬지 못해서 사람들은 그녀가 죽은 줄 알았다. 얼마 후 그녀는 다시 살아났지만 어릴 때부터 허약하고 잔병치레가 많아 사람들은 그녀가 오래 살지 못할 것이라고 생각하였다. 그녀는 어릴 때부터 삶과 죽음의 경계를 드나들었던 것이다. 그 후 그녀는 어머니가 그녀의 남동생만 편애하고 보살피지 않아서 두 살 반이라는 어린 나이에 수녀원에 보내졌고, 열두 살이 될 때까지 거의 대부분의 시간을 수녀원에서 지내면서 교육을 받았다. 그녀는 어머니에게 버림받아 하인들의 손이나 수녀원에서 자랐던 것이다. 자연히 그녀는 어릴 때부터 자주 앓았고 거짓말을 하거나 성질을 부리는 등 나쁜 습관이 들었다고 회고하였다: "나는 어릴 때부터 계속해서 앓았고 위독한 적도 많았습니다. ……어머니가 남동생만 사랑하고 나에게는 아무 따뜻함도 보여 주지 않았기 때문에 나는 자연히 어머니와 멀어져 갔습니다."[47] 그녀가 어린 시절 모성을

47) Guyon J-M(1983) : 앞의 책, p23, p27(이하 La vie라 칭한다).

느꼈던 것은 위르슬린 수녀원에 교사로 있던 이복 언니를 통해서였는데, 그녀는 그것이 그녀를 구원하려는 하나님의 첫 번째 섭리였다고 회고하였다.[48] 그녀에게 결핍된 모성을 제공해 주었던 것이다. 그러나 그녀의 어린 시절은 대체로 어두웠고 견디기 어려운 것이었다.

어린 시절의 기억 중에서 특별한 것은 그녀가 일곱 살 무렵 아침마다 아기 예수의 예배실에 들어가 그녀가 먹을 음식을 가져다 바치고 자신은 금식한 일인데 그녀는 그렇게 하는 것이 그렇게 좋을 수 없었다. 그녀는 자기가 먹을 음식을 희생시키면서, 자기 혼자만 아기 예수를 온통 차지할 수 있다고 생각했기 때문이다. 그녀는 그러한 희생제의를 통하여 아기 예수와 하나가 되려고 했는데, 그것은 나중에 그녀의 신비주의적 여정과 이어지게 된다. 그녀는 어린 시절 그녀의 주된 정서는 갈등과 죄의식이라고 회상하였는데, 그것은 한편으로 그녀가 어머니의 보살핌을 받지 못하여 성정이 거칠어졌고, 다른 한편으로 수녀원에서 받은 기독교 교육이 서로 조화를 이루지 못했기 때문일 것이다. 그래서 그녀는 자신의 내면에 있는 잘못된 본성과 싸우고 죄의식을 느끼면서 하나님께 다가갔지만 그것이 언제나 성공적이지는 않았다: "나는 다시 거짓말을 하고 화를 내는 등 처음의 잘못에 빠져들었습니다. …… 나는 종종 나의 선한 의지와 나쁜 습관이 서로 싸우는 것을 느꼈고

48) Guyon J-M(1983) : 앞의 책, p28.

고해성사도 했습니다."[49]

그녀는 열두 살 무렵 집으로 돌아와 어느 정도 평안한 시간을 보냈다. 그때 어머니는 그녀의 미모가 출중한 것을 보고 그녀를 귀족들의 모임에 데리고 다니면서 허영을 채우려고 했으며, 그녀 역시 그것을 즐기면서 교만과 허영을 쌓아 갔다: "그때부터 나는 많은 시간을 거울 앞에서 보내기 시작했습니다. ……나 자신에 대한 사랑은 너무 강해서 내 마음에는 다른 여자에 대한 경멸만 있었습니다. ……나는 아름다움을 과시하면서 나 자신을 드러내고 자존심을 세워 나갔습니다."[50] 자연히 그녀는 세상에 대한 호기심과 관심이 높아서 더 많이 치장했고, 로맨틱한 소설에 탐닉하면서 사교계에 몰두했지만 이상하게도 그녀는 "때때로 고통스럽고 울음이 많이 났다."[51]라고 고백하였다. 그 길은 그녀가 가야 할 길이 아니었던 것이다.

그녀는 1664년, 열여섯 살의 나이에 그녀보다 스물두 살이 많은 자크 귀용과 결혼하였다. 그러나 그녀는 시집을 가자마자 그 집이 '고통의 집la maison de douleur'임을 직관적으로 알아차렸다. 왜냐하면 그녀의 남편은 어머니에게 지나치게 의존적이고 우유부단한 성격이었는 데 반해서, 오랫동안 과부로 지냈던 시어머니는 다른 사람을 지배하려는 성격이었고, 경제적인 관심 이외에 아무것도

---

49) Guyon J-M(1983) : 앞의 책, p36. cf. Gondal M-L : 앞의 책, p23.
50) Guyon J-M(1983) : 앞의 책, p47, p48, p51.
51) Guyon J-M(1983) : 앞의 책, p48.

없었기 때문이다. 집안 분위기도 너무 달라서 그녀의 가정이 귀족적이고 우아했다면, 시어머니는 그런 것들을 사치나 교만이라고 생각하였다. 자연히 그녀는 처음에 시어머니와 많이 충돌했고 상처를 받았는데, 그럴수록 그녀의 마음은 단단해졌다: "나는 이런 차이에 매우 놀랐고 그럴수록 내 허영심은 줄어들기보다 더 커져갔습니다. ……내가 옳은 말을 하면 시어머니와 남편은 내가 그들을 가르치려 든다고 했습니다."[52] 그녀의 성격과 시어머니의 성격이 부딪혀 그녀는 많은 고통을 받았던 것이다.

그러나 그녀는 처음부터 그 싸움에서 이길 수 없었다. 그래서 그녀는 계속적인 고통과 슬픔 때문에 결혼한 지 6개월쯤 혀를 자르고 싶은 충동을 느꼈고, 죽으려고까지 생각하였다. 이 무렵 그녀에게는 세 가지 현상이 나타났는데, 하나는 몸이 몹시 아팠고, 다른 하나는 허영심과 교만이 더 심해졌으며, 마지막으로 종교생활에 몰두하게 된 것이다. 그녀는 결혼 초기 너무 심하게 앓아서 어떤 때는 모두 그녀가 죽을 것이라고 생각하여 종부성사까지 받았을 정도였다. 그러나 그녀는 병이 나은 다음 고통스러운 시집살이를 그녀의 미모로 보상받으려고 하였다. 그래서 그녀는 그녀의 미모를 더욱더 뽐내려고 하는 한편 다른 여자를 칭찬하는 말을 들으면 견디지 못하였다: "나는 길을 다닐 때 허영심 때문에 베일을 벗었고, 내 손을 보여 주기 위해서 장갑을 벗었습니다. ……나는

52) Guyon J-M(1983) : 앞의 책, p53, p54.

스스로를 칭찬하고 다른 사람을 낮게 평가하면서 나 자신을 높이려고 했습니다."[53] 그러나 고통이 심해지자 그녀는 그녀의 고통이 죄 때문이 아닌가 하는 생각에서 성 프랑수아 드 살과 샹탈 부인을 본받아 내적 기도를 하려고 하였다. 종교적인 방법으로 그 고통을 극복하려고 했던 것이다.

그녀는 죽었다 살아난 다음 이 세상에 대한 허무와 무상함에 대해서 절감하여 내면으로 들어가 하나님을 만나려고 하였다. 그러나 당시 내적 기도가 보편화되지 못하여 그녀는 내적 기도를 어떻게 드려야 하는지 방법을 알지 못하였다. 그러다가 그녀는 1668년 그녀의 아버지를 찾아온 프란체스코회 수도사가 그녀에게 "부인, 그것은 당신이 당신 내면에 있는 것을 당신 밖에서 구하기 때문입니다. 그러니 이제는 하나님을 당신 내면에서 찾으려고 해 보십시오. 그러면 당신은 하나님을 찾을 수 있을 것입니다."라는 말을 듣고, 즉시 내적 기도의 요체를 터득하였다: "그 말은 나에게 화살처럼 들어와 내 마음 이곳저곳을 헤집고 다녔습니다. 그때 나는 아주 깊은 통증을 느꼈는데, 그것은 아주 미묘하고 감미로운 것이었습니다. 그 통증은 너무 부드러워서 나는 영원토록 그 통증에서 낫지 않았으면 하였습니다."[54]

그녀는 이제 내적 기도를 드릴 수 있게 되었다. 그러다가 어

53) Guyon J-M(1983) : 앞의 책, p62, p65.
54) Guyon J-M(1983) : 앞의 책, p73.

느 날 그녀는 내적 기도 속에서 하나님의 현존을 체험하였다. 그 때 그녀는 하나님의 위로를 깊이 받았고, 회심하였다: "내 마음은 완전히 바뀌었습니다. ……내 영혼 안에서 향기의 내음을 느꼈고, 그것은 건강에 좋은 발삼향같이 단번에 내 모든 상처를 치유했습니다."[55] 그래서 그녀는 그 전까지 살았던 잘못된 삶에서 돌이켜 더욱더 하나님께 다가가려고 하였다. 그 전까지 시어머니와 남편을 미워하던 마음을 버리려고 했으며, 사교계에 나가서 허영을 채우거나 불필요한 나들이를 절제하려고 하였다. 그래서 그녀는 "……나는 왜 당신을 이제야 알게 되었나요? 나는 당신이 계시지 않은 곳에서 당신을 찾았고, 정작 당신이 계신 곳에서는 찾지 않았습니다. ……이제 유일한 기쁨은 시간을 오직 저의 유일한 사랑, 하나님과만 단둘이 있는 것입니다. 다른 모든 즐거움은 제게 고통입니다."[56]라고 절규하였다. 그녀는 완전히 회심하였던 것이다.

두 번째 시기: 고난과의 투쟁과 그 극복, 회심체험과 그 후의 변화(1668~1674년)

귀용 부인은 회심 후 시어머니와 남편의 처사에 대해서 침묵으로 응답하였고, 그녀에게 다가오는 고통을 없애거나 더하려고 하지 않으면서 고통이 끝날 때까지 견디려고 하였다. 그러면서 그녀

55) Guyon J-M(1983) : 앞의 책, p74.
56) Guyon J-M(1983) : 앞의 책, p73, p84.

는 자아를 죽이고 하나님 안에서 살려고 하였다: "우리가 전적으로 죽어야만 하나님 안에서 우리 자신을 잃어버릴 수 있습니다. ……내 의지를 하나님께 맡겼기 때문에 그분을 향한 나의 관심은 쉼 없이 지속되었습니다."[57] 그것이 물론 쉬운 일은 아니었지만, 그녀는 내적 기도에 힘쓰면서 하나님과 완전히 하나가 되어 주위도 잊은 채 하나님 속으로 들어가려고 하였다: "나는 내 안에서 끊임없이 타오르는 불을 느꼈습니다. 그 불은 너무 편안하고 조용하며 신적인 것이라서 무엇이라고 설명할 수 없는 불이었습니다. ……나는 마음 안의 주님과 너무도 깊이 연합되어 다른 어떤 것에도 주의를 기울일 수 없었습니다."[58]

이제 그녀는 내면 생활에 점점 더 깊이 들어갔는데, 그 길은 처음 가는 신비의 길이었다. 그 전까지 그녀는 물론 어느 누구도 경험한 적이 없는 낯선 길이었다. 그래서 그녀는 성 프랑수아 드 살, 3, 성경 등을 읽었지만 그녀가 체험하는 것들을 명확하게 설명해 주는 것은 없었다. 그래서 그녀는 자기가 지금 제대로 가고 있는지 두려운 마음도 들었다. 그러나 그녀는 믿음을 가지고 앞으로 나아갔다.

회심체험 후 그녀의 삶에는 많은 우여곡절이 있었다. 그녀는 1670년 천연두에 걸린 아들을 간호하다가 그녀까지 천연두에 걸

57) Guyon J-M(1983) : 앞의 책, p88, p90.
58) Guyon J-M(1983) : 앞의 책, p97, p98.

려서 아들도 잃었고, 그녀의 미모도 잃었다. 그녀의 얼굴에는 얽은 자국이 생겼던 것이다. 또한 그녀의 정신적 버팀목이었던 아버지가 1672년 돌아가셨고, 1674년 그녀에게 어머니 같았던 그랑제 수녀마저 돌아가셨다. 그녀가 내면의 평안을 찾은 대신 외적으로는 많은 아픔이 있었던 것이다. 그러는 과정에서 그녀는 때때로 헛된 자기만족과 자기애에 빠져들어 남편과 함께 파리에 갔을 때, 다시 사교계에 드나들었고 목이 파인 옷을 입으면서 자신의 허영과 교만을 드러내기도 하였다. 그러나 그녀는 어느 날 교회에 가다가 거지를 만났는데, 거지가 그녀에게 "하나님은 당신이 다른 사람들처럼 지옥의 고통을 피하면서 자신의 구원만 얻으려고 하는 것을 원하시지 않고 ……이 세상에 살면서 완전에 도달하기를 바라십니다."[59]라고 하는 말을 들었다. 그 말은 그녀의 가슴을 심하게 쳤다. 그녀는 여태까지 한 번도 그런 식으로 생각한 적이 없었기 때문이다. 그래서 그녀는 그다음 날 다시 그 자리에 가 보았지만 그 거지는 보이지 않았다.

그녀가 가장 사랑했던 둘째 아들과 그녀의 미모를 잃은 것은 그녀에게 참을 수 없는 고통이었다. 그러나 그녀는 진정한 자유는 교만과 열정의 질곡에서 벗어나는 것이며, 그 모든 것은 하나님의 섭리 아래에서 이루어지는 일이라고 생각하였다: "오 나의 하나님, 당신의 은혜로 당신이 저에게 완전하게 체념하게 하여 내면의

59) Guyon J-M(1983) : 앞의 책, p112.

평안이 너무 크게 찾아왔기 때문에 저는 가장 격렬한 고통과 가장 급박한 위험 속에서 저 자신을 잊을 수 있었습니다."[60] 그래서 그녀는 더욱더 내적 기도에 힘써 몇 시간 동안이나 내적 기도에 잠겼는데, 시어머니와 남편은 그것을 못마땅하게 생각하면서 그녀가 교회에 가는 것과 내적 기도하는 것을 지극히 제한하였다. 그녀가 내적 생활에 힘쓰려고 할수록 바깥에서의 박해는 심해졌던 것이다. 그래서 그녀는 그리스도의 십자가를 생각하면서 그녀에게 다가오는 내적인 고통과 외적인 고통을 극복하려고 하였다: "나는 십자가에 대한 사랑으로 불타올랐습니다. 십자가에 대한 나의 욕망이 그렇게 강했던 만큼 그 사랑스러운 십자가는 나에게 강력한 힘을 가지고 다시 돌아왔습니다."[61]

그녀는 그녀에게 다가오는 모든 고통은 그녀에게 교만, 허영, 자기애가 남아 있기 때문이라는 생각에서 그녀의 자아와 의지를 없애려고 1672년 그랑제 수녀의 조언으로 아기 예수와 혼인 예식을 치렀다. 그녀를 아기 예수의 정배定配로 바치고, 내적 생활에 힘쓸 것을 다짐했던 것이다: "나는 이 영적 혼인의 선물로 십자가와 멸시와 불명예와 치욕과 수치를 달라고 했습니다. ……나의 영혼을 완벽한 평안 안에 세운 것은 의지의 합일이었습니다."[62] 그녀는 회심을 통하여 하나님과 하나가 되어 감각 세계에서 떠나 영적 세

60) Guyon J-M(1983) : 앞의 책, p122.
61) Guyon J-M(1983) : 앞의 책, p141.
62) Guyon J-M(1983) : 앞의 책, p144, p151.

계로 들어갔지만, 아직 그녀의 의지는 완전히 사라지지 않았고, 그녀의 개인적 속성 역시 아기 예수와 전적인 합일을 이룰 만큼 포기하지 않았던 것이다. 그녀가 아기 예수와 전적으로 하나가 되려면 그녀에게는 더욱더 깊은 정화淨化가 필요했던 것이다. 그녀는 이제 신비체험의 첫 번째 단계에 접어들었고 앞으로 더욱더 깊은 세계로 나아가야 하는 것이다.

세 번째 시기: 어둠 속에서의 죽음, 영혼의 어두운 밤과 신비적 죽음(1674~1680년)

신비체험이 더 오묘한 것은 신비가들이 오랜 정화과정을 통하여 영적으로 높은 단계에 도달했다고 믿는 순간, 다시 한 번 더 깊은 나락으로 떨어지는 점에 있다. 귀용 부인은 1668년 회심한 다음 처음에는 그녀의 환경이 아무리 가혹할지라도 평안을 잃지 않았다. 그녀는 어렵고 가난한 사람들에게 마음에서 우러나오는 사랑으로 구제했고, 영혼의 고통을 당하는 사람들에게 하나님의 위로를 전해 주면서 치유의 능력을 발휘하였다. 하지만 그녀는 1674년 그녀가 '신비적 죽음'이라고 불렀고, 십자가의 성 요한이 영혼의 어두운 밤이라고 부른 하나님의 부재상태에 들어가 또다시 극심한 고통을 당했던 것이다: "그 무렵부터 나는 매우 가혹하고 긴 시간 동안 전적인 상실상태 속에 들어갔는데, 나는 매우 약해졌고 모든 것 버려진 상태에서 7년 동안이나 지내야 했습니다."[63] 물론 그 무렵 그녀 삶에는 여러 가지 곤경이 있었다. 그녀와 시어머니나 남편과의 관계는 여전히 개선되지 않았고, 그녀와 가까웠던 사람들이 죽는 등 그녀에게 가혹한 상황이 연이어 닥쳤기 때문이다. 더구나 그녀의 아름다웠던 미모는 천연두 때문에 사라져 버렸다. 그러나 이 모든 것은 그녀가 그다음 맞게 되는 '신비적 죽음'의 원인이라고 설명하기에는 무엇인가 부족하다. 거기에는 좀 더 내적인 이유가 있는 것이다.

이 시기는 대부분의 신비가에게 그 전까지 뚜렷했던 하나님이 갑자기 사라지고 그들의 내적, 외적인 삶에서 어둠이 찾아와 당황하고 절망에 빠지는 시기다. 그때 그들은 하나님으로부터 버림받았다는 느낌이 들고, 아무것도 할 수 없다는 상태에 빠지며, 그 전에 모두 없어졌다고 생각되는 감각적인 것에 대한 유혹을 다시 느끼면서 더욱더 당황하게 된다. 귀용 부인은 그때 내적 기도는 물론 그 전까지 즐겼던 선행도 하지 못했으며, 고행하려는 욕구가 올라와 고행을 할지라도 기쁨보다 불쾌감만 느끼게 되었다고 술회하였다. 미사에 참석하는 것도 게을러졌고, 미사에 참석할지라도 마음이 흐트러져서 오래 있지 못하였다. 도덕적인 면에서도 문제가 생겨서 그녀는 화를 참지 못하고, 말도 함부로 하게 되었으며, 그 전까지 참을 수 있었던 고통도 참을 수 없게 되었다. 감각적인 유혹도 다시 고개를 들었고, 회개를 하려고 해도 잘되지 않는 등 총체적인 혼란상태에 빠졌던 것이다.[64)]

---

63) Guyon J-M(1983) : 앞의 책, p162.

그래서 신비가들은 하나님으로부터 버림받았다는 사실을 더욱더 절실하게 느낀다. 그래서 귀용 부인은 이때 하나님이 엄격한 심판자처럼 인식되었고 깊은 우울증에 빠져서 고통스러웠다. 그러나 어떻게 해야 그 고통에서 빠져나올지 몰라서 더욱더 절망스러웠다: "나는 너무 고통스러워서 죽을 것 같았습니다. ……나에게서는 울음이 너무 나와서 숨이 막힐 지경이었습니다. ……나의 고통은 너무 심해서 나는 거의 먹지도 못했습니다. ……모든 것은 나를 향해서 돌아앉았고, 모든 것은 십자가였습니다."[65] 이런 극심한 고통 다음, 그녀에게는 아무 감각도 느끼지 못하는 시기가 찾아왔다. 그녀의 감각이 완전히 무뎌져 그 어느 것을 보아도 기쁘거나 슬프지 않았고, 그 어느 것도 아름답거나 추하게 보이지 않았다. 그녀는 살아 있지만 죽은 것 같았던 것이다. 그 상태에서 그녀는 "오, 나의 하나님, 당신은 나에게서 피조물을 향한 감각을 갑자기 없애셔서 ……그때 이후 나는 그것이 누구든지 막론하고 아무 감각도 느끼지 못했습니다."[66]라고 울부짖었다. 이런 상태에서 그녀의 고통을 완화시켜 줄 것은 아무것도 없었다. 그것은 거의 지옥이나 다름없었던 것이다.

귀용 부인이 그 고통에서 벗어날 수 있었던 것은 신비적 죽음이 시작된 지 5년 정도가 지난 다음 그녀가 하나님의 부재 속에

64) Guyon J-M(1983) : 앞의 책, pp166-169.
65) Guyon J-M(1983) : 앞의 책, p181.
66) Guyon J-M(1983) : 앞의 책, p190.

서 하나님의 현존을 느꼈을 때였다. 어느 날 문득 그녀는 그런 극심한 고통 속에도 하나님이 함께하시며, 그 고통은 그녀를 더욱더 정화시킬 것이라는 사실을 깨달았던 것이다. 그녀는 그런 느낌이 어디서부터 왔는지 알지 못하였다. 하지만 그런 느낌이 들자 그녀는 숨을 쉴 수 있게 되었다: "내적 기도를 하지 못하는 것이 내 잘못이 아니라고 생각하게 되자 나는 그런 상태도 받아들일 수 있게 되었습니다. ……나의 주님, 나에게 이런 모든 것을 가져다주시는 분이 당신이라는 것을 믿습니다."[67] 그래서 그녀는 모든 것이 완전히 사라진 것처럼 보일지라도 하나님의 현존은 완전히 사라지지 않았다는 믿음을 가지고 하나님의 부재 속에 그녀가 알지 못하는 하나님의 또 다른 섭리가 있을 것이라고 생각하면서, 하나님의 섭리가 나타날 때가 되기를 기다렸다. 그녀는 하나님이 없는 듯한 상황에서도 그녀가 하나님을 찾으려고 하는 것은 하나님이 어디엔가 계시기 때문이라고 믿으면서 하나님을 찾았던 것이다: "내 영혼은 내 영혼이 잃어버린 것을 끊임없이 찾았습니다. ……내 영혼이 그것을 찾는 것은 그의 사랑의 남아 있다는 것을 말해 줍니다. 왜냐하면 사람들은 그가 사랑하지 않는 것은 찾지 않기 때문입니다."[68]

귀용 부인이 신비적 죽음에서 벗어난 것은 1680년 그녀가 라

67) Guyon J-M(1983) : 앞의 책, p185, p197.
68) Guyon J-M(1983) : 앞의 책, p163.

콩브La Combe 신부의 편지를 받은 다음부터다. 그녀에게 신비적 죽음이 그랑제 수녀가 살아 있을 때부터 서서히 다가왔듯이, 신비적 죽음 역시 1679년부터 서서히 물러가다가, 1680년 마들렌느 축일 그녀가 라 콩브 신부에게 자기를 위해서 미사를 드려 달라고 부탁하면서부터 결정적으로 물러나기 시작했던 것이다. 이제 그녀는 그 전처럼 우울하거나 선을 행하기 어렵거나 우울하지 않았지만, 그렇게 고양되지도 않았다: "지나간 비참했던 날의 기억은 나로 하여금 그 어떤 종류의 일이든지 간에 그저 즐기거나 함께하지 못하게 하였습니다. ……그러나 나는 모든 고통에서 벗어났고, 죄라고 생각되는 모든 성향에서 벗어났습니다."[69] 신비적 죽음을 거친 다음 귀용 부인은 그녀의 교만이 완전히 극복되었고, 그녀를 그렇게 괴롭히던 허영이 사라졌으며, 그 전처럼 자기 자신에게 과도한 관심을 보이지도 않게 되었던 것이다. 오히려 어떤 사람이 그녀를 칭찬하면, 그가 그녀의 잘못된 점을 모르기 때문이라는 생각이 들면서 겸연쩍었다. 그녀는 격심한 고통을 겪으면서 이제 그녀에게 있는 그 어느 것 하나 자신에게서 비롯된 것이 아니라 하나님에게서 비롯되었음을 절실하게 깨닫게 되었고, 자신의 결함과 약함 역시 당연한 것이라고 생각했던 것이다. 그녀는 이제 전적으로 변환되었다. 신비적 죽음은 그녀에게 있는 개인적 속성을 모두 비우고 무사성無私性에 도달하게 했던 것이다.

69) Guyon J-M(1983) : 앞의 책, p209.

네 번째 시기: 새로운 탄생, 영적인 결실과 박해(1681~1695년)

귀용 부인이 신비적 죽음에서 벗어나자 그녀에게는 모든 개인적인 욕망과 의지가 사라졌고, 그 자리에 하나님의 의지가 대신 들어섰다. 이제 그녀에게는 굴복시켜야 할 의지도, 반드시 이루어야 할 욕망도 없었던 것이다. 그녀는 이제 하나님의 뜻이라고 느껴지는 것을 부드럽게 행하면서, 모든 일에서 초연indifférence하게 되었다. 그녀는 신비체험의 두 번째 단계인 어둠에서 벗어나 세 번째 합일의 삶으로 들어서게 된 것이다. 이때 그녀는 그녀의 삶에 어떤 결과를 가져올지 모르는 다소 무모할지도 모르는 또 다른 순례를 시도했는데, 그것은 파리를 떠나 주네브로 가려는 계획이었다. 주네브는 프랑스 영토도 아니었고, 그녀는 주네브에 대해서 아는 것이 아무것도 없었다. 그녀에게는 전혀 낯선 곳이었고, 그당시 가톨릭에 적대적인 칼뱅파의 본거지였다. 그러나 그녀는 주네브에서 영적 운동이 대단히 필요하다는 주네브 주교의 말을 듣고, 처음에는 망설였으나 그것이 하나님의 뜻이라는 생각에서 1681년 주네브를 향하여 출발하였다.[70)]

새로운 선교지에서 귀용 부인은 매우 역동적으로 살았다. 하지만 거기에는 빛과 어둠이 동시에 드리우고 있었다. 먼저, 그 기간

70) Guyon J-M(1983) : 앞의 책, pp217-232. cf. 그녀는 처음 주네브로 가려고 했으나 결국 같은 지역에 있는 젝스(Gex)에 도착하여 새로운 영적 모험을 시작하였다.

동안 그녀는 신비적 죽음을 거친 다음 하나님과의 합일이 깊어지면서 의식이 확장되었고, 자기중심성에서 벗어나게 되었다. 그리하여 그녀는 점점 더 자신을 주장하지 않으면서 하나님과 하나가 되는 것을 느꼈다: "영혼이 그 자신에게 죽어야 하나님을 거쳐서 하나님에게 들어갈 수 있다는 것은 틀림없는 사실이며, 나는 그것을 체험했습니다. 또한 나는 내가 앞으로 더 나아갈수록 나의 영혼이 주님 안에서 스스로를 잃게 된다는 것도 알았습니다."[71] 또한 그녀는 때때로 깊은 신비경에 빠져들면서 여러 가지 체험을 하였다. "……3일 동안 그렇게 지낸 다음, 내 영혼은 완전히는 아닐지라도 신적 대상 속에 빠져들어갔습니다. ……나의 영혼은 너무 기뻐서 '주님, 당신 안에 있는 모든 이는 기쁨에 겨운 사람들인 듯합니다.'라는 다윗의 말을 체험하였습니다."[72]라고 술회하기도 하였다. 그런 체험이 깊어지자 그녀는 그 전처럼 자신에게 몰두하지도 않았고 지나치게 자기-관찰을 하지도 않게 되었다. 그래서 그녀는 "그런 사람들자기애적인 사람들의 가장 큰 잘못이며, 가장 해로운 것은 지나치게 자기를 살펴보는 것인데, 사람들은 그들의 상태를 점검한다는 구실 아래 자기에 대해서 이것저것 살펴보곤 합니다."[73]라고 하면서 자기-관찰을 경계하였다.

이 무렵 그녀는 사람들의 영혼상태를 분별하게 되었고, 그녀를

71) Guyon J-M(1983) : 앞의 책, p261.
72) Guyon J-M(1983) : 앞의 책, p262.
73) Guyon J-M(1983) : 앞의 책, p293.

찾아온 사람들의 병을 고치기도 하였다. 자연히 많은 사람이 그녀에게 몰려들었고, 그녀는 그들에게 내적 기도의 필요성을 강조하면서 내적 기도의 방법을 가르쳐 주었다. 그래서 그녀는 "가깝거나 멀거나 세상의 모든 구석으로부터 사람들이 찾아왔습니다. 수도자나 사제나 사업가나 소녀들이나 부인들이나 과부들이나 모든 사람이 온 것입니다. 하나님은 나를 통해서 그들에게 필요한 모든 것을 놀라운 방법으로 주셨습니다."[74]라고 말했고, "하나님은 그들에게 크신 은혜를 베푸셨고 그들을 놀랍게 변화시키셨습니다. 나는 우리 주님이 나에게 찾아오게 하신 사람들의 몸과 마음에 어떤 놀라운 권능을 가지고 있었습니다. 그들의 내면상태와 건강은 내 손에 달려 있는 듯했습니다."[75]라고 덧붙였다. 그녀는 그 무렵 신비생활의 정상에 서서 여러 가지 능력을 베풀었던 것이다.

그 무렵 그녀에게는 신비현상이 많이 나타났지만 그녀는 매우 겸손하였고, 다른 사람을 따뜻하고 사랑스럽게 대하였다. 그래서 그녀를 찾아온 사람들은 그녀를 '어머니'라고 부르면서 따랐다. 그래서 그녀는 전에는 다른 사람들의 결점을 보면 참지 못했고, 다른 사람들과 갈등에 빠지기도 하였지만 이제는 다른 사람의 결점을 보면 동정하게 되었다고 술회하였다: "그런 사람들은 높은 곳이나 낮은 곳, 이곳에 있거나 저곳에 있거나 그 어느 곳에 있거나 평안

74) Guyon J-M(1983) : 앞의 책, p374.
75) Guyon J-M(1983) : 앞의 책, p375. 이 무렵 귀용 부인에게는 여러 가지 신비현상이 나타났는데, 우리는 그것을 다음 장에서 자세하게 살펴볼 것이다.

하게 있습니다. 그가 가진 모든 것은 그들을 완벽하게 만족시키는 것으로서 그에게 필요한 것입니다."[76] 그녀는 제임스가 말한 성자성을 향해서 나아갔던 것이다. 그러면서 그녀는 그녀처럼 회심하지 못하고 어둠 속에서 고통당하는 사람들에 대한 연민을 강하게 가졌고, 그들에게 하나님의 사랑을 전하려는 열망을 강하게 느꼈다. 그녀는 그런 사람을 위한 사도가 되려고 하였다.

그러나 그녀의 이런 활동은 그녀에게 가혹한 시련을 가져다주었다. 그녀의 신비한 능력을 질시한 사람들은 그녀를 마녀라고 의심하였고, 그녀가 사람들에게 성경을 가르치는 것을 못마땅하게 생각했던 성직자들은 거기에 동조하였던 것이다. 더구나 그녀를 젝스로 초청한 주네브 주교는 그녀가 회심자를 위한 건물을 짓는데 희사하지 않자 그녀를 당시 이단으로 정죄당한 스페인의 정적주의자 몰리노스와 같은 부류라고 고발하였다. 그녀는 정적주의와 아무 관계가 없었지만, 평신도이며 여성인 그녀가 성경과 기도에 대해서 가르치는 것 자체가 죄였고, 그녀의 능력이 예사스러운 것이 아니었기 때문에 그녀는 혐의를 받기에 충분하였던 것이다. 그리하여 그녀는 1686년 파리로 올라와 1688년 잠시 성모방문수녀원에 억류되어 조사를 받았다. 그러나 그녀는 루이 14세의 실질적인 부인인 맹트농 부인의 도움으로 풀려나 맹트농 부인이 운영하던 영성학교인 생-시르에서 당시 상류층 부인들과 교제하게 되

76) Guyon J-M(1983) : 앞의 책, p296.

었다. 그녀에게는 처음부터 문제가 없었기 때문이다. 그녀의 가르침은 그곳에서도 많은 귀부인에게 영향을 미쳤고, 그녀는 그곳에서 그당시 저명한 신학자였던 페늘롱 주교를 만나 영적인 어머니가 되었다. 하지만 맹트농 부인은 그녀의 영향력이 생-시르에서 커지는 것에 질투를 느껴서 페늘롱 주교와 경쟁관계에 있던 보쉬에Bossuet 주교에게 귀용 부인을 조사하라고 명령하였으며, 1695년 12월 황실 경찰에 체포되어 고통스러운 날을 보내게 되었다. 그녀의 사상이 그당시에 너무 앞서 있었고, 무엇보다도 사람들이 가지고 있는 여러 가지 인간적인 한계 때문에 그녀는 그것을 모두 어깨에 짊어지고 고통받을 수밖에 없었던 것이다.

마지막 시기: 또 한 번의 고난과 새로운 삶(1696~1717년)

그녀가 이때 다시 체포된 데는 여러 가지 이유가 있다. 우선 그녀가 생-시르에서 영향력을 펼치자 그녀를 박해했던 사람들이 다시 긴장하기 시작하였고, 그녀가 지은 《내적 기도에 이르는 짧고 쉬운 방법》이 1685년 출판된 이래 많은 사람에게 읽히자 교회 당국에서 그녀에게 어떤 조치를 취해야겠다고 생각하였던 것이다. 그녀는 성직자가 아닌 평신도였고, 신학교육도 제대로 받지 않은 여성이었는데 사람들을 가르쳤으며, 그녀가 가르치는 내용 역시 가톨릭적인 것이라기보다는 개신교에 더 가까웠기 때문이다. 그래서 생-시르의 장상長上이었던 사르트르 대주교는 그녀를 정적주의자라고 고소했는데, 그것은 귀용 부인을 후원했던 맹트농 부인의 지지도 받을 수 있었다. 그녀 역시 귀용 부인이 많은 귀부인에게 영향을 줄 정도로 신망을 받자 질투를 느꼈던 것이다.[77)]

그래서 맹트농 부인은 1693년 귀용 부인에게 생-시르의 출입을 금지시켰고, 1694년 보쉬에를 비롯한 네 명의 주교에게 그녀가 주장하는 것들에 대해서 검토하게 하였다. 그러나 보쉬에는 그녀를 조사하기 전부터 그녀를 탐탁하게 생각하지 않았다. 그녀에게서는 이상한 힘이 느껴졌고, 그녀를 추종하던 사람들에 대한 그녀의 영향력도 예사롭지 않았기 때문이다. 그는 귀용 부인에게서 초월적인 세계의 기운을 느꼈지만, 그것은 그가 알고 있던 가톨릭적인 것과 다르다고 생각했던 것이다. 더구나 그녀는 그의 친구이자 경쟁자로서 황세손의 가정교사였던 페늘롱과 가까운 사이였기 때문에 더욱더 못마땅하게 생각하였다. 자연히 그가 주축이 되어 활동했던 조사보고서는 그녀에게 불리할 수밖에 없었고, 전적이지는 않았지만 많은 부분에서 그녀를 정죄하였다. 하지만 그녀도 조사받는 동안 페늘롱 주교의 도움으로 변호하려고 하였다. 그래서 그녀는 교회에서 공인받은 신비가들의 문헌에서 그녀의 주장과 비슷한 내용들을 추출하여 《변증Justification》을 써서 제출하였고, 페늘롱 주교 역시 《기독교 성인들의 가르침》을 발표하면서 그녀를 옹호하였다. 그러나 그녀에 대한 고소가 단순히 교리적인 것이 아니라 여러 가지 요소가 복합적으로 얽혀 있었고, 정치적인 쟁투

77) Guyon J-M(1983) : 앞의 책, pp532-536.

가 담겨져 있었기 때문에 그녀는 그 싸움에서 이길 수 없었다.[78]

그때 보쉬에가 귀용 부인을 탄핵한 이유는 다음과 같이 네 가지로 정리할 수 있다. 첫째로 그녀는 기독교에서 말하는 삼위일체 하나님 대신 모호한 신神에 대해서 주장했고, 둘째로 하나님의 은혜를 과소평가하고 하나님과의 직접적인 합일을 강조했으며, 셋째로 그녀가 사도성을 주장하면서 자신을 요한계시록에 나오는 여인과 동일시하였고, 넷째로 《내적 기도에 이르는 짧고 쉬운 방법》은 물론 《아가서》, 《요한계시록 강해》같은 위험한 책을 저술하였다는 것이다.

그러나 그의 정죄는 너무 성급한 것이었다. 왜냐하면 앞의 세 가지 사항은 아빌라의 테레사나 십자가의 성 요한 등 교회에서 공인받은 신비가들도 주장했던 것이고, 네 번째 사항 역시 그녀가 처음 체포되었을 때 그녀의 책들을 검토했던 상스Sens 신학교 학장 부왈로M. Boileau가 이미 아무 문제가 없다는 사실을 확인한 바 있었기 때문이다. 그녀가 무죄하다는 것은 그녀에 대한 혐의가 처음에는 교리적인 문제그녀가 정적주의자라고 고발였다가, 다음에 정치적인 것그녀가 사람들을 모아서 가르쳤다는 고발으로 옮겨졌고, 맨 마지막 도덕적인 것라 콩브 신부와의 관계으로 옮겨 간 것에서도 알 수 있다. 더구나 그녀는 7년 동안이나 아무 판결도 받지 않은 채 수감되었고, 그녀를 집요하게 괴롭혔던 보쉬에는 그녀의 신앙이 가톨릭적인 것이라는

78) Guyon J-M(1983) : 앞의 책, pp560-572.

증명서를 써 준 적이 있었다.[79] 그래서 귀용 부인은 보쉬에가 신비체험에 대해서 알지 못하여 그녀를 정죄하는 것이지, 그녀는 결코 기독교에서 떠난 적이 없다고 항변하였고, "나는 페늘롱만 아니었으면 벌써 풀려났을 것이다."[80]라고 말하였다. 그녀가 고통받은 것은 당시의 사회적 · 정치적 상황은 물론 복잡 미묘한 인간관계 때문이었는데, 그녀의 제일 큰 문제는 그녀가 마녀라고 의심받을 정도로 큰 능력을 행사했다는 사실과 개인과 여성이 억압받는 사회에서 너무 일찍 그 자신을 드러냈다는 점에 있을 것이다.[81] 그녀는 구약성서에 나오는 욥처럼 아무 죄도 없이 벌을 받는 무고한 죄인이었던 것이다.

귀용 부인은 박해를 받던 초기에는 그런대로 잘 견뎌냈다. 그래서 그녀는 "아무리 내가 좁은 감옥에 갇혀 있을지라도, 내 영혼은 자유로웠고 지구보다도 더 넓었습니다. ……바깥에서 나를 조여오면 조여올수록 나의 내면은 점점 더 넓어지고 확장되었습니다."라고 하면서 그 고통까지 받아들이려고 하였다. 그리고 그녀는 "아, 하나님. 저의 기쁨은 당신의 사랑 위, 당신께 사로잡힌 기쁨 위에 세워져 있습니다."[82]라고 말하는 한편, "나는 하나님이 그것을 사용하셔서 나의 친구들에게 그들이 피조물 안에 두었던 그

---

79) Guyon J-M(1983) : 앞의 책, p567. Gondal M-L(1989) : *Madam Guyon : Un nouveau visage*, Beauchesne, Paris, p122.

80) Guyon J-M(1983) : 앞의 책, p550.

81) Gondal M-L(1989) : 앞의 책, pp165-171.

82) Guyon J-M(1992) : *Récits de captivité*, Jérome Millon, Grenoble, p41.

렇게 불완전하고 인간적인 받침대를 제거해 버리라고 깨우쳐 주신다고 생각하였습니다. 하나님은 그들이 오직 하나님께만 의지처를 세우기를 바라시는 것입니다."[83]라고 하면서 그 고통 속에서 의미를 발견하려고 하였다. 그러면서 그녀는 그 고통이 자신은 물론 다른 사람들에게까지 가르침을 주시려는 하나님의 뜻이라고 생각하였다.

그러나 석방되리라던 희망이 사라지고 수감생활이 길어지자, 그녀는 신체적으로는 물론 정신적으로도 고통이 심해졌다. 그래서 그녀는 여러 차례 죽을 고비를 넘겼고, 우울증 때문에 몹시 고통을 받았다: "나는 죽을 것 같이 우울했으며, 고통스럽고 지독한 병은 조금도 완화되지 않으면서 계속되었습니다."[84] 그때 그녀는 십자가상에서 "나의 하나님, 나의 하나님 어찌하여 나를 버리십니까?"라고 울부짖던 예수 그리스도의 비명을 자신의 비명으로 동일시하였고, 자신의 고통은 아직도 자신에게 개인적 속성이 남아 있기 때문이라는 생각에서 금식과 회개를 하였다. 그러면서 그녀는 마지막까지 남아 있는 자아와 의지를 없애려고 하였다. 그러다가 그녀는 신비적 죽음을 거치면서 이루었던 무사성을 더 깊이 하면서 외적인 고통까지 이겨낼 수 있었다: "그런 상태의 밑바닥에는 내 것이라고 이름 붙일 만한 것은 아무것도 없이 정말 깊은 무無만

83) Guyon J-M(1992) : 앞의 책, p572.
84) Guyon J-M(1983) : 앞의 책, p616.

남았습니다. 내가 아는 모든 것은 하나님이 무한히 거룩하고 정의로우시며 선하고 복되다는 사실입니다."[85]

그녀는 거대한 신성神性 속에 들어가 신성과 하나가 되었다. 그 때 그녀는 그녀의 눈에 어둡고 캄캄하게 보였던 것들이 하나님에게는 밝고 빛나는 것일 수 있고, 그녀의 눈에 밝고 빛나게 보이는 것이 하나님에게는 말할 수 없이 어둡고 캄캄한 것일 수 있다는 사실을 알 수 있었다. 그래서 그녀는 겨울에는 난방도 되지 않고, 모든 것이 얼어붙는 바스티유 감옥에서도 견딜 수 있었다: "갈채도 없지만 아픔도 없습니다. 고통도 없지만 기쁨이나 불확실한 것도 없습니다. 오직 완전한 평화만 있을 뿐입니다. 그러나 그것은 나에게가 아니라, 하나님에게입니다."[86] 물론 그런 평안이 때때로 흔들리기도 했지만, 그녀는 그런 동요 역시 인간적인 것들에 대한 의존을 버리게 하려는 하나님의 섭리라는 믿음으로 물리칠 수 있었다. 그러다 그녀는 결국 "내가 어떤 잘못된 말을 할지라도 나는 전혀 놀라지 않습니다. 내가 옳은 말을 할지라도 나는 내가 그렇게 했다고 생각하지 않습니다. ……나에게서 본능이나 의지는 사라졌고, 가난과 벌거벗음만 남았습니다. 나는 아무것도 신뢰하지 않으며, 그 어느 것도 불신하지 않습니다. 이제 아무것도 아무것이 아닙니다."[87]라고 하면서 완전히 탈속하게 되었다. 그녀에

85) Guyon J-M(1983) : 앞의 책, p620.
86) Guyon J-M(1983) : 앞의 책, p621.
87) Guyon J-M(1983) : 앞의 책, p621.

게 7년 동안의 감옥생활은 말할 수 없이 견디기 어려운 것이었다. 더구나 그것이 아무 죄도 없었고, 판결도 없는 감옥생활이었기 때문에 더욱더 고통스러운 것이었다. 그러나 그녀는 그것을 통하여 마지막까지 남아 있던 개인적 속성 또는 자아와 의지를 모두 비워 버릴 수 있는 계기를 마련하였다. 그 기간은 그녀에게 요나가 들어갔던 고래 뱃속이나 입문자들이 들어가는 죽음의 상태였던 것이다. 다른 신비가들과 달리 그녀에게 왜 그렇게 가혹한 고통이 또 다시 찾아왔는지는 알 수 없다. 그러나 그녀는 그 과정에서 찾아온 고통을 부활을 위한 그리스도의 십자가와 동일시하면서 이겨 낼 수 있었기 때문에 더 깊은 경지에 도달할 수 있었다. 그녀에게 그 기간은 또 다른 의미에서의 '신비적 죽음'이었던 것이다.

그러다 그녀는 그녀를 박해했던 사람들이 모두 죽자 1703년 바스티유에서 석방되었다. 처음부터 재판도 없이 수감되었으니 석방될 때도 복잡한 절차는 필요하지 않았다. 그녀는 석방된 다음 그녀의 큰 아들이 있는 블루아에 가서 살았는데, 세계 각지에서 그녀의 석방을 고대하던 많은 사람이 찾아왔다. 그녀가 큰 소리로 외치지 않았는데, 영적인 목마름을 느꼈던 사람들은 그녀 곁으로 몰려들었던 것이다.[88] 마치 "성자에게는 왜 그렇게도 그들을 닮으려는 사람이 많고, 위대한 선인에게는 추종자가 많이 있는 것일까? 그들은 아무것도 요구하지 않는다. 그러나 그들은 많은 것을

88) Guyon J-M(1983) : 앞의 책, pp621-622. cf. Bergson H : 앞의 책, p1177.

얻고 있다. 그들은 설교할 필요가 없다. 다만, 존재하기만 하면 된다. 그들의 실존은 하나의 부름이다."[89]라는 베르그송의 말처럼 그녀는 크게 외치지도 않았는데, 많은 사람이 찾아와 영혼 깊은 곳에서 울리는 소리를 듣고, 그다음 각자의 길을 찾아 나섰던 것이다.

귀용 부인은 바스티유에서 풀려난 다음의 삶에 대해서 이렇게 말했는데, 좀 긴 듯하지만 인용하면 다음과 같다: "나의 마지막 날에 대하여 나 자신에 관한 것이라면 말할 것이 거의 없는 듯합니다. 나의 상태는 아주 단순하고 거의 변함이 없기 때문입니다. ……모든 것은 어마어마함 속에 사라져 버렸고, 나는 그 어느 것도 생각할 수 없으며, 생각하지도 않으려 합니다. 그것은 마치 물방울 하나가 바닷속에 빠져서 깊이 들어간 것과 같습니다. 그 물방울은 바다에 있지만 바다에 흡수되었습니다. 하나님의 그 어마어마함 속에서 영혼은 그 자신을 더 이상 볼 수 없는 것입니다. ……사람들이 자기에게 아주 작은 선이라도 있다고 생각한다면, 그것은 잘못 아는 것이고 하나님을 속이는 것입니다. 모든 선은 하나님께 있고 하나님을 위한 것입니다."[90] 그녀의 마지막 시간을 지켜보았던 블레트리 수도원장도 그녀를 보았던 사람들은 "그녀가 몸이 불편한데도 불구하고, 매우 겸손하고 양보심이 많았다. 그녀는 가난한 사람들을 사랑했고, 믿음이 단순했으며, 다른 사람들과 달리

89) Bergson H(1984) : 앞의 책, p1177.
90) Guyon J-M(1983) : 앞의 책, pp621-622.

평범하지 않은 길을 가고 있었다. 그녀는 쓸데없는 사변을 거부했고, 그녀를 박해했던 사람들에게 조금이라도 심한 말을 하는 것을 들을 수 없었다. '그 사람들은 잘하려고 그랬던 것이다. 하나님은 내가 겸손하게 되도록 하신 것이다. 그것만으로 충분하지 않다. 하나님의 거룩하신 이름을 찬양한다.'고 하면서 그들을 변명하였다."라고 찬양하였다.[91)] 그녀는 정말로 무사성에 도달하여 이 세상을 초연한 태도로 살았던 것이다.

91) Delacroix H(1938) : 앞의 책, p196.

잔느-마리 드 귀용 부인의 신비주의와 그 특성

이러한 귀용 부인의 신비체험은 기독교 전통 위에서 이루어진 것이기 때문에 다른 신비가들과 공통된 특성도 있지만, 그녀 자신의 독특성과 그녀가 특히 여성이라는 사실 때문에 다른 점도 있다. 우리는 그녀의 신비체험을 신비현상, 신비체험에 이르기까지의 수행방법, 결과로 나누어 살펴보고자 한다.

귀용 부인의 신비주의의 특징

몸의 신비주의와 성육신의 삶

사람들은 몸을 가지고 살지만 평상시에는 몸에 대해서 거의 의식하지 않는다. 병이 나야 잠깐 몸을 의식하고 추스르지만, 병이 나으면 곧 다시 잊는다. 사람들은 몸을 이용하기만 할 뿐 몸은 거의 소외되어 있는 것이다. 하지만 우리가 다른 사람들에게 우리를 드러내는 것은 몸을 통해서이고, 우리 몸에는 우리의 과거, 현재, 미래는 물론 한 개인의 실존을 뛰어넘어 인류가 살았던 흔적까지 다 들어 있다. 몸은 정감, 정동, 증상 등을 통해서 말을 하고, 우리는 현실과 분리되어서 살 수 없는 존재라는 사실과 정신의 모든 것들 역시 몸을 통해서 구체화되어야 실재할 수 있다는 사실을 알려준다. 그래서 프랑스의 분석심리학자 윔베르E. Humbert는 "몸을 의식하는 것이 정신을 의식하는 것보다 훨씬 더 의식과 무의식의 관계를 종합하는 데 도움이 된다. 몸에 대해서 의식하는 것이 자기에 대해서 가장 잘 아는 길이 된다."[92] 라고 주장하였다.

그런 의미에서 귀용 부인의 신비주의는 몸을 통해서 두드러지게 나타났다는 점에서 주목할 만하다. 그녀는 태어날 때부터 죽음을 경험했고, 그다음에도 죽을 고비를 여러 차례 넘겼으며, 말년이 되기 전까지 평생 동안 병 때문에 고생하였다. 자연히 그녀는 다른 사람들보다 몸의 신호에 예민하였고, 여러 가지 신비현상 역시 몸을 통하여 체험하였다. 그래서 귀용 부인에 대해서 연구했던 공달M.-L.Gondal은 "그녀의 몸은 말을 하도록 성령의 인도를 받았다."[93] 라고 주장하면서, 그녀는 다른 남성 신비가들처럼 말을 통해서 전달하기보다 침묵이나 자동필사 등 몸을 통해서 전달한 특징적인 신비가였다고 덧붙였다. 그래서 세계 각국에서 그녀를 찾아온 사람들은 그녀가 특별한 말을 하지 않아도 그녀를 보는 것만으로 영적 세계의 실재를 체험할 수 있었으며, 그녀가 쓴 책을 읽으면서 하나님의 부름을 들을 수 있었다. 그녀는 여성으로서 몸, 땅, 현실에 기반을 둔 체험을 했고, 그녀가 체험했던 신적 실재를 그 위에

---

92) Humbert Elie G(1993) : *Ecrits sur Jung*, Retz, Paris, p29. cf. Guy-Gillet G(1994) : *La blessure de Narcisse*, Albin Michel, Paris, pp63-67.

93) Gondal M-L(1989) : 앞의 책, p107.

서 실현시키려고 하였다.

먼저 그녀는 하나님과의 합일상태에서 신비경에 종종 빠져들었으며, 며칠씩이나 그런 상태 속에서 지극한 평화를 맛보았다: "나는 눈을 뜨지도 않은 채 내 안에서 어떤 일이 일어나는지도 모르면서 몇 시간이고 그런 상태에 있었는데, 그것은 너무 단순하고 평화스러웠으며 감미로워서 나는 때때로 '하늘이라고 해서 이렇게 평화스러울까?'라고 말하곤 했습니다."[94] 그때 그녀는 하나님과 너무 깊이 합일되어서 주변 상황을 의식할 수 없었으며, 그 자신에 대해서는 거의 의식하지 못하였다: "누가 내 옆에서 무슨 말을 할지라도 나는 그가 말하는 것을 하나도 듣지 못했습니다. 다른 사람들과 같이 갈 때도 나는 내 마음 안에 계신 분과 너무 깊이 연합되어 있어서 아무 말도 할 수 없었습니다."[95]

그녀는 신비경 속에서 온몸이 공중에 떠 있는 듯한 느낌을 가진 적도 있었고, 온몸에 땀이 나고 머리끝부터 발끝까지 떨리면서 며칠 동안 아무 말도 하지 못하고, 아무것도 먹지 못했지만 마음만은 지극한 희열 속에 잠긴 적도 있었다: "그것은 그 어떤 설명으로도 묘사할 수 없기 때문에 우리는 그 상태에 대해서 아무 말도 할 수 없습니다. 그 속에서 사람들이 너무 그 자신을 잃어버리고 깊이 잠겨 있기 때문에 ……그 안에는 아무것도 없습니다. ……모든 것

94) Guyon J-M(1983) : 앞의 책, p132.
95) Guyon J-M(1983) : 앞의 책, p98.

은 하나님이고, 영혼은 하나님밖에 아무것도 보지 못합니다."[96)]

그러다가 그녀는 체험이 깊어지면서 외부에 대한 모든 감각이 모두 없어지고 하나님과 온전히 하나가 되기도 하였다: "오, 나의 하나님. 당신은 갑자기 나에게서 피조물을 향한 감각을 없애서…… 그때 이후 나는 그것이 누구를 막론하고 아무 감각도 느끼지 못했습니다."[97)] 그녀의 몸은 하나님을 온전히 체험하였고, 하나님은 그녀의 몸 안에 온전히 들어왔던 것이다. 이렇듯 그녀는 다른 사람들보다 몸에 대해서 더 예민하였고, 그녀의 능력은 몸을 통해서 나타났다. 그래서 그녀는 추상적인 교리보다 몸으로 체험할 수 있는 하나님, 관념으로 믿는 신앙보다 실천적 신앙의 중요성을 강조하였고, 그녀의 몸을 하나님의 말씀이 그대로 이루어질 수 있는 도구가 되게 하였다. 그녀는 그녀 자신을 모두 비워서 성육신이 그녀의 몸을 통해서 이루어지게 하였던 것이다. 그러나 이런 깊은 체험은 보쉬에같이 합리적이고 사변적인 신학자들에게는 이해할 수 없는 것이었다. 그들은 성육신은 예수 그리스도에게만 유일회적으로 일어난 사건이라고 주장하면서 귀용 부인에게 나타난

---

96) Guyon J-M(1983) : 앞의 책, p368. cf. Guyon J-M(1983) : 앞의 책, p262. 융은 공중부양과 같은 상태에 대해서 다음과 같이 말하였다: "심지어 나는 매우 고통스러운 정신적 혼란에 빠진 순간에 주관적으로 공중부양을 감지한 몇몇 사례를 확인할 수 있었다. 환자들이 누워 있을 때 신체 밖으로—몇 피트 위로—수평으로 공중에 떠 있다고 느꼈던 것이다."Jung CG(2004) : 《인격과 전이》, 한국융연구원 C.G.융저작번역위원회 옮김, 솔 출판사, 서울. p291.

97) Guyon J-M(1983) : 앞의 책, p190.

능력을 의심하였고, 그녀는 그 때문에 박해를 받았다.[98]

귀용 부인은 하나님의 현존과 부재를 모두 체험하였으며, 그 두 상태에서 모두 하나님을 육화시키는 삶을 살았다. 그런데 그녀에게서 성육신은 그녀가 하나님의 능력을 드러낼 때보다 하나님의 부재를 견딜 때 더 뚜렷하게 드러난 듯하다.[99] 고통은 그녀로 하여금 더욱더 그녀 자신을 비우고 그녀 안에 하나님의 말씀을 채우게 하여, 그녀 안에 있는 말씀이 그녀의 몸을 통하여 나타나게 했던 것이다. 1696년 뱅센느에 머물면서 때때로 몹시 고통스러울 때 "'나의 하나님, 나의 하나님 어찌하여 나를 버리시나이까?'라는 말밖에 할 수 없었습니다. 내가 나 자신보다 하나님께 나를 더 잘 의탁할 수 있었던 것은 바로 그때였습니다. ……나는 침묵함으로써 그 모든 고통을 더 거룩하게 하려고 했습니다."[100]라고 했는데, 이 말의 의미는 그녀가 예수 그리스도가 십자가 위에서 했던 '나의 하나님, 나의 하나님 어찌하여 나를 버리시나이까?'라는 말을 하면

98) 다음으로 귀용 부인의 몸으로 나타난 신비현상은 그녀가 다른 사람들과 아무 말도 하지 않으면서도 의사소통을 할 수 있었던 것, 그 사람들의 영적인 상태를 자신의 몸으로 느낄 수 있었던 것, 그녀에게 주어지는 하나님의 말씀을 그녀의 몸을 통해서 쓸 수밖에 없어서 자동필사를 한 것 등이 있는데, 그것들은 그녀가 다른 신비가들과 다른 그녀만의 특성이다. 그것은 다음 절에서 좀 더 깊이 다루게 될 것이다. cf. Gondal M-L(1989) : 앞의 책, p171.

99) cf. Gondal은 귀용 부인이 토농에 있을 때(1683년 무렵) 그녀에게 속한 것(ce qui est de soi)과 하나님에게 속한 것(ce qui est de l'Autre)이 일치되는 삶을 살았으며, 그 때 그녀에게 새로운 구조가 나타났고, 그녀가 새로운 능력을 드러낼 수 있었다고 주장하였다. Gondal M-L : 앞의 책, p171.

100) Guyon J-M(1983) : 앞의 책, p132, p616.

서 그 말씀과 동일시하자 그녀에게 다가온 고통을 더 잘 견딜 수 있었다는 것이다. 그녀는 고통 가운데 그녀의 자신을 비우고 그녀를 하나님의 말씀으로 채우려 했으며, 그렇게 했을 때 고통은 한결 견디기 쉬웠던 것이다. 그래서 그녀는 감옥에 있는 것도 기쁘게 생각할 수 있었고, "내가 가장 확실한 것을 찾을 수 있었던 것은 내가 나를 주님께 모두 맡겼을 때입니다."[101]라고 말할 수 있었다. 그녀는 그녀의 몸에서 그녀의 개인적 속성을 모두 비우고 하나님의 말씀으로 채우려고 했던 것이다.

그것은 그녀가 바스티유 감옥에 갇혔을 때도 마찬가지다. 그때는 모든 사정이 그 전보다 한결 더 가혹했고, 수감 기간이 오래되자 그녀의 몸도 더 쇠약해져 갔다. 그때는 그녀에게 더 버틸 힘도 없었다. 그때 그녀에게는 "그들이 나를 핍박할 때, 나는 금식함으써 내 영혼을 괴롭게 하였습니다."[102]라는 시편 말씀이 떠올라, 금식하면서 회개하였다. 그러자 고통이 참을 만하였고, 그녀는 하나님의 말씀을 따르는 것이 이 세상 그 어떤 것보다 도움이 되는 것임을 절감하였다. 그래서 그녀는 욥이 "나는 미천하오니 무엇이라 주께 대답하리이까. 손으로 입을 가릴 뿐이로소이다. 내가 한두 번 말하였사온즉, 다시는 더하지도 아니하겠고 대답하지도 아니하겠나이다."라고 했듯이 모든 것을 하나님께 맡기고, 그녀 안에

101) Guyon J-M(1983) : 앞의 책, p618.
102) Guyon J-M(1983) : 앞의 책, p620.

있는 하나님만이 드러나도록 하였다. 그녀는 성경 말씀으로 자신을 채우면서 고통을 이겨 냈던 것이다. 그녀는 출옥한 다음에도 그녀를 박해했던 어느 누구도 미워하지 않았고, 이 세상을 초연한 태도로 살았다. 그녀의 몸에 하나님의 말씀이 육화되어 나왔던 것이다.

공달은 성육신은 구속redemption이라는 의미보다 하나님의 말씀이 사람들 속에 새겨지게 하는 것이고, 기독교인이 된다는 것은 예수 그리스도에게서 하나님의 말씀이 그대로 실현되었듯이 기독교인들에게 그대로 드러나는 것이라고 주장하였다. 사람들이 그들을 얽어매는 개인적 속성la propriété에 사로잡히지 않고, 생명 자체인 하나님의 의지에 사로잡혀서 그 의지를 실현시키는 것이라는 말이다. 그런 의미에서 귀용은 성육신의 삶을 온전히 살았다.[103] 그녀는 그녀의 몸을 모두 비우고 그녀의 몸을 통해서 하나님의 말씀이 그대로 드러나게 했던 것이다. 그러면서 그녀는 하나님은 모든 사람이 성육신하는 삶을 살도록 부르셨다고 주장하였다: "하나님이 그의 말씀을 낳으려는 것은 그런 사람들 속에서입니다. 하나님은 그들이 그 말씀을 따르려는 성향을 가지게 하시는 것입니다. ……성령은 하늘에서 아무 저항이나 반항 없이 조금도 늦어지거나 남김없이 스스로 이루어진 것처럼 이 땅 위에서도 사람들과 교통하면서 사람들을 통하여 그 뜻이 이루어져야 합니다."[104] 그러나

103) Guyon J-M(1983) : 앞의 책, pp190-191.
104) Guyon J-M(1983) : 앞의 책, p299.

그 길을 가는 사람은 많지 않다.

자동필사와 신적 운동: 수동성

귀용 부인의 신비체험 가운데 또 하나 두드러진 특성은 그녀가 전적으로 수동적인 상태에서 자동필사l'écriture automatique를 했다는 점이다. 그녀는 글을 쓰기 전 글을 쓰려는 의도도 없었고, 무엇을 어떻게 쓰려는지도 몰랐는데, 갑자기 무엇인가를 쓰려는 강압에 이끌려 글을 썼는데, 그렇게 해서 나온 것이 《영혼의 폭포수》, 《아가서 강해》, 《사사기 강해》, 《요한계시록 강해》 등이다. 그녀에게 자동필사가 가장 활발했던 것은 1682년부터 1685년까지인데, 그녀가 그런 충동을 제일 처음 느꼈던 것은 토농에 있을 때였다. 그녀는 어느 날, 글을 쓰려는 내적 움직임이 하도 강해서 저항할 수 없었다. 그러나 무엇을 쓰려는지도 몰라서 그 움직임에 저항하려니까, 병이 날 지경이었다. 그래서 할 수 없이 그 움직임을 따라서 글을 쓰니까 고통이 완화되면서, 글이 저절로 완성되었다. 《영혼의 폭포수》는 이렇게 1682년 그녀의 존재의 밑바닥에서부터 올라와 그녀의 머리를 거치지도 않고 썼던 것이다.[105)]

그런데 이상한 것은 그녀에게 그때그때 필요한 성경 구절이 저절로 떠올랐고, 구약성서를 설명할 때는 그와 연관되는 신약성서 구절, 신약성서를 설명할 때는 그와 연관되는 구약성서 구절이 생

105) Guyon J-M(1983) : 앞의 책, p322.

각났던 것이다. 그래서 그녀는 자기 속에 그렇게 많은 성경 지식이 있었는지 놀랄 지경이었다. 또한 《사사기 강해》를 쓸 때는 그녀가 썼던 한 부분을 잃어버린 적이 있었다. 그래서 그 부분을 다시 썼는데, 처음에 잃어버렸던 부분을 찾아보니 나중에 썼던 것과 정확하게 일치하였다. 또한 《아가서 강해》를 쓸 때는 내면의 강압이 너무 강하게 느껴져서 그 책을 하루 반 만에 쓰느라고 팔이 붓고 너무 아파서 팔을 못 쓸 지경이 된 적도 있었다.[106] 그녀가 마음 속에서 올라오는 충동에 따라 쓰기만 하면 내용은 저절로 채워져서 그녀는 다만 도구에 불과하였던 것이다.

이런 자동성은 귀용 부인은 물론 모든 신비가에게 신적인 운동으로 느껴진다. 왜냐하면 그 행동들에 그들의 의지나 자아가 전혀 들어 있지 않고, 어떤 초월적인 의지가 느껴져서 그런 움직임이 생기면 거기에 대해서 아무 저항도 할 수 없었기 때문이다. 더구나 귀용 부인은 그런 이끌림을 따라서 글을 쓴 다음 그녀가 그 전에 쓴 것에 대해서 전혀 기억하지 못할 때도 많아서 더욱더 그렇게 느꼈다: “나는 어떻게 써야 할지도 모르면서 쓰기 시작했는데, 그것은 나에게 이상한 열기를 가져오면서 다가왔습니다. ……가장 놀라웠던 것은 그것이 바닥에서부터 올라와 내 머리를 거치지도 않고 지나간 것 같았기 때문입니다.”[107]

106) Guyon J-M(1983) : 앞의 책, pp405-406.
107) Guyon J-M(1983) : 앞의 책, p323.

신적 운동이 이루어질 때, 신비가들은 철저하게 수동적인 상태에 놓이며, 그것이 지속될수록 신비가들은 더욱더 수동적으로 된다. 그 결과 신비가들이 신적 운동에 익숙해지면 그들의 의지는 점점 더 소멸되고, 그들은 그들의 삶 전체를 신적 운동에 맡기게 된다. 그에 대해서 들라크르와는 "그것은 사람들에게 곰곰이 생각하는 습관을 없애고, 생각이나 행동이 자발적으로 종합되는 것을 막는다. 그래서 논리적인 체계화나 목표를 향한 통제된 지시나 의식적 구성이 불가능해진다. 그 결과 의식을 가지고 정상적으로 행동하고, 행동을 그만두는 능력이 그치고, 의식은 아무것도 하려고 하지 않은 채 잠재의식의 암시나 충동에 기원을 둔 행동만 이루어진다."[108]고 주장하였다.

이런 수동성은 사람들의 의식이나 반성적인 의지의 개입이 완전히 배제된 상태에서 이루어져서 신비가들은 그것을 신적인 개입의 증좌라고 생각한다. 신비가들이 엑스타시나 탈혼ravissement 상태에서 갑작스러운 깨달음을 얻거나 영감을 받을 때도 수동적 상태가 이루어진다. 그래서 신비가들은 그것들이 더욱더 인간의 노력에 의한 것이 아니라 신적인 은혜 때문에 생기는 것이라고 느낀다.

들라크르와는 수동성에는 다음과 같은 세 가지 형태가 있다고

108) Delacroix H(1938) : 앞의 책, p213. 우리 역시 일부 종교인에게서 그런 태도를 종종 보지만, 반드시 좋은 결과를 가져오는 것은 아니다. 양면성이 있는 것이다.

주장하였다. 첫째로 전체적이고 근본적인 수동성으로서 신비가들의 의지나 본성이 모두 사라진 상태에서 이루어지는 수동성이다. 신비가들은 이때 완전히 수동적으로 되어서 신적인 행동에 압도당한다. 둘째로 그보다 좀 낮은 정도의 수동성으로 신비가들이 수동성이라고 느끼지 않을 수 없는 것들이다. 사람들의 노력이나 행동에 갑자기 알지 못하는 개입이 이루어져서 어떤 체험이 생기는 경우다. 그때 사람들은 도움을 받았거나 구원받았다고 느낀다. 셋째로 사람들이 어떤 행동을 하면서 그것이 신적인 것이라는 것을 알기 때문에 하는 것이다. 그때 사람들은 수동적으로 그 행동을 하지만 그의 의식과 의지가 모두 소멸된 것은 아니다. 물론 신비주의는 첫째 종류의 수동성을 따라서 더 깊은 단계에 들어간다.[109] 우리는 귀용 부인의 경우 신비생활의 후기에 접어들수록 첫 번째 형태의 수동성이 지배적으로 나타나는 것을 볼 수 있다. 수동성은 그녀가 신비적 죽음을 겪은 다음 그녀의 자아가 전적으로 소멸되면서 더욱더 강화되었던 것이다. 들라크르와는 신비가들에게 나타나는 수동성은 무의식에 의한 것이라고 주장했는데, 신비가들이 수동적인 상태에서 어떤 일을 할때 그것은 그들이 무의식에 압도당하여, 그 순간 무의식이 그들을 통하여 나오는 것이기 때문이다.[110]

109) Delacroix H(1938) : 앞의 책, p399.
110) Delacroix H(1938) : 앞의 책, pp404-405.

침묵의 소통

귀용 부인에게서 나타난 또 다른 특성은 그녀가 아무 말도 하지 않으면서 다른 사람들과 의사소통을 할 수 있었고, 그것을 때때로 그녀의 몸으로 느낄 수 있었다는 점인데, 그것 역시 보쉬에는 받아들일 수 없는 이상한 현상이었다. 그 현상은 그녀가 신비적 죽음에서 벗어난 다음 라 콩브 신부를 처음 보았을 때 나타났다. 거기에 대해서 그녀는 다음과 같이 말하였다: "내가 신부님을 보았을 때, 즉시 나는 놀랍게도 내가 소통이라고 부를 수 있는 내적 은혜를 느꼈습니다. 그것은 내가 어떤 사람에게도 느껴 보지 못한 것이었습니다. ……내가 경험했던 그 은혜, 즉 그에게서 나와서 나에게 오고, 나에게서 나가서 그에게 간 내적 영향은 나의 모든 고통을 흩어 버렸고, 나를 매우 깊은 안식으로 이끌어 갔습니다."[111)]

그다음에도 그녀는 라 콩브 신부가 지리적으로 그녀와 아무리 멀리 떨어져 있을지라도 그가 어떤 상태에 있는지 느낄 수 있었다. 그래서 그녀는 인간의 언어 가운데는 말로 하는 언어 이외에 또 다른 언어가 있으며, 라 콩브 신부와 그녀는 그 언어로 의사소통을 한다고 생각하였다: "그때 나는 내가 그때까지 알지 못했던 언어를 배웠습니다. 나는 점점 더 라 콩브 신부의 내면에도 그렇게 들어갈 수 있다는 사실을 알았고 ……내가 그에게 그 말을 하지 못했지만, 나의 깊은 곳에서 하나님에 대하여 행해졌던 것과 같은

111) Guyon J-M(1983) : 앞의 책, p241.

침묵이 라 콩브 신부에게도 행해졌습니다. ……나는 점점 더 침묵만 지킬 뿐 그에게 아무것도 말을 하지 않게 되었습니다."[112)]

귀용 부인은 그것을 천사의 언어라고 생각했으며, 성인이나 천사는 이 세상의 언어가 아니라 이와 같은 종류의 언어로 의사소통한다고 생각하였다. 그녀가 라 콩브 신부와 아무 말도 하지 않았지만 그녀의 마음은 지극히 즐거웠다. 그래서 그녀는 "우리는 마음으로 말했으며, 결코 말로 할 수 없는 은혜를 서로 나누었습니다. 그것은 그에게나 나에게 모두 새로운 경지였습니다. 하지만 그 경지가 너무 신적인 것이라서 나는 그에 대해서 어떻게 설명해야 될지 모르겠습니다."[113)]라고 하였다. 그러나 그 기쁨은 이루 말할 수 없었다. 그래서 그녀는 "나는 때때로 생명수의 원천으로부터 나오는 그 깨끗하고 신적인 소통으로 너무 가득 채워져서 …… 이렇게 말했습니다. '오 나의 주님, 내 마음이 그 충만함을 비우도록 하게 하소서. 그렇지 않으면 숨을 쉴 수 없습니다.'"[114)]라고 말하였다.

귀용 부인은 라 콩브 신부 내면에 하나님의 은혜가 가득 차 있고, 그것은 라 콩브 신부로부터 그녀에게로 흘러들어 왔고, 그녀로부터 다시 그에게 흘러가는 것을 느꼈다. 자연히 그녀는 그런 내적인 의사소통을 통하여 라 콩브 신부와 합일되는 것을 느꼈으며,

---

112) Guyon J-M(1983) : 앞의 책, p140. Delacroix H(1938) : 앞의 책, p172.
113) Guyon J-M(1983) : 앞의 책, p339.
114) Guyon J-M(1983) : 앞의 책, p343.

그것을 통하여 그녀는 신비적 죽음에서 벗어날 수 있었다. 그래서 그녀는 "하나님만이 하실 수 있고, 하나님과 연합된 영혼 사이에서만 생겨나는 이 합일은 사람들을 모든 약함과 집착에서 풀려나게 하고 다른 사람들이 받는 고통을 동정하기보다 그들과 함께 기뻐하게 합니다."[115]라고 하였다. 그러나 그 합일은 인간적인 합일이 아니라 신적 합일이었고, 십자가의 합일이었다: "그 합일은 감정적인 것과는 거리가 멀었고 너무 평안하게 느껴졌기 때문에 나는 그것이 하나님에게서 온 것이라는 것을 전혀 의심하지 않았습니다. 왜냐하면 그것이 영혼을 하나님에게서 벗어나게 하기는커녕 하나님 안에 더욱더 깊이 들어가게 하였기 때문입니다."[116] 그래서 그녀에게는 전에 알지 못하던 능력이 생겼고, 고통을 신적인 방법으로 극복할 수 있게 되었다. 그래서 그녀는 "우리는 서로가 서로에게 좋은 십자가였고, 우리는 우리의 합일이 믿음과 십자가 안에서 이루어진 것이라는 사실을 잘 알 수 있었습니다. 왜냐하면 우리에게 십자가가 더 많이 다가오면 다가올수록 우리는 더욱더 합일되었기 때문입니다."[117]라고 하였다. 그녀가 라 콩브 신부와 영적 소통을 하는 기간이 늘어나자 그녀는 라 콩브 신부 이외에 다른 사람들과도 침묵의 소통을 할 수 있었다. 그리고 그녀는 그것을 통하여 그들에게 더 좋은 조언을 해 주고, 우울증이나 정신적

115) Guyon J-M(1983) : 앞의 책, p241.
116) Guyon J-M(1983) : 앞의 책, p242.
117) Guyon J-M(1983) : 앞의 책, p337.

고통을 치료해 줄 수 있었다. 그래서 그녀는 "하나님은 나에게 영혼을 고통에서 풀어 내게 하는 능력을 주신 듯하였습니다."[118]라고 하였다.

귀용 부인은 그르노블에 있을 때, 많은 사람의 병을 고칠 수 있었는데, 특별한 것은 그녀가 어떤 사람의 영혼상태에 대해서 느낄 수 있었다는 것이다: "……나는 나에게 다가오는 사람들과 아무리 멀리 떨어져 있을지라도 나에게 주어진 사람들의 영혼상태에 대해서 느낄 수 있었다고 믿습니다. 내가 '느끼다'는 말을 썼는데, 그것은 그들이 어떤 상태에 있다는 것을 내적으로 아는 것입니다. 특히 그들의 영혼이 어떻다는 것을 아는 것입니다."[119] 이런 현상을 가리켜 기독교에서는 영분별의 은사라고 한다. 다른 사람의 영적인 상태에 대해서 느낄 수 있는 은사를 받은 사람이 있는 것이다. 그런데 귀용 부인은 다른 사람의 영적인 상태를 마음으로뿐만 아니라 몸으로도 느꼈다. 그래서 그녀가 관심을 가진 사람이 하나님께 저항하면 그녀도 몸으로 고통을 느꼈고, 저항이 적어지면 고통을 적게 느꼈다: "그 소녀가 하나님께 저항을 많이 하면 그녀가 나에게 다가올 때 나는 몸에 불이 나는 것 같았습니다. 그녀가 나를 건드렸을 때 나는 아주 이상하게 고통스러워 실제의 불도 그림자에 불과한 것 같았습니다."[120]

---

118) Guyon J-M(1983) : 앞의 책, p363.
119) Guyon J-M(1983) : 앞의 책, p505.
120) Guyon J-M(1983) : 앞의 책, pp363-364.

이러한 체험을 통해서 귀용 부인은 하나님도 사람들 때문에 몹시 고통받을 것이라는 사실을 깨달았다. 하나님 역시 사람들이 죄를 짓거나 하나님에게 저항하면 몹시 아파하실 것이라는 말이다. 그래서 그녀는 그녀의 죄와 허물을 더욱더 괴로워하면서 정화시켰다. 그런데 라 콩브 신부는 귀용 부인이 그 소녀 때문에 아픈 것을 보고 놀랐지만, 어떻게 해서 그런 현상이 생길 수 있는지 이해하지 못하였다. 하여간 그녀는 토농과 그르노블에 있을 때 특히 많은 사람의 몸과 마음의 병을 고쳤고, 그녀에게 찾아오는 사람들에게 성경 말씀을 전하였는데, 한 번은 그녀가 어떤 사람을 생각하면서 편지를 썼는데, 그때 그녀에게서 무엇인가가 빠져나가는 것을 느꼈다. 그런데 그녀는 나중에 그 사람이 그 순간 그녀에게서 은혜를 받는 듯한 느낌을 받았다는 편지를 받았다. 그녀에게 침묵의 소통은 아주 활발하게 일어났던 것이다.

지적 직관

신비가들은 내적 기도 속에서 신적 실재를 체험하는데, 그 실재는 그들의 삶에 새로운 중심을 잡아 주고 그들을 더 높은 단계의 삶으로 이끌어 준다. 신비주의 연구가들이 신비가들은 신비체험을 통하여 정신의 발달을 이루고, 신비주의에는 그들을 고양된 단계로 이끄는 어떤 내적 법칙이 있는 듯하다고 주장한 것은 그 때문이다. 들라크르와는 그것을 지적 직관이라고 부르면서, 신비가들은 내적 기도 속에서 감정상태라고만 할 수도 없고, 또 지식의 상태라고만도 할 수 없는 복합적인 상태 속에서 무엇인가를 알았다는 직관을 가지게 된다고 주장하였다. 그들이 그런 직관을 하는 것은 한 차례만이 아니다. 그들은 신비체험의 초기 깨달음의 단계에서 그들의 삶에는 눈에 보이는 감각적인 세계 이외에 그것을 초월하는 또 다른 세계가 있음을 깨닫고, 조명 단계와 영혼의 어두운 밤의 단계를 거치면서 그 실재의 여러 측면을 직관하는 것이다.[121)]

들라크르와에 의하면 기독교 신비가들은 먼저 묵상에서 출발한다. 기독교의 고유한 관념이나 이미지에 정신에너지를 집중하는 것이다. 그러나 어느 정도 시간이 지나면 그 표상들은 없어지고, 그들은 그보다 더 큰 어떤 불분명한 상태에 들어가게 된다. 관상상태가 되는 것이다. 이때 그들은 이 세상을 뛰어넘는 듯한 자유롭고 평안하며 감각이 없는 듯한 지복상태에 들어간다. 그러면서 그들은 그들이 더 높이 고양되는 것을 느끼게 된다. 그에게서 자아의식과 이 세상에 대한 의식이 사라지면서 그가 하나님과 매우 가까운 관계 속에 있다는 직관 속으로 들어가는 것이다. 그때 그들은 한없이 확장되는 듯한 느낌을 가지며, 깊은 정동에 사로잡히게 된다. 귀용 부인이 "아 아름다운 분이시여, 당신은 예전부터 계셨지만 새로운 분이십니다. 저는 당신을 왜 이렇게 늦게야 알게 되었습니까? 안타깝습니다."[122)]라고 외친 것은 그때였다. 그녀는

121) cf. 윌리엄 제임스도 신비체험의 특징을 ① 설명할 수 없음, ② 지적 인식, ③ 일시성, ④ 수동성으로 설명하였다. James W(1997) : 앞의 책, pp412-413.

122) Guyon J-M(1983) : 앞의 책, p73.

그녀가 모호한 가운데 체험했던 강력한 분이 예수 그리스도였음을 깨닫고, 그의 사랑 속으로 들어갔던 것이다.

들라크르와는 지적 직관에는 인식적인 측면과 신적 합일의 측면이 있다고 주장하였다. 인식이란 신비가들이 이제 그들에게는 하나님의 의지와 반대되는 것이 모두 사라졌고 하나님과 사랑의 관계 속에 있다는 친밀감이 느껴지고, 모든 것이 해결되었으며, 강력해졌다는 느낌에서 오는 깨달음의 측면이고, 신적 합일이란 그들이 신적 본질과 하나가 되었다는 체험 측면을 말한다. 그들에게는 이제 모든 개인적 의식이 사라졌고 그들의 욕망, 감각, 의지가 모두 하나님과 하나가 되었다는 깨달음 속에서 하나님과 하나가 되는 것이다. 들라크르와는 인식과 정동의 복합체인 이 직관은 사람들의 일상적인 지성보다 위에 있는 또 다른 인식의 형태라고 주장하면서 '신비적 직관'이라고 하였다.[123] 그런데 신비가들에게 인격의 변환이 생기는 것은 이 신비적 직관 때문이다.

신비가들이 신비적 직관 속에서 깨닫는 것은 신적 실재의 현존과 신적 실재와 그들 사이의 친밀한 관계다. 그들은 이 세상에는 감각세계를 뛰어넘는 초월적 세계가 실재하며, 신적 실재가 그 세계의 주관자인데 그들은 신적 실재의 사랑 아래 있다는 것을 직관적으로 깨닫는 것이다. 그때 그에게는 그를 둘러싸고 있던 모든 대극적인 것이 소멸되고 해방과 평화와 사랑이 찾아온다: "그 상

123) Delacroix H(1938) : 앞의 책, pp381-390.

태 속에서 나의 영이 진리로 밝게 되자 나의 영혼은 어마어마한 거대함 속에 담겨지게 되었습니다."[124] 그에게 적대적인 것 같았던 세계 뒤에 또 다른 세계가 있으며, 그 세계의 빛에서 볼 때 현상 세계의 대극 역시 화해할 수 있는 대극이라는 사실을 깨닫고 그것까지 사랑할 수 있게 되는 것이다. 이러한 직관은 신비가들을 활성화시킨다고 들라크르와는 주장하였다: "시간과 공간에 묶이고 역사에 갇혀 있는 개인적 주체로서의 자아를 망각하는 것, 즉 개인적인 목적을 달성하고 자신의 욕망에 묶인 자아를 벗어나는 것은 그 자신의 한계에서 벗어나고, 개인적인 규정에서 풀려나는 것이라는 의미에서 개인의 행복과 자유라는 관점에서 볼 때, 일단 긍정적으로 느껴진다."[125]

이런 직관은 신비체험에서만 이루어지지 않는다. 예술가들 역시 영감을 통해서 이런 직관을 한다: "사실 인간의 삶에 무엇인가 개인적인 노력을 기울였던 사람들은 때때로 그들도 모르게 그들 안에서 보편적인 삶이라는 느낌과 함께 어떤 행복감이나 씁쓸함을 느끼곤 한다."[126] 여기에서 씁쓸함이란 그들이 보편적 삶이라는 견지에서 볼 때, 그들 자신의 한계가 너무 뚜렷하기 때문이다. 여기에서 우리가 주목해야 하는 사실은 신비가들의 직관이 깊어질수록 그들의 직관은 기독교를 초월하는, 말로 설명할 수 없는 신비

124) Guyon J-M(1983) : 앞의 책, p257.
125) Delacroix H(1938) : 앞의 책, p391.
126) Delacroix H(1938) : 앞의 책, p392.

적 인식으로 나아간다는 점이다.

그들이 직관하는 신적 실재는 기독교에서 제시하는 표상을 뛰어넘는, 더 포괄적인 초월이라는 말이다. 하지만 기독교 신비가들은 그 실재를 체험한 다음, 그들이 체험했던 모호하고 불분명한 실재에 대한 감정을 기독교 신앙 체계로 해석한다. 그래야 그들이 모호한 신비에 붙잡히지 않을 수 있기 때문이다. 여기에서 우리는 신비체험을 할 때 신비가들에게 의식이 모두 없어지는 것은 아니라는 사실을 알 수 있다. 그래서 들라크르와는 신비가들은 엑스타시 상태에서 의식의 흐름의 일부만 사라지지 그 본질에 관한 것은 사라지지 않는다고 주장하였다.[127] 아무리 깊은 신비체험 속에서도 체험하는 주체는 남아 있으며, 그 주체는 신적 실재와 대화하고 그의 부름을 받는 것이다.

사도성, 모성

신적 실재로 충만한 사람은 그것을 다른 사람들과 나누지 않을 수 없다. 성령에는 역동적인 특성이 있어서 신비가들은 행동으로 나아가지 않을 수 없는 것이다. 그래서 진정한 신비가들은 그들의 체험이 깊어질수록 사도의 길로 들어서게 된다. 신비가들은 관상 속에서 체험했던 것을 행동을 통해서 실현하려는 것이다. 그들의 관상이 정신에너지의 내향적 흐름이었다면, 그 에너지는 이제 외

127) Delacroix H(1938) : 앞의 책, p387.

향화의 길로 나서는 것이다. 귀용 부인 역시 그녀를 신비적 죽음에서 다시 태어나게 하신 하나님의 현존을 다른 사람들에게 전하지 않을 수 없었다. 그래서 그녀는 주위에 있는 사람들부터 돌보기 시작하였다. 그녀의 하녀 가운데 정신적으로나 신체적으로 고통받는 사람들을 돌보았고, 그녀를 찾아온 사람들을 돌보았다. 그러다가 그녀는 이웃에 있는 사람들을 돌보면서 그들과 함께 성경공부를 시작하고, 내적 기도에 관해서 가르쳤다. 그녀는 비록 소리 높이 말하지 않았지만 많은 사람은 그녀를 통해서 신적 실재를 직관하였고, 그녀를 따라서 새로운 길을 가게 되었다. 그러나 그녀는 겸손하게 그 사역을 감당하였다: "나는 내가 말한 것이 어떤 원천에서 흘러나온 듯한 것을 느꼈습니다. 나는 그렇게 말해야 하는 도구였을 뿐입니다."[128]

그녀에게서 사도적 삶이 가장 활발하게 이루어졌던 것은 그녀가 그르노블에 있을 때였다. 그때 프랑스 전국에서 많은 사람은 그녀에 대한 소문을 듣고 찾아왔고, 그녀를 찾아온 사람들은 그녀를 통해서 병을 고치거나 많은 위로를 받으면서 변화되었다. 그래서 귀용 부인은 더욱더 권능을 느꼈고 사도의 길에 들어섰는데, 그것은 당시의 남성 중심적, 사제 중심적, 교회 중심적 사회에서는 용납할 수 없는 일이었다. 교회 당국에서 그녀를 박해하기 시작한 것은 그 때문이다. 그래서 사람들은 그녀를 마녀라고 하거나, 그녀가 위

128) Delacroix H(1938) : 앞의 책, p374.

조화폐를 만들어 유통시킨다는 말까지 하였다.[129] 그녀에게 무엇인가 놀라운 능력이 있는데, 그것이 반드시 기독교적인 것 같지 않다는 것이었다. 정말이지 그 능력은 그녀의 존재 깊은 곳에서 나오는 것이지 화석화된 기독교 교리에서 나오는 것은 아니었다.

그러나 귀용 부인은 그녀를 찾아오는 사람들이 당했던 고통을 그녀 자신의 고통으로 느꼈고, 그들에게 깊은 연민을 느꼈다. 그러면서 그들의 어머니가 되었다: "내가 진정한 모성을 더 잘 느꼈던 것은 그곳에서였습니다. 다른 사람들은 나에게 아이로 주어졌는데, 나에게는 그들을 돌보기 위해서 무엇인가가 늘 필요했습니다."[130] 귀용 부인이 제일 먼저 모성을 느꼈던 것은 라 콩브 신부였다. 왜냐하면 그녀가 보기에 라 콩브 신부는 순수한 사랑과 순수한 믿음을 가지고 하나님을 따르려고 하기보다 그의 지성을 앞세우고, 눈에 보이는 표적을 구했기 때문이다. 그래서 그녀는 그를 아기처럼 품으면서 그가 그의 자아를 포기하게 하였다.

다음으로 그녀는 더 많은 사람들의 어머니가 되려고 했는데, 그녀를 찾아온 사람들은 그녀에게서 모성을 느끼고 그녀를 스스럼없이 '어머니'라고 불렀다: "주님께서 나에게 그 사람들을 아이로 주었을 때 ……그 사람들은 왜, 어떻게 해서인지 몰랐지만 나에게 어머니라고 부르지 않을 수 없었습니다."[131] 그렇게 해서 귀용 부

129) Delacroix H(1938) : 앞의 책, p408.
130) Delacroix H(1938) : 앞의 책, p377.
131) Delacroix H(1938) : 앞의 책, p382.

인에게서 사도성은 모성과 통합되어 나타났다.

그러나 그녀는 그런 사도성 때문에 많은 대가를 치렀다. 그녀는 교회에서 보기에 대단히 위험한 자유혼自由魂을 지니고 있었기 때문이다. 그녀는 그 고통들을 어머니가 아이를 낳는 데 필요한 고통이며, 예수 그리스도의 십자가로 생각하면서 받아들였다. 그러다가 그녀는 어느 날 비전 속에서 요한계시록에 나오는 해산하는 여인이 바로 자신일 것이라고 생각하면서 동일시하였다. 그녀 역시 그녀가 낳으려는 아이를 용의 공격에서 구하고 그 아이를 잘 보호해야 했는데, 그 여인의 모습이 그녀와 너무 흡사했던 것이다. 그 비전을 본 다음 그녀는 그녀에게 다가오는 고통을 더 의연하게 견딜 수 있었다. 그 전까지 그녀가 그녀의 문제 때문에 고통당했다면 이제는 그녀 자신을 위한 것이 아니라, 그리스도와 함께 당하는 고통이기 때문이다. 그녀는 이제 그녀 개인에서 떠나서 더 큰 가치를 추구하게 되었던 것이다: "그 후 나의 상태는 더 깊어졌고, 나는 예수 그리스도와 같은 입장을 짊어지게 되었는데 …… 그것은 그 전과 전혀 다른 것으로 내가 예수 그리스도 자체를 지는 것이었습니다."[132)]

132) Delacroix H(1938) : 앞의 책, p447.

신비체험에 이르는 길

내면의 길: 내적 기도

귀용 부인은 정신의 끝없는 순례를 통하여 신적 실재와 합일되려고 하였다. 그녀는 내면에 있는 지성소에서 신적 실재와 만나서 그와 하나가 되어 기쁨을 찾으려 했던 것이다. 그러나 그 길은 그렇게 쉬운 길이 아니었다. 그녀에게 그 길을 알려 주는 사람이 거의 없었기 때문이다. 그때 그녀는 많은 사람이 외적인extrinsic 신앙생활만 할 뿐 내적인intrinsic 신앙생활에 대해서는 알지 못한다고 생각하였다. 그래서 그들은 그 실재를 체험하지 못하고, 그 실재의 능력도 드러내지 못하는 것이다. 그녀가 감각세계를 벗어난 또 다른 세계가 있다는 사실을 어렴풋하게 느꼈지만, 그 세계에 이르는 길을 알지 못하는 것과 마찬가지였던 것이다. 그래서 그녀는 그 길을 발견한 다음 그것이 너무 감사하여 그 세계에 이르는 길을 전파하려고 애썼다.

귀용 부인에 의하면 대부분의 기독교인의 삶은 너무 피상적이고 현세적이다. 예수 그리스도의 삶이 제시하는 내밀하고 깊은 모습과 달리, 너무 감각과 감정에 매달려 있는 것이다. 그래서 사람들은 눈에 보이는 것들에 가치를 두고 그것들이 기쁨을 가져다주면 좋아하지만, 그렇지 못하면 슬퍼한다. 이 세상에 그런 세계를 뛰어넘는 더 넓고 깊은 세계가 있다는 사실을 알지 못하는 것이다. 그러다 외적인 삶이 제대로 되지 않으면 그들에게 어떤 죄가 있다고 생각하면서 죄 사함을 구한다. 그러나 귀용 부인이 만났던 하나님은 그런 하나님이 아니었다. 그 하나님은 이 세상의 작은 일 속에서 일희일비하는 하나님이 아니라 생명의 궁극적인 의미를 실현시키려 하고, 그의 말씀이 모든 사람에게서 육화되기를 바라는 하나님이었다.

그래서 그녀는 모든 사람은 외면적 기독교에서 떠나 내적인 길에 들어서야 한다고 주장하였고, 《내적 기도에 이르는 짧고 쉬운 길》을 출판하여 내적 기도의 방법을 가르쳤다. 그녀에 의하면 내적 기도란 말로 드리는 기도가 아니라 하나님의 현존을 믿고 하나님과 만나려는 기도다. 내적인 신앙생활을 위한 기도였던 것이다. 내적 기도는 묵상독서, 묵상, 관상으로 이루어진다. 먼저 묵상독서란 내적 기도를 하려는 사람이 성경이나 다른 자료를 읽고 마음에 와 닿는 구절이나 그 구절에서 나오는 이미지를 택하여 묵상한다. 그러면 어느 순간 그 구절이나 이미지도 없어지고 내면의 이끌림을 따라서 더 깊은 단계로 들어가게 된다. 관상으로 들어가는 것이다. 관상상태에서 사람들은 하나님과 합일되고 내면의 깊은 세계를 체험할 수 있다. 이렇게 오랫동안 내적 기도를 드리면, 사람들은 점점 더 깊은 단계에 들어가 더 깊은 체험을 하게 된다: "내적 기도는 다른 것이 아니라 낙원에 이르는 길입니다. ……마음의 기도인 내적 기도는 모든 사람이 드릴 수 있는데, 그것은 정신적 노력에서 나온 추리나 연구의 결과나 상상력의 산물이 아닙니다."[133)]

133) Delacroix H(1938) : 앞의 책, p45.

귀용 부인은 내적 기도를 드릴 때 중요한 것은 마음이 흩어지지 않게 하는 것이라고 강조하였다. 마음이 흩어지면 내면 깊이 계신 하나님이 드러나지 못하기 때문이다. 그래서 그녀는 마음속 깊이 계시는 하나님에 대한 강렬한 확신을 가지고 모든 감각을 내면에 모아 내면으로 강하게 집중하면서 외부의 영향을 받지 않도록 해야 한다고 강조하였다. 그러기 위해서 기도하는 사람들은 그들의 내면에 있는 하나님의 현존을 더욱더 의식하고 굳게 믿으며 마음을 단순하게 가라앉혀야 한다. 그것이 그렇게 쉬운 것은 아닌데, 그 방법밖에 다른 길은 없다. 그녀는 기도하는 사람들이 그런 방식으로 마음을 모으면서 하나님의 현존을 즐기게 되면 내적 기도는 더 쉬워진다고 주장하였다.[134] 이렇게 볼 때 귀용 부인은 제도적이고 외형적인 형식보다 본질적이고 내면적인 기독교를 추구했음을 알 수 있다. 그러나 그것은 교회라는 외적인 제도가 없어도 누구나 드릴 수 있는 내적인 것이었다. 그래서 그녀는 교회로부터 박해를 받을 수밖에 없었다.

현대 사회에서도 대부분의 사람은 그들의 내면에 있는 하나님을 체험하지 못하고, 형식적인 신앙생활을 하는 경우가 많다. 그러다가 죄를 짓고, 죄 사함을 청하거나 죄의식에 눌려서 고통을 당한다. 그들에게 정말 필요한 하나님을 만나지 못하고 교회에서 제

134) Guyon J-M(1995) : *Le Moyen court et autres récits*, Jérome Millon, Grenoble. ch.1, ch.2.

시하는 하나님만 찾으려 하는 것이다. 그러나 귀용 부인이 만났던 하나님은 그런 하나님이 아니었다. 개인적이고, 체험적인 하나님이었다. 그 하나님을 만나려면 내면의 길을 가야 한다. 내적 기도를 통하여 자신의 내면 깊이 계시면서 드러나기를 바라는 하나님을 찾아야 하는 것이다. 그들이 그 하나님을 만날 때, 그 하나님은 그들의 삶에서 드러나며, 그들은 깊은 평화를 맛보게 된다. 성령은 모든 사람을 통해서 드러나기를 바라시기 때문이다.

자기포기와 무사성: 자아의 소멸과 의지의 소멸

귀용 부인이 다른 신비가들과 다른 점은 그녀가 전적으로 그녀의 개인적 속성propriété을 비워서 하나님이 그녀를 통해서 온전히 드러나게 하였다는 점이다. 그녀는 개인적 속성이 모두 사라지는 것을 무사성désapropriation이라고 부르면서, 거기 이르도록 노력하였다. 왜냐하면 그녀가 아무리 의식적으로나 의지적으로 이 세상과 감각적인 세계에서 떠나려고 하거나, 어느 정도 떠나 있다고 생각할지라도 어느 순간 갑자기 개인적 속성이 나타나 지금까지 노력했던 것이 물거품이 되었기 때문이다. 그래서 그녀는 개인적 속성을 모두 없애고 그녀의 존재에 신적인 것만 드러나게 하려고 하였다. 그녀는 "개인적 속성은 사람들에게 어떤 특성을 일관되게 나타내게 하면서 하나님의 성령이 그에게 완전히 침투하지 못하게 하는 변하지 않고 경직된 특질 이외에 다른 것이 아니다."[135]라고 정의했는데, 여기서 그녀가 말하는 개인적 속성은 융이 말하는 자아와 어느 정도 비슷한 개념이다. 자아가 의식 세계의 중심이기 때문이다. 그래서 무사성이란 옛 자아가 죽는 것과 같은 맥락이라고 할 수 있을 것이다.

그러므로 무사성이란 지혜 자체이신 하나님에 비해서 자신의 행동이 너무 무력하고 무가치하다는 사실을 깨닫고, 자신을 신뢰하지 않으면서 하나님의 의지에 자신을 온전히 맡기는 것을 의미한다. 모든 행동에서 하나님이 궁극적인 작용인作用因이 되게 하고, 그의 의식이나 의지는 신적 운동이 이루어질 수 있는 도구가 되게 하는 것이다. 공달은 이것은 부자유가 아니라 영혼이 하나님과 하나가 되어 더 큰 해방을 누리는 것이라고 강조하였다. 왜냐하면 신비가들은 그들의 전적인 동의 아래 무사성無私性을 이루기 때문이다. 그리하여 그들은 하나님에 의해서 완전히 정화되어, 이 세상의 모든 감각적인 것에서 해방되어 그보다 더 고양된 단계의 삶을 살게 된다: "그것은 하나님 안에만 있기 위하여 그의 이성의 작용이나, 의지는 물론 결국 그의 개인적 속성을 모두 벗어 버리는 것이다. 그것은 우리가 모두 부름받은 사랑의 삶이다."[136] 그때 그녀와 하나님 사이에는 아무 차이가 없어지고, 그녀에게는 하나님의 의지 이외에 그 어떤 의지도 존재하지 않게 된다.

귀용 부인은 무사성을 이룸으로써 하나님이 인간을 창조하신

135) Guyon J-M(2004) : "Explication sur l'Ecriture", t. 14. Gondal M-L(1989) : 앞의 책, p190에서 재인용.

136) Gondal M-L(1989) : 앞의 책, p193.

목적을 실현할 수 있었다. 하나님의 말씀이 그녀에게서 온전히 실현되게 하였던 것이다. 그런데 그것은 그녀 내면에 있던 신적 인간성의 실현이라고 말할 수도 있을 것이다. 그녀가 하나님의 말씀을 온전히 받아들이려면 그녀 안에 그것을 담을 수 있는 그릇이 있어야 하기 때문이다. 우리는 여기에서 그녀를 통하여 성육신과 신적 인간성의 실현이 동시에 이루어지는 것을 볼 수 있다. 그래서 공달은 사람들은 그녀의 말을 들으면서, 그것은 이미 비어 버린 그녀에게서 나오는 것이 아니라, 그녀의 내면에 있는 하나님에게서 나오는 것이라는 사실을 알 수 있었다고 주장하였다. 영적인 길에서 중요한 것은 이 세상에서 높아지는 것이 아니라 끊임없이 신적인 것과 다른 인간적인 것을 비우는 작업인데, 귀용 부인은 철저하게 무사성을 이룸으로써 신성이 나타나게 했던 것이다.[137]

들라크르와는 무사성에 도달하려면 '영혼의 어두운 밤'이 반드시 필요하다고 강조하였다. 왜냐하면 신비가들이 회심체험을 한 다음 신적 실재에 대한 깨달음은 얻었지만, 그 실재와 합일되려면 그의 개인적 속성이 모두 소멸되어야 하기 때문이다. 그에게 있는 그 자신의 독특하고, 제한된 속성과 거기에서 비롯되는 여러 가지 욕망과 의지는 그 실재와의 합일을 방해하는 것이다. 귀용 부인 역시 회심체험 후 한편으로는 하나님의 나라를 동경하고, 그 나라에 이르려고 노력했지만, 다른 한편 그녀의 긴장이 풀어지면 자기

137) Gondal M-L(1989) : 앞의 책, p174.

애, 교만, 자신에 대한 과도한 관심self-regard이 틈만 있으면 비집고 나왔다. 그래서 그녀는 "나는 나에게 선한 것은 아무것도 없고 오직 악한 것만 있다고 느꼈습니다. ……살수록 죄를 더 지을 것 같아서 나는 죄짓는 것보다는 차라리 지옥이 나을 것이라고 생각했습니다."[138]라고 절규하였다. 이때 그들의 삶을 주관하는 것은 여전히 자아다. 자아는 감각적인 것들에서 어느 정도 벗어났지만 아직도 그것들을 완전히 극복하지 못했고, 하나님의 현존도 그들에게 주어지는 감각적 기쁨이나 감정적 행복에 따라서 다르게 느껴지는 것이다. 여전히 자아중심적 태도에서 벗어나지 못했기 때문이다.

그러므로 그들의 영혼이 하나님에게 온전히 사로잡히고, 하나님이 그들의 영혼 안에 들어오려면 그들은 그들의 개인적인 틀을 모두 벗어 버리고, 그들 내면에 하나님을 받아들이지 못하게 하는 것들을 비워야 한다. 정화가 필요한 것이다: "사람들이 하나님으로부터 거부되는 원인이 없어져야만 하나님은 그들을 받아들일 수 있습니다. 그런데 그 원인은 죄의 결과에 있는 것이 아니라, 죄인이 가지고 있는 의지와 성향 때문입니다. 그들에게서 그 성향과 의지가 그치면 그들이 아무리 더럽고 끔찍해도 하나님은 그의 사랑과 자비로 그들을 정화시킬 것입니다."[139] 십자가의 성 요한은 신비가들에게 영혼의 어두운 밤이 다가오는 것은 그 때문이라고

138) Guyon J-M(1983) : 앞의 책, pp189-192.
139) Guyon J-M(1983) : 앞의 책, p386.

주장하였다. 그들이 하나님과 합일되려면 그들을 하나님과 만나지 못하게 하는 개인적 속성이 없어져야 하는데, 그것은 그들이 혹독한 고통을 겪지 않는 한 불가능한 것이다. 자아는 그런 고통을 거쳐야 비로소 완전히 죽는다. 그래서 귀용 부인은 그녀에게 어두운 밤이 찾아왔을 때 "나는 체념하게 되었고, 하나님의 부재가 하나님의 현존보다 내 영혼에 때때로 더 도움이 되는 것을 알게 되었습니다. ……하나님이 그렇게 하지 않는다면 사람들은 결코 자기 자신에 대해서 죽지 않을 것입니다. 왜냐하면 사람들의 자기애는 더 강하게 달라붙고 모든 것을 취하려고 할 정도로 위험한 것이기 때문입니다."[140]라고 하였다. 그들은 영혼의 어두운 밤을 지나면서 그들의 개인적 속성이 가진 독성毒性을 깨닫게 되는 것이다. 그래서 귀용 부인은 그녀에게서 개인적 속성이 사라졌을 때, "오 나의 하나님, 저의 의지는 당신의 의지와 하나가 되어서 저의 의지는 사라진 듯하였습니다. 저는 저의 의지를 어디서 찾아야 할지 모르겠습니다. 그래서 제가 의지를 찾으면 당신의 의지만 찾을 수 있었습니다. ……저는 당신께서 저에게, 또 제 안에 하신 것 이외에 다른 어느 것도 바라지 않을 수 없는 듯하였습니다."[141]라고 하였다.

들라크르와는 무사성의 두 가지 중요한 요소는 자아의 소멸과 의지의 소멸이라고 주장하였다. 자아의 소멸은 그들에게 자아에 대

140) Guyon J-M(1983) : 앞의 책, p142.
141) Guyon J-M(1983) : 앞의 책, p147.

한 감정이 사라지고, 그들은 그들에게서 나온 것 같지 않은 생각과 행동을 하게 되는 것이다. 그들은 그것이 자기에게서 나온 것이 아니라 신적인 원천에서 나온 것이라는 사실을 안다. 그리고 그들은 그런 변화 과정을 거치면서 한 개인으로서의 자아의식을 가진 사람으로부터 절대적인 자아의식을 가진 사람으로 변환된다.

다음으로 의지의 소멸이란 그들이 무엇을 계획하거나, 시행하거나, 이루려고 하지 않는 것을 말한다. 그들의 본능과 생각과 여태까지 그들이 습득했던 것들에서 나온 의지가 사라지고 그들의 내면에서 하나님의 의지가 나오도록 하는 것이다. 왜냐하면 하나님과의 관계에서 가장 심각한 문제는 하나님을 무시하고 스스로 무엇인가를 하려는 작위성이기 때문이다. 귀용 부인은 신비적 죽음을 거치면서 그녀의 의지를 모두 비웠다. 그래서 그녀는 "나는 나 자신의 이익에 대해서는 이제 아무것도 생각하지 않게 되었습니다."[142]라고 하였다.

무사성이 이루어지면 그들은 모든 것에 대해서 초연indifférence하게 된다. 그들에게 모든 욕망과 의지가 사라지고, 외부에 있는 감각적인 것들에 대한 애착이 사라지는 것이다. 그 상태에 대해서 귀용 부인은 "나는 모든 것에 대해서 초연하게 되었습니다. 그래서 그 어떤 것도 나의 깊은 곳을 변화시킬 수 없었습니다. ……나

142) Guyon J-M(1983) : 앞의 책, p415. cf. Delacroix H(1938) : 앞의 책, pp150-157, p282.

의 영혼은 아무것도 하지 않고, 심지어 하나님이나 하나님의 은혜나 하나님의 은혜를 잃어버리는 것이나 부드러움이나 십자가도 바라지 않았고 처음의 그 초연에 머무를 수밖에 없었습니다."[143]라고 하였다. 그러나 그런 상태가 무기력하고 모호한 상태는 전혀 아니다. 왜냐하면 그들에게 자아와 의지가 사라졌지만, 그들은 하나님의 선한 즐거움과 하나가 되었기 때문이다. 그들은 이제 이 세상에 있는 것들에 그 어떤 욕망도 느끼지 않는다. 그리고 그들에게 이제 더 이상 굴복시켜야 할 그 어떤 의지도 없어졌고, 그들의 의지는 하나님의 의지로 넘어갔다. 무사성이란 개인적 인격이 신적 인격으로, 개인적 의식이 그보다 더 넓은 의식으로, 개인적 행동이 신적 행동으로 대체되는 것이다.[144]

수동적 정화: 신비적 죽음

귀용 부인은 기독교 신비가 가운데 가장 깊은 영적 경지에까지 도달했던 신비가 가운데 한 사람이다. 그녀가 그렇게 깊은 경지에 도달할 수 있었던 것은 그녀의 삶이 그만큼 고통스러웠기 때문일 것이다. 그녀는 외적인 삶에서의 고통뿐만 아니라 그녀가 신비적 죽음이라고 이름 붙인 하나님의 부재를 7년 동안이나 겪으면서 그녀의 자아를 비웠던 것이다. 이런 고통은 십자가의 성 요한이 '수

143) Guyon J-M(1983) : 앞의 책, p415, p290.

144) Guyon J-M(1983) : 앞의 책, p213. cf. Delacroix H(1938) : 앞의 책, p232. 이런 상태는 노자가 말한 무위지위(無爲之爲) 상태라고 할 수 있을 것이다.

동적 정화'라고 명명했듯이 신비가들이 그들의 죄성과 무성無性을 절감하는 기회를 제공한다. 왜냐하면 그 전 단계에서 그들은 어느 정도 하나님과 함께한다는 느낌을 가졌지만 이 단계에서 다시 그들의 비참한 모습을 직시하기 때문이다. 그들은 그것이 그들에게 아직도 자아가 남아 있기 때문이라는 사실을 깨닫고, 자아와 싸우다가 결국 무사성에 도달하게 된다. 그 전 단계에서 정화가 그들의 의지의 작용으로 이루어졌던 데 반해서, 이 단계에서는 그들의 의지보다 더 높은 차원의 의지가 작용하여 마지막 남은 의지까지 소멸시키는 것이다.[145)]

귀용 부인은 신비적 죽음은 세 가지 단계를 통해서 이루어진다고 주장하였다. 제일 처음 신비가들은 하나님의 은혜와 하나님이 그들에게 주셨던 은사를 잃어버리고 당황하게 된다. 그때 그들은 자신의 회심을 의심하고, 과거의 헌신에 집착하면서 그들의 신앙을 지키려고 애쓴다. 그러나 그것은 회복될 수 없으며 다음 단계로 들어가는데, 그때 그들은 그 전까지 그렇게 능숙하게 했던 선을 행하지 못하게 된다. 자선과 희사도 하지 못하고 다른 사람들의 좋지 않은 점도 다시 눈에 들어오게 된다. 하나님의 은혜 때문에 죽은 줄 알았던 교만과 허영이 다시 고개를 들고 나와서 그것과 맞서 싸우려고 하지만 그것도 쉽지 않다. 그러다가 그들에게는 그들

145) St. Jean de la Croix(1984) : *La nuit obscure*, Seuil, Paris, pp95-103. cf. Gondal M-L (1989), 앞의 책, p267.

이 지금까지 쌓았다고 생각했던 모든 덕성德性이 없어진 듯이 느껴진다: "나는 이제 순전히 자연적인 상태에 떨어졌습니다. 나의 불충은 나의 모든 것이 나의 하나님과 전적으로 다른 상태에까지 이르게 하였습니다."[146] 그에 따라서 귀용 부인은 우울증, 불면증, 식욕부진에 시달렸고, 책을 읽어도 이해를 하지 못하였다. 감각적인 것들에 대한 욕망이 다시 일어났고, 무엇보다도 괴로웠던 것은 머릿속에서 하나님의 것과 다른 여러 가지 상상이 떠오른 것이었다. 그때 그녀는 그녀가 하나님에 비해서 너무 무가치하고 열등하고 비참한 존재라는 사실을 절감하였다: "나에게는 하나님의 순결함이 충격적으로 느껴졌고, 나는 더욱더 불결하게 느껴졌습니다."[147]

그녀는 그런 상태에서 벗어나기 위해서 모든 노력을 다 했지만, 나중에는 아무 노력도 할 수 없었다. 완전히 무기력한 상태에 빠졌던 것이다. 그래서 그녀는 하나님의 철저한 부재 앞에서 하나님을 원망하기도 했지만 결국 하나님의 절대성에 매달릴 수밖에 없었다. 너무 극단적인 고통 앞에서 그것을 극복하려면 절대자의 구원밖에 믿을 것이 없었기 때문이다. 그래서 그녀는 그 극심한 고통에 시달리다가, 나중에는 그 고통에도 어떤 의미가 있지 않을까

146) Guyon J-M(1983) : 앞의 책, p165. cf. 귀용 부인은 우울증 상태에서 이렇게 말했다. "나에게 들었던 또 다른 기분은 내 안에 좋은 것은 아무것도 없고, 나에게는 악만 있다는 느낌이었습니다. 오! 하나님, 당신께서 나에게 하도록 했던 모든 좋은 것은 나에게 악한 것처럼 느껴졌습니다. 제가 여태까지 베풀었던 자비, 희사(喜捨), 기도, 참회 등은 모두 결함투성이인 것 같았고 저를 향해서 비난하며 선고하는 듯했습니다."

147) Guyon J-M(1983) : 앞의 책, p179.

하는 생각이 들었다. 그러다가 그녀는 결국 그녀가 지금 하나님을 찾는 것은 하나님이 그녀에게 같이 있기 때문이 아닌가 하는 생각이 들었다. 그녀가 고통당하는 것 역시 하나님의 섭리 안에서 이루어지는 것이라는 생각이 들었던 것이다. 그런 생각이 들자 그녀는 그녀의 고통을 한결 참을 수 있었다. 그래서 그녀는 "오 나의 하나님, 나를 죽음의 상태 속에 들어가게 하기 전 나를 이끄신 것은 죽음으로써 살게 하기 위함이었습니다."[148]라고 고백하였고, 그것을 깨달으니까, 그 고통이 한결 가벼워진 것 같았다. 그래서 그녀는 신비적 죽음의 기간 7년 가운데 나머지 2년은 훨씬 참을 만하였다고 진술하였다. 그녀는 결국 신비적 죽음을 나오면서, "영혼이 그 자신에게 죽어야 하나님을 지나서 하나님에게 들어갈 수 있다는 것은 틀림없는 사실이며, 나는 그것을 체험했습니다. 또한 나는 내가 앞으로 더 나아갈수록 나의 영혼이 주님 안에서 스스로를 잃게 된다는 것도 발견하였습니다."[149]라고 고백하였다. 그녀는 신비적 죽음을 통해서 온전히 정화되었던 것이다.

들라크르와는 신비주의를 완성시키는 영혼의 어두운 밤이 찾아오는 것은 신비가들이 첫째 회심 후 느끼는 기쁨과 안온함에 너무 매달려 있고, 둘째 그들의 자아가 아직도 모든 것을 판단하고 행동하는 주체이며, 셋째로 그들이 회심을 통해 얻은 것들을 누리려고

148) Guyon J-M(1983) : 앞의 책, p179.
149) Guyon J-M(1983) : 앞의 책, p261.

하기 때문이라고 주장하였다.[150] 하나님은 신비가들이 관상에서 지각했던 하나님의 속성을 행동으로 실현시키기를 바라는데, 그들이 앞으로 더 나아가지 않고 그 자리에 머무르려 하기 때문이라는 것이다. 그들이 하나님과 합일되려면 자아가 모두 소멸되어야 하는데, 자아는 여전히 감정적인 것만 추구하기 때문인 것이다. 그래서 그들은 자아를 포기하고, 신비주의를 완성시키기 위해서 그다음 단계로 넘어가야 한다: "사람들이 그들이 근본적으로 얼마나 비참한 존재인가 하는 것을 진정으로 알게 되는 길은 이런 체험밖에 없습니다. ……하나님은 이때 영혼의 가장 깊은 곳에 있는 근본적인 더러움을 찾고 있습니다. 그것들은 그의 자기애와 독특성 때문에 생긴 것인데, 하나님은 그것들을 없애려고 합니다."[151]

이렇게 볼 때 신비적 죽음은 신비가들에게 자아와 의지를 완전히 포기하게 하여 무사성에 이르게 하는 데 반드시 필요한 하나의 과정임을 알 수 있다. 그것이 그렇게 괴로운 만큼 그들의 인간성 속에 있는 근본적인 악성을 벗어 버릴 수 있게 하기 때문이다. 그러므로 그들이 신의 부재라고 느끼는 것은 하나님의 전적 부재가 아니라, 하나님이 잠시 그의 몸을 숨기고 있는 것이기 때문에 신비가들은 하나님의 현존을 다시 찾으려고 그렇게 애쓰는 것이다: "그 상실의 기간 동안 아무리 나에게 모든 것이 완전히 사라진 것

150) Delacroix H(1938) : 앞의 책, p202.
151) Delacroix H(1938) : 앞의 책, p192.

처럼 보였을지라도 나의 영혼이 어떤 깊은 지지가 있다고 믿지 않는 한 그것은 완전히 사라지지 않았고, 그 지지가 사라졌을 때에만 그 지지가 먼저 있었다는 것을 알 수 있는 법입니다." [152)]

순수한 사랑과 순수한 믿음

귀용 부인은 혹심한 고통 속에서도 하나님이 그녀와 함께하시는 것을 느꼈다. 그러나 대부분의 사람은 언제나 그들의 감정이나 감각을 중심으로 판단하려고 하며, 그것을 충족시키려고 한다. 하나님과의 관계에서도 그들에게 외적인 환경이 좋으면 하나님께 감사하지만, 그렇지 않으면 하나님을 원망하고 불평하며 하나님을 떠나기도 한다. 그러나 귀용이 신비적 죽음 속에서 만났던 하나님은 인간의 이런 경박한 태도로서는 도저히 파악할 수 없는 분이었다. 그는 모든 인간적인 차원을 초월해 계신 분이기 때문이다. 하나님은 모든 사람을 더 큰 삶의 차원으로 인도하고, 그 인도를 따르는 사람들은 감각적이고 감정적인 기쁨만 누리려고 하지 않고, 새로운 삶의 경지에 도달하는 것이다.

그래서 귀용 부인은 하나님에 대한 순수한 사랑과 순수한 믿음의 중요성을 주장하였다. 인간적인 조건 때문에 하나님을 믿고 사랑하는 것이 아니라 절대적인 사랑과 믿음이 중요하다고 강조했던 것이다. 그렇게 될 때 사람은 다른 사람까지 순수하게 사랑할 수

152) Delacroix H(1938) : 앞의 책, p162.

있으며, 그것이 그리스도인의 완성에 도달하는 길이다. 그래서 귀용 부인은 "당신은 왜 사랑하는데 사랑해야 하는 이유를 찾으려고 합니까? 사랑하는 이유를 찾지 말고 사랑하십시오. 그러면 우리는 다른 사람들이 그 이유를 발견하기 전에 사랑으로 가득 찰 것입니다."[153]라고 하였고, 사람들의 속에는 이미 사랑할 줄 아는 능력이 들어 있다고 주장하였다. 그녀는 회심 초기 그녀의 내면에서 하나님을 향한 사랑의 불꽃이 타오르는 것을 느끼고 매일 새벽 4시에 일어나 기도를 드렸는데, 피곤한 줄도 몰랐다: "나의 영혼 안에는 불꽃이 타오르고 있었습니다. 그 불꽃은 사람들이 사랑이라고 말하는 것의 뜨거움은 있었지만 성급함은 전혀 없었습니다. ……나는 아무런 동기와 이유 없이 그저 하나님을 사랑했습니다. 내 머릿속에는 아무것도 없었지만 영혼 가장 깊숙한 곳에는 많은 것이 있었습니다." 그것은 그녀가 신비적 죽음 속에 있을 때도 마찬가지였다: "내 영혼은 내 영혼이 잃어버린 것을 끊임없이 찾았습니다. 내 영혼이 아무리 그것을 잃어버렸기 때문에 찾을지라도 …… 내 영혼이 그것을 찾는 것은 그의 사랑이 남아 있다는 것을 말해줍니다. 왜냐하면 사람들은 그가 사랑하지 않는 것은 찾지 않기 때문입니다."[154]

153) Guyon J-M(1983) : 앞의 책, p45. 귀용 부인은 순수한 사랑에 대해서 이렇게 정의하였다. "오, 나의 하나님. 당신께서 저에게 주신 사랑은 그 어떤 이익도 바라지 않는 순수한 사랑인 듯합니다. 하나님을 하나님 안에서 하나님만 위해서 사랑하고 그 어떤 대가도 바라지 않는 사랑인 듯한 것입니다." Guyon J-M(1983) : 앞의 책, p246.

154) Guyon J-M(1983) : 앞의 책, p163.

물론 그런 사랑과 믿음은 귀용 부인처럼 삶의 처절한 고통을 겪지 않는 한 실행하기가 여간 어려운 것이 아닐 것이다. 그러나 그것은 아무리 마셔도 조금 있으면 또 다시 목이 마르는 감각적인 사랑과 달리 한 번 마시면 더 이상 목이 마르지 않고 다른 것을 찾지 않는 그야말로 순수한 사랑이다. 그래서 그 사랑은 겉으로 드러나는 요란한 사랑이 아니라 침묵의 사랑이고, 기도 속에서 완성되는 사랑이다: "나는 입술을 열고 말을 하는 순간 하나님에 대한 사랑이 나를 강하게 사로잡아 깊은 침묵과 형언할 수 없는 평안 속에 잠겨들었습니다. 다시 시도해 보았지만 여전히 소용없었습니다. ……주님에 대한 사랑이 점점 더 커지고, 격렬하게 흘러넘칠수록 내 안에서는 소리 없는 기도가 계속되었습니다."[155] 진정한 신비가들의 행동이 드러나지 않고, 겸손한 것은 그 때문이다. 그들의 자아가 하나님 안에서 완전히 포기되었기 때문에 그들의 행동은 바깥으로 드러나지 않는 것이다.

이런 사랑을 할 수 있으려면 순수한 믿음이 필요한데, 순수한 믿음이란 순수한 사랑과 다른 것이 아니다. 같은 내용이 서로 다른 방향으로 나아가는 것이기 때문이다. 순수한 믿음 역시 그 어떤 대가나 개인적 이익을 위해서 믿는 것이 아니라 사람들이 자신에 대한 모든 것을 포기한 상태에서 하나님이 하나님이기 때문에 믿는 믿음이다. 그러나 대부분의 사람에게 순수한 사랑이 어렵

155) Guyon J-M(1983) : 앞의 책, p104.

듯이 순수한 믿음도 쉽지 않다. 귀용 부인은 라 콩브 신부에게서도 그런 모습을 보았다. 그는 하나님을 지적으로 추구하거나 하나님에게 은혜를 기대했기 때문이다. 그녀는 그것을 '빛의 길'이라고 비판하면서, 순수한 믿음의 길을 따를 것을 촉구하였다: "진정한 황홀경과 엑스타시는 전적인 무無의 상태에서만 온전히 이루어집니다. ……그런 엑스타시는 순수한 믿음과 모든 피조물에 대한 죽음, 심지어 하나님의 은사에 대한 죽음에 의해서만 이루어집니다."[156] 이렇게 순수한 사랑과 순수한 믿음이 이루어질 때, 귀용 부인은 "나는 모든 것에 대해서 초연하게 되었습니다. 그래서 그 어떤 것도 나의 깊은 곳을 변화시킬 수 없습니다."[157]라고 고백할 수 있었다. 삶이 한 차원 더 높아진 것이다.

새로운 교회와 새로운 삶

새로운 정신과 새로운 교회

귀용 부인이 살았던 시대에는 서로 반대되는 두 세계가 서로 대치되어 갈등상태에 빠져 있었다. 절대왕정과 시민사회, 종교에 기반을 둔 전통 사회와 이성에 기반을 둔 세속 사회, 가톨릭교회와 개신교회 등 반대되는 원리가 서로 첨예하게 부딪히면서 새로운 사회를 태동시키려고 했던 것이다. 그런 상황 속에서 귀용 부

156) Guyon J-M(1983) : 앞의 책, p79.
157) Guyon J-M(1983) : 앞의 책, p415.

인은 개인적으로는 물론 사회적인 측면에서도 많은 어려움을 겪었다. 그녀는 그러한 상황의 접경 지대에 있었기 때문에 당시 사회의 여러 가지 모순을 더 깊이 느꼈고, 격렬하게 반항할 수 있었는지도 모른다. 그에 따라서 그녀의 주장은 새로운 시대를 고대하던 다른 영혼에게 영감을 불러일으켰고, 그 사람들은 그 뒤를 이어서 그녀의 영성을 이어가려고 하였다. 그녀는 독일의 낭만주의자들과 진젠도르프를 비롯한 개신교 경건주의자들에게 많은 영향을 끼쳤다.[158)]

그녀의 영성은 다음과 같이 세 가지로 정리할 수 있다. 그녀는 첫째로 인간의 내면에 있는 절대적인 하나님에 대해서 강조하였다. 하나님은 인간적인 모든 것을 벗어난 절대적인 존재라는 것이다. 사람들은 그런 하나님을 자신의 내면에서 찾아야 한다. 하나님은 감각적인 세계나 사회적인 삶이나 교회 교리에서 찾을 수 없고 내면에 들어갈 때 만날 수 있다는 것이다. 둘째로 그녀는 하나님과의 직접적인 합일과 성육신되는 하나님을 강조하였다. 사람들은 그런 하나님을 체험할 수 있으며, 하나님을 체험하는 순간 그들은 하나님을 실현시키는 삶을 살 수 있다는 것이다. 그녀에 의하면 합일은 황홀경에 사로잡히거나 탈혼되는 것만이 아니라 하나님이 사람들의 삶을 통하여 실현되는 것이다. 하나님은 인간을 통하여 성육신되기를 바라고, 그것을 위해서 사람들을 부르시는

158) Gondal M-L(1989) : 앞의 책, pp68-70.

것이다. 그러므로 신앙인들은 하나님과 하나가 되어 하나님이 그의 몸을 통해서 이 세상에서 실현될 수 있도록 해야 한다. 셋째로 그녀는 순수한 사랑과 순수한 믿음을 강조하였다. 그녀가 체험한 하나님은 인간적인 것을 모두 초월한 하나님이다. 그러므로 사람들은 하나님이 하나님이기 때문에 사랑하고 믿어야 한다. 그들에게 무엇을 해 주어서가 아니라 하나님이기 때문에 믿어야 하는 것이다.

그러나 많은 사람은 그녀의 주장에 대해서 생소하였다. 그 이유는 기성 교회가 신도들에게 죽은 진리만 가르칠 뿐, 하나님을 체험하게 하지 못하고 하나님을 실현시키게 하지도 못하기 때문이다. 많은 사람은 회심하기를 원하는데, 사제들조차 회심하지 못했고, 회심으로 인도하지 못했던 것이다. 그래서 그녀는 추상적이고 사변적인 교리 대신 몸으로 체험하고 살 수 있는 하나님을 주장하였다. 교회의 제도와 인간의 언어 속에 박제剝製된 신상神像을 해방시키고 모든 사람의 삶 속에서 육화될 수 있는 하나님을 강조했던 것이다. 그녀가 무엇보다도 안타깝게 생각했던 것은 대부분의 회중이 아무것도 모르면서 맹목적으로 교회 의식에 참여하는 것이었다. 그래서 그녀는 성경을 가르쳤고, 주기도문을 프랑스 어로 하도록 하였다. 그녀의 이런 주장은 교회에는 대단히 위험했지만 새 시대의 여명기에 어둠 속에서 빛을 기다리던 많은 사람에게는 커다란 충격이었다. 그래서 많은 사람은 세계 각지에서 그녀를 찾아와 그녀에게서 많은 영감을 받았다. 그녀는 새로운 시대의 도래

를 알렸고, 그녀를 통해서 깨달은 사람들은 그들 나름대로 새로운 시대를 향하여 나아갔다.[159)]

이러한 귀용 부인의 삶을 보면, 그녀는 깊은 관상 속에서 하나님을 만났고, 그녀가 만났던 하나님은 그녀 안에 들어와 그녀의 자아를 이끌어 주었는데, 그것은 그녀 내면에 이미 있던 신적 인간성의 실현이기도 하였다. 그녀에게서 초월적 실재와 내재적 실재가 하나로 통합되었던 것이다. 그런데 그녀에게서 초월적 실재는 예수 그리스도이며 성서의 말씀이었기 때문에 그녀는 성서의 말씀을 그녀의 몸으로 육화시키려는 방향으로 나아갔다. 그녀는 그녀가 체험한 모호한 초월적 절대자를 성서에서 찾았고, 성서의 말씀을 그녀의 몸으로 실현시키려고 하였던 것이다. 그 결과 그녀는 모호한 절대자에 머물지 않았고, 사랑의 하나님을 실현시킬 수 있었다. 누멘을 기독교적으로 해석했던 것이다. 그런데 그녀가 보기에 당시의 교회는 그런 하나님에 대해서 너무 무지했고, 형식적인 교의에 묶여 있었다. 그래서 그녀는 체험을 통해서 사람들에게 성육신하려는 하나님을 육화시킬 수 있는 새로운 교회를 세우려고 하였다. 새로운 시대가 요구하는 개인적이고, 체험적인 교회를 세우려고 했던 것이다. 그 교회는 개신교 경건주의자들에 의해서 이어졌지만, 지금 교회는 다시 형식과 제도의 틀 속에 빠져들어 있는 듯하다.

159) Gondal M-L(1989) : 앞의 책. pp94-110.

성자성

W. 제임스는 신비가들은 신비체험의 마지막 단계에서 그들의 인격적 에너지가 종교적 중심에 자리 잡아 성자성saintliness을 이룬다고 주장하였다. 그들에게서는 영적 정서가 그들의 인격적 에너지의 습관적 중심이 된다는 것이다. 그래서 신비가들은 겉으로 보기에는 평범하거나 초라해 보이지만 다른 사람들의 용기를 북돋워 주고, 어디를 가든지 평화를 이루며 영적인 향기를 풍겨서 다른 사람들은 그런 이들을 만나면 그들과 무엇인가 다른 것이 있다고 느끼게 된다고 덧붙였다. 그들은 겸손해서 자신을 드러내지 않지만 무엇인가 단단한 것이 느껴지고, 신비한 권위를 가진 듯이 느껴진다는 것이다. 사람들이 그들을 접한 다음 그들 내면에서 그들에 의해서 불러일으켜진 침묵의 소통 때문에 더 높은 삶으로 나아가려는 응답을 보이는 것은 그 때문이다. 신비가들이 그렇게 할 수 있는 것은 그들이 근원으로 돌아갔기 때문이다.[160] 그들의 개인적 속성la propriété이 모두 비워져 그들의 내면 깊숙이 자리 잡은 신적 인간성l'humanité divine이 나타나는 것이다. 그것은 귀용 부인에게서 말씀의 성육화로 나타났다. 그녀는 그녀의 자아와 의지를 모두 포기하고 하나님의 의지가 그녀의 몸을 통하여 드러나게 했던 것이다. 그 결과 그녀는 하나님의 말씀이 그녀의 자아 대신 살도록 했다. 신비적 죽음을 거친 다음 그녀는 아무리 가혹한 고통에 처할

---

160) James W(1997) : 앞의 책, p316, p318.

지라도 그녀의 연약한 인간성으로 대처하지 않았고, 하나님의 말씀으로 대처하게 했던 것이다. 그래서 그녀는 그녀에게 다가온 극심한 고통 가운데서도 그 고통에 지지 않고 이겨 낼 수 있었다. 말씀의 성육화가 그녀의 몸을 통해서 실현되었던 것이다.

들라크르와는 귀용 부인을 비롯한 신비가들에게는 다음과 같은 다섯 가지 특징이 있다고 주장하였다. 첫째, 개인의식의 소멸이다. 그들에게서 습관적인 자아가 그것을 훨씬 멀리 넘어서는 더 큰 인격으로 대체되는 것이다. 그래서 과거에는 자아와 하나님 사이에 구별과 대립이 있었지만, 이제는 하나님이 자아에 들어와 자아가 소멸되자 아무 대립도 없어진다. 둘째, 자동성이다. 개인의식에서 나오는 행위들은 좀 더 직접적이고 즉각적인 하나님의 행위로 대체되는 것이다. 주체에게서 욕망이나 의지가 사라지고, 모든 것에서부터 초연하게 되어 그는 그를 이끌어 가는 것에 아무 반성도 하지 않고, 아무 저항도 없이 따라간다. 셋째, 그들은 사도적인 삶을 산다. 그들은 그들 자신의 이익에 매달려서 살지 않고, 다른 사람들에게 그들처럼 하나님을 만날 수 있는 길을 가르치는 것이다. 그들은 모든 사람이 그들처럼 하나님께 부름받았다는 사실을 알기 때문이다. 넷째, 그들은 무한한 기쁨과 계속되는 황홀경 속에서 산다. 그들에게는 무엇이라고 표현할 수 없는 기쁨과 황홀경이 계속되는데, 그런 감정상태는 그들이 이 세상에 있는 그 어느 것에도 흥미를 느끼지 못하게 한다. 마지막으로 계속적인 정화가 이루어진다. 그들이 신적 실재와 합일되었지만 여전히 신이 아닌 인간이기 때문에 그들에게서 때때로 인간적인 것들이 나와서 정화가 필요한 것이다. 그러나 그들은 다시 그 전 상태로 떨어지지 않고, 그런 분열은 그들로 하여금 더 큰 합일을 향해서 나아가게 하고, 더욱더 겸손하게 한다.[161] 우리는 귀용 부인의 말년의 삶에서 이런 모습을 보게 된다. 마치 기독교의 성자, 성녀들이 살았던 것과 같은 모습을 보는 것이다. 그녀가 비록 가톨릭교회로부터 성녀로 추대되기보다 오히려 박해를 받았지만 그녀는 그 어느 성자, 성녀보다 더 거룩한 삶을 살았던 것이다.

161) Delacroix H(1899) : 앞의 책, pp142-150, pp206-217

잔느-마리 드 귀용 부인의 신비주의에 대한 분석심리학적 고찰

여성의 개성화와 인격의 새로운 중심

귀용 부인에게서 영웅신화의 전형典型을 찾아볼 수 있다는 말은 분석심리학적 측면에서 볼 때 그녀의 삶에서 여성의 개성화 과정과 비슷한 정신의 발달과정을 살펴볼 수 있다는 말이 된다. 그녀는 운명적으로 다가온 고통을 극복하는 과정에서 그녀에게 있던 부정적인 정신 요소를 동화시키거나 분화시키면서 내면에 있는 정신의 중심 요소인 자기self를 실현시켰다는 말이다. 물론 그녀의 신비주의는 분석심리학에서 말하는 개성화 과정과 다른 기독교의 영적 탐구를 통해서 이루어져서 개성화 과정과 일대일로 대응시킬 수는 없다. 그러나 신비주의 역시 인간의 정신이 더 큰 발달을 향해 나아가려는 역정歷程이고, 신비주의의 궁극에 인간 정신이 매우 고양된 모습을 보인다는 점에서 신비주의와 개성화 과정을 유비적으로 살펴볼 수 있을 것이다.

이와 같은 관점에서 우리가 앞으로 살펴볼 귀용 부인의 삶에서 중요했던 요소는 분석심리학적인 측면에서 살펴볼 때 남성성과 여성성 사이의 갈등 문제였다. 왜냐하면 그녀는 어린 시절 어머니와 친밀한 관계 속에서 여성성을 발달시키지 못했기 때문이다. 그 문제에 대해서 융은 다음과 같이 말하였다. "어머니와 아이 사이의 관계는 우리가 알기에 가장 깊고 가장 중요한 관계 가운데 하나다. 왜냐하면 아이는 얼마 동안 어머니의 몸의 한 부분이고, 그다음 얼마 동안 어머니의 정신적 분위기의 일부라고 할 수 있기 때문이다."[162] 그러나 그녀가 수많은 우여곡절 끝에 자신의 여성성을 받아들였을 때, 그녀 내면에 있던 모성母性은 활짝 꽃피었다. 그래서 그녀에게 다가온 사람들은 그녀를 '어머니'라고 부르며 그녀를 따랐고, 그녀는 그것을 바탕으로 해서 무의식에 있던 남성성까지 통합하면서 전체 정신을 실현시킬 수 있었다. 그녀에게서 개성화가 이루어졌던 것이다.

그녀의 삶에서 고통은 끊이지 않았는데 자신의 고통은 시기에 따라서 크게 세 가지로 나뉜다. 첫째로 그녀는 어린 시절 아들만 편애했던 어머니에 의해 버려져 수녀원에서 지내야 했고 그것을 혼자 극복하려는 과정에서 화를 잘 내고, 다른 사람들과 다투기를 잘 했으며, 우울한 성격으로 자랐다. 그래서 그녀는 결혼한 다음에도 시어머니나 남편과 사이가 좋지 못했고 자살하려고까지 하였다. 둘째로 그녀는 회심체험을 한 다음 처음에는 변화된 듯했지

162) Jung CG(1978) : *The Structure and Dynamics of the Psyche*, Princeton University Press, Princeton, p373.

만, 곧이어 7년 동안 그녀가 '신비적 죽음'이라고 부른 영혼의 어두운 밤 속에서 고통당했다. 그때 그녀에게는 종교적 덕성이 모두 사라졌고 지적 · 도덕적 · 영적으로 몹시 퇴락하여 절망적인 상태에 도달하였다. 셋째로 그녀는 신비적 죽음에서 벗어나 여러 가지 활동을 하다 다시 이단으로 의심받아 투옥되었다. 그녀는 처음에는 이 고통에 반발했지만, 나중에는 거기에도 어떤 의미가 있을 것이라고 받아들이면서 그녀의 중심을 향해서 나아갔다. 이처럼 그녀는 다른 사람들과 달리 유난히 힘든 고통을 당했는데, 목적론적으로 보았을 때 그것들은 그녀를 내적 중심으로 이끌어 준 고통이라고 할 수 있다. 그 고통이 아니었으면 그녀가 그렇게 깊은 경지의 삶을 살지 못했을 것이기 때문이다.

어머니와의 관계가 원만하지 않은 여성들은 어린 시절 어머니와의 동일시를 거부하면서 자신의 여성성까지 부정하고 남성적인 것을 동일시하려고 한다. 그 결과 그녀는 많은 시련을 당하고, 어쩌다가 외적으로 성공하여 기쁨을 맛보기도 하지만, 내면에서는 공허감을 느끼고 때때로 깊은 우울에 빠지기도 한다. 그때 여성들은 내면 깊은 곳에서 여성성과 다시 접촉하고 처음에 떠났던 어머니와 화해하고, 내면에 있던 남성성을 발달시키면서 개성화되기도 하는데, 우리는 그런 모습을 귀용 부인에게서도 찾아볼 수 있다.[163] 그녀 역시 어린 시절 어머니로부터 배척당하여 자신의 여성성까지

163) cf. Murdock M(1990) : *The Heroine's Journey*, Shambhala, Boston, p5.

거부하고 남성적인 것과 동일시하려다가 삶의 여러 가지 고통을 겪은 다음 여성성을 회복하고 전체적인 인격을 형성했던 것이다.

귀용 부인이 아들만 편애했던 어머니에게 사랑받지 못했고, 아버지 역시 그녀에게 큰 관심을 기울이지 않아서 고통을 받은 이야기는 그녀의 자서전 곳곳에서 발견된다. 그녀는 아버지가 어머니와 달리 그녀를 사랑했다고 하는데, 그것은 사실이라기보다 그녀의 바람이었을 가능성이 크다. 왜냐하면 그녀는 아버지에게 가까이 가지 못했고, 아버지에게서 두려움을 느꼈다고 술회하고 있기 때문이다. 그녀는 냉담한 어머니와 무력한 아버지 사이에서 고통을 받았던 것이다. 그때 그녀는 두 가지 방책을 택했는데, 하나는 그녀에게 사랑을 주지 않는 어머니에게 인정받으려고 '영원한 딸'로 머무르려고 하였고, 다른 하나는 아버지와 아버지로 대표되는 남성 중심적인 문화 속에서 인정받으려고 했던 것이다. 그래서 그녀는 자기도 아들 못지않게 유능하다는 것을 보여 주기 위하여 남성적 특성을 기르려고 했으며, 더욱더 학구적이고 종교적으로 되려고 하였다. 그것은 그녀가 여성적인 것을 배우기보다 바깥에서 거칠게 놀기를 좋아했고, 그것을 걱정한 아버지가 그녀를 다시 수녀원에 보낸 것과 그녀가 책 읽기와 종교적 수련에 깊은 관심을 기울였던 것에서 잘 드러난다. 그녀는 어머니와 분리되면서 그녀의 여성성까지 거부하려 했던 것이다.[164)]

---

164) Guyon J-M(1983) : 앞의 책, p27, p39, p48. cf. 그녀가 얼마나 거칠게 놀았는지, 그

그러나 여성이 여성으로 살지 않으면 그 대가를 치러야 한다. 그래서 그녀는 다른 사람들과 좋은 관계를 맺지 못하였고, 내면이 불안정하여 화를 잘 냈으며, 때때로 참을 수 없는 울음이 터져 나오기까지 하였다. 그녀의 이런 성격은 결혼한 다음에도 시집살이를 원만하게 하지 못하게 하였다. 그녀는 시어머니는 물론 남편과도 불화관계에 있었던 것이다. 물론 거기에는 시어머니와 남편에게도 문제가 있을 것이다. 그러나 "내가 옳은 말을 하면 시어머니와 남편은 내가 그들을 가르치려 든다고 했습니다."[165]라는 말이나, "그렇게 하면혀를 잘라 버리면 내가 말할 때마다 화를 내고 원망하는 그 사람들을 더 이상 화나게 하지 않을 것이라는 생각이 들었습니다."[166]라는 것으로 보아서 그녀에게는 여성적인 에로스가 발달하지 못했고, 미숙한 논리로 잘 따져서 다른 사람들의 화를 촉발했던 것에 문제가 더 컸을 것이다. 또한 그녀의 부성 콤플렉스는 그녀가 신비적 죽음을 겪기 전까지 그녀가 매우 외향적인 태도를 가졌던 것에서도 잘 드러난다. 그래서 그녀는 사교계에 드나들면서 그녀의 미모를 칭송하는 이야기를 듣고 마음이 우쭐하여 더욱더 사교계에 드나들려고 하였다.

녀는 우물가에서 놀다가 시궁창에 빠지기도 했으며, 다른 아이들에게 욕도 심하게 하였다고 고백하였다. 그러나 그녀는 어린 시절 모성을 맛보기도 했는데, 그녀에게 어머니 역할을 해 준 것은 위르슬린 수녀원에 있던 이복 언니였다. 언니는 그녀의 아버지가 그녀의 어머니와 결혼하기 전 부인과의 사이에서 낳은 딸인데, 그녀를 매우 사랑해 주었다. Guyon J-M(1983) : 앞의 책, pp28-30.

165) Guyon J-M(1983) : 앞의 책, p54.

166) Guyon J-M(1983) : 앞의 책, p58.

그런 고통 속에서 그녀에게는 발달이 완전히 멈추어 버리거나 그 고통을 뛰어넘으려고 하는 길밖에 없었다. 그래서 그녀는 한동안 시어머니의 기세에 눌려 완전히 바보 같은 상태에 빠지기도 하였다. 그녀를 알던 사람들이 그녀를 알아보지도 못할 정도로 멍청해지기도 했던 것이다. 그러나 그녀는 그 고통을 종교적인 방법으로 극복하려고 하면서 결국 신비체험을 통하여 그 고통에서 벗어날 수 있었다. 그녀는 스무 살 무렵 회심을 하지만 첫 번째 단계의 회심은 신비주의의 긴 흐름에서 보았을 때 시작에 불과하여, 그녀는 회심체험 후 곧 '영혼의 어두운 밤'에 들어갔는데 그 단계는 신비주의에서 매우 중요한 단계다. 그녀는 다시 한 번 어둠 속에서 새로운 탄생을 준비해야 했던 것이다.

신비가들에게서 영혼의 어두운 밤은 서로 다르게 나타난다. 아빌라의 테레사와 아시시의 성 프란체스코에게 어두운 밤은 짙지 않았지만, 십자가의 성 요한과 귀용 부인에게는 매우 짙게 나타났다. 그러나 그것은 그녀에게 고통스러웠던 만큼 매우 중요하였다. 그녀는 그 죽음과 같은 어둠을 거치면서 그녀에게 속한 모든 인간적인 것의 무력함을 절감하였고, 그것을 모두 버릴 수 있었던 것이다. 이렇게 볼 때 신비가들이 때때로 우울증으로 경험하는 영혼의 어두운 밤은 고통스럽기는 하지만 부정적인 것만은 아니라는 사실을 알 수 있다. 그들은 정신에너지가 무의식으로 들어갈 때, 여태까지 알지 못했던 내면세계를 탐구하고, 내면에 있는 창조성과 접하면서 새로운 탄생을 준비하게 되는 것이다. 그래서 융은 우울증이란 정신에너지의 정체 현상인데, 그것이 풀리면 정신에너지는 더 긍정적인 방향으로 나아간다고 주장하였다. 우울증은 창조적 작업이 행해지기 직전의 어둠이라는 것이다.[167)]

그녀는 신비적 죽음이 끝날 무렵 꿈과 환상을 많이 보았는데, 그것들은 중요한 것이었고, 그녀의 영적인 상태에 대해서 보여 주는 듯하다. 그 무렵 그녀는 교회에 앉아 있는 데도 여러 가지 상상이 떠올라서 몹시 괴로웠다. 그러던 어느 날 그녀는 상상 속에서 교회의 문이 모두 열려 있는데, 어떤 집의 가장인 아버지가 박아 놓은 말뚝이 모두 뽑혀서 마치 약탈당한 듯한 포도밭을 보았는데 그 포도밭은 마치 그녀 자신 같았다. 그때 그녀는 사람들이 교회에 마음대로 드나드는 모습을 보았다. 그다음에는 꿈에 어느 작은 수녀가 나타나서 그녀에게 하나님은 그녀가 주네브로 가기를 원한다고 하였다. 마지막으로 그녀는 어느 날 꿈에서 어떤 작은 동물을 보았는데, 그것은 얼마 전부터 죽어 가는 남자의 욕망이었다. 그녀가 그 동물을 잡으니까 그것은 점점 커지면서 그녀를 바늘로 찔러서 몹시 아팠다. 그때 한 사제가 나타나서 그 동물을 집게로 떼어 주었는데, 그 후 그녀는 그 전에는 가지 못했던 곳에도 갈 수 있게 되었고, 진흙이 허리까지 올라오는 교회에 가더라도 옷을 전혀 더럽히지 않을 수 있었다.[168)]

---

167) Jung CG(1977) : *The Practice of Psychotherepy*, princeton University Press. Princeton, NJ. para. 373.

168) Gayon J-M(1983) : 앞의 책, p204, p205, p207, p219.

귀용 부인의 자서전에는 이 밖에도 더 많은 꿈과 환상이 나오는데, 그녀가 이 무렵에 보았던 꿈과 환상은 특히 중요하다. 그것들은 그녀의 당시 상태와 앞으로 발달해야 하는 과제에 대해서 말해주기 때문이다. 첫 번째 환상에서 그녀 자신인 포도밭에는 아버지가 박아 놓은 말뚝들이 너무 많이 있다. 다시 말해서 그녀의 기독교 신앙에는 부성적인 요소가 너무 많아서 그녀는 교의적으로 어떤 것이 옳고 어떤 것이 그르며, 도덕적으로 어떤 것은 반드시 해야 하고 어떤 것을 해서는 안 된다는 것이 너무 많았던 것이다. 그것이 '아버지가 박아 놓은 말뚝'들로 표상되었다. 그것들은 그녀 자신은 물론 다른 사람과의 관계에서도 많은 문제를 불러일으켜서 그녀는 많은 고통을 받았다. 그래서 그것들은 모두 뽑혀야 한다. 그래야 다른 사람들이 마음대로 교회를 드나들 수 있다. 그녀가 부정적인 부성 콤플렉스 때문에 교의적으로 너무 엄격하고, 도덕적으로 너무 완고했던 태도를 버려야 참다운 하나님을 만날 수 있다는 것이다. 그래서 그녀가 신비적 죽음을 거치는 동안 그녀에게 있던 개인적인 속성을 모두 버려야 했고, 그때 그녀는 그녀의 깊은 내면에 잠재되어 있던 하나님께 더 가까이 다가갈 수 있었으며, 다른 사람들과의 관계에서도 커다란 변화가 찾아왔다. 그녀의 신앙에 아버지가 박아 놓은 말뚝들이 모두 뽑혔을 때, 그녀는 모성을 찾을 수 있었고, 좀 더 부드러운 태도로 다른 사람들을 만날 수 있었던 것이다. 이러한 태도는 그녀로 하여금 그 전까지 지켜 왔던 엄격한 금욕과 고행의 태도를 버리게 했는데, 그것은 곧 가톨릭

교회의 반발을 불러왔다. 그러나 귀용 부인은 그것을 아랑곳하지 않고, 신비주의에 필요한 것은 금욕과 고행이 아니라 그리스도에 대한 사랑이라고 강조하면서 나아갔다. 그 전보다 훨씬 넉넉하고 여유 있게 되었던 것이다.

귀용 부인은 두 번째 꿈에 나오는 작은 수녀에 대해서 자세하게 묘사하지 않았다. 그러나 그 꿈은 그녀가 그 꿈을 따라서 파리에 있던 모든 것을 정리하고 주네브로 갔을 정도로 매우 중요한 꿈이었다. 그 꿈은 그녀에게 커다란 정동을 불러일으켰고, 커다란 의미로 다가왔던 것이다. 그 꿈에서 생각할 것은 두 가지인데, 하나는 작은 수녀라는 이미지이고 다른 하나는 주네브라는 지명이다. 먼저 작은 수녀는 그녀의 내면에 있는 작은 수녀, 즉 그녀를 새로운 삶을 향해서 나아가도록 촉구하는 정신적 요소였던 것이다. 그녀가 파리에서 사교계에 드나들던 무렵 그녀의 외향적인 태도 때문에 드러나지 않고 무의식 속에 잠겨 있던 '내면의 수녀'였던 것이다. 그러나 이제 그녀가 부성 콤플렉스에서 벗어나자 그녀 속에 있던 종교성이 되살아나 그녀를 정신적인 삶으로 이끌려고 했던 것이다. 그런데 그 수녀는 그녀에게 주네브로 가라고 말했다. 그녀가 알지 못하는 세계, 미지의 세계로 가라고 했던 것이다. 그때 주네브는 파리에서 엄청나게 멀리 떨어져 있는 미지의 세계였으며, 개신교도들이 점령하고 있는 매우 위험하고 낯선 곳이었다. 그러나 그녀는 그곳으로 가야 했다. 그녀가 신비적 죽음을 거치면서 새로운 통합을 이룬 다음 더 깊은 체험을 하기 위해서는 익숙하고 편안한 곳을 떠나서 알지 못하는 세상으로 순례의 길을 떠나야 했던 것이다. 따라서 주네브는 자연적 지명만이 아니라 개신교와 관계되는 미지의 세계일 수 있고, 더 넓게는 개성화를 향한 부름일 수도 있을 것이다. 그래서 그녀는 처음에는 주네브에 가려고 했으나 여러 가지 사정 때문에 주네브에 가지 못했고, 내면에 있는 주네브인 새로운 삶을 향해서 나아갔다.

마지막 꿈에 나오는 짐승과 사제 역시 흥미 있는 상징이다. 그런데 그 작은 짐승은 얼마 전부터 죽어 가는 남자의 욕망이라고 하였다. 그런데 그 동물은 그녀가 잡으니까 점점 더 커지면서 그녀를 찔렀다. 그러면 그 동물이 의미하는 것은 무엇인가? 꿈에서는 그 동물이 얼마 전부터 죽어 가는 남자의 욕망이라고 하였다. 따라서 그것은 그녀 안에 있는 남성적인 욕망, 즉 그녀의 외향적이고 지적이며 성취지향적인 남성 원리라고 할 수 있을 것이다. 그 원리는 그녀가 그것을 의식하지 못하고, 거기 사로잡히기만 할 때 커질 수밖에 없다. 그래서 그녀가 처음 그것을 떼어 내려고 했을 때, 가시로 그녀를 더 깊게 찌르면서 놓아 주지 않았다. 그러나 사제가 집게로 떼어 내자 그 동물은 그녀에게서 곧 떨어졌다. 그녀가 그녀 안에 있는 종교적인 태도인 사제의 도움을 받을 때, 즉 주의 깊게 관찰하고 신중하게 고려하는 태도로 접근할 때 그 동물은 그녀에게서 떨어져 나갔던 것이다. 그녀가 앞으로 취해야 할 태도에 대해서 말하는 것일 것이다.

한편, 귀용 부인은 1696년부터 시작된 감옥생활에 대해서는 별로 기록하지 않았는데, 그 기간 역시 그녀의 개성화 과정에 커다란 역할을 하였다. 그 기간 동안 그녀는 다시 한 번 그녀의 무능과 삶의 허망함을 절감하고, 그녀에게 있는 개인적 속성을 비워 버렸기 때문이다. 그때 그녀는 그녀에게 다가오는 고통을 그리스도의 십자가와 동일시하면서 견디려고 하였다. 그러면서 그녀는 거기에는 하나님이 그녀의 교만과 자기애를 정화시키려는 뜻이 있다고 생각하며, 더욱더 자신을 비우려고 하였다: "나는 나를 당신이 당신을 위해서 새장에 넣은 ……작은 새와 같다고 생각합니다. ……나는 나를 온전히 주님께 맡길 때만 확실하게 설 수 있습니다."[169] 그리하여 그녀는 1703년 석방된 다음 무사성에 도달하여 이 세상에 아무 희망도 두지 않고 초연한 삶을 살 수 있었다. 그녀는 전처럼 '어머니'가 되는 것에서도 벗어나 더 높은 경지에 도달했던 것이다.

이러한 귀용 부인의 체험은 분석심리학적으로 볼 때, 그녀가 내면에 있는 자기를 되찾음으로써 그녀의 인격에 새로운 중심이 이루어졌다고 생각할 수 있을 것이다. 그녀는 하나님을 체험하고 하나님과 하나가 됨으로써 그 전까지 그녀의 삶에서 중심이 되었던 자아에서 벗어나 자기를 중심으로 해서 살게 되었던 것이다. 개성화되기 전 사람들은 자아 중심적으로 사는데, 자아ego는 의식의 중

---

169) Guyon J-M(1992) : *Récits de captivité*, Jérome Millon, Grenoble, p41.

심으로서 사람들에게 환경에 적응하는 데 도움을 주는 정신 요소다. 그러나 자아는 인간 정신의 지극히 작은 부분이기 때문에 자아 중심성은 사람들에게 편협한 태도를 가지게 하여 삶에 많은 문제를 야기한다. 귀용 부인이 신비적 죽음을 겪기 전 고통을 당했던 것은 그 때문이다. 하지만 그녀는 신비주의의 여정에서, 특히 신비적 죽음을 거치고 바스티유 생활을 하면서 그녀의 자아와 그녀에게 속한 모든 인간적인 것의 무력함과 허망함을 절실하게 깨달았다. 그래서 그녀는 그런 고통 가운데서도 그녀와 함께하시고 그녀의 생명을 지탱하게 하시는 하나님을 체험하고 하나님 중심적으로 살려고 하였다.

융은 인간의 정신에는 수많은 요소를 통합하면서 정신생활을 원활하게 유지시키는 전체적인 특성을 지닌 정신 요소가 있다고 주장하면서 그것을 자기self라고 불렀다. 따라서 자기는 사람들이 어떻게 살아야 하는지 말해 주고, 정신의 균형이 깨졌을 때 바로 잡아 주면서 최적最適의 삶을 살게 한다: "변화하는 것을 다시 통합하고 혼돈 속에 있는 것에 질서를 부여함으로써 부조화 상태에 있는 것과 중심의 둘레에 배열되어 있던 것은 통일을 이룰 수 있다. ……의식은 이제 무의식과 다시 이어지고, 무의식적으로 살던 사람은 그의 중심과 다시 이어지는 것이다. 그 중심은 동시에 만유의 중심이기도 하다."[170] 그러나 사람들은 그에게 자기가 있는지

170) Jung CG(1975) : *Les Racines de la conscience*, Bachet/chastel, Paris. pp321-322.

모르고 감각적인 것에 사로잡혀서 사느라고 정신적 조화가 깨져 혼돈 속에 빠지는 경우가 많다. 귀용 부인의 불행도 환경적인 원인 때문만이 아니라 거기에서 나온 정신적 부조화 때문이었는데, 그녀는 하나님을 만나면서 거기에서 벗어날 수 있었다.

융은 자기가 전체적인 요소이기 때문에 자기에 정신에너지가 가장 많이 담겨 있다고 주장하였다: "자기라는 중심은 자석처럼 거기 가까이 다가오는 것을 끌어당겨서 자기를 형성한다. 인간 정신의 맨 밑바닥에서 그의 본래적이며 확고한 특성을 형성하고, 자아보다 더 오래된 특성을 끌어당기는 것이다."[171] 그래서 융은 사람들은 이 세상에서 가장 가치 있고 아름다우며 거룩하다고 하는 표상에 자기를 투사시키며, 하나님의 이미지 역시 자기의 투사상이라고 주장하였다. 하지만 여기에서 융이 하나님을 자기의 투사라고 주장했다고 오해해서는 안 된다. 왜냐하면 하나님God과 사람들이 '하나님이라고 생각하는 이미지image of God'는 다르기 때문이다. 하나님은 절대 타자이기 때문에 사람들은 하나님 자체에 대해서는 도저히 다 알 수 없고, 다만 그들이 하나님이라고 생각하는 이미지만 알 수 있을 뿐인데, 그 이미지가 자기의 투사라는 것이다. 자기에는 정신에너지가 많이 담겨 있어서 사람들은 그것을 가히 하나님이라고 부를 수 있다. 그래서 융은 자기를 우리 안에—있는—하나님God-within-us이라고 하였고, 같은 맥락에서 울

171) Jung CG(1975) : 앞의 책, p281.

라노프는 신비체험이란 의식의 중심인 자아가 정신 전체의 중심인 자기에게 사로잡히는 것이라고 주장하였다.[172] 이렇게 생각할 때 사람들이 하나님을 체험할 수 있는 것은 자기 원형이 있기 때문이다. 자기 원형이 없으면 사람들은 하나님을 생각하지도 못하는 것이다.

앞에서도 말했듯이 자기는 인간 정신의 균형을 잡아 주고 정신적인 조화를 이루게 하는 요소다. 그래서 자기는 인간 정신을 구성하는 대극 사이에서 화해가 이루어지지 않아서 긴장이 조성될 때 제3의 자리에서 대극을 통합한다: "그것은 더 높이 있는 것을 의식화하는 것인데, 다시 말해서 서로 떨어져 있는 개인을 의식하고 그들을 뛰어넘는 전체성의 상징을 의식하여 그 사이에 관계를 맺는 작업이다."[173] 귀용 부인이 신비체험 후 그녀의 내면을 통합하고, 영적인 삶을 살았던 것은 자기의 작용 때문이다. 그때 그녀는 외적인 환경은 바뀌지 않았지만 모든 것을 받아들일 수 있었으며, 그녀에게 다가오는 고통도 더 잘 견딜 수 있었다. 그래서 융은 자기를 인간 정신의 목표라고 주장하였다: "나의 경험에 의하면 중심화는 발달과정에서 한 번도 이루어지지 않았던 정상에 도달하는 것이다. 왜냐하면 그것은 치료과정에서 최상의 효과를 나타

172) Ulanov AB(1999) : 앞의 책, p9. cf. 융은 자기와 하나님의 관계에 대해서 이렇게 말하였다: "무의식에는 신적 인간이 있는데, 그것은 인간이 아닌 모습으로 인간 정신의 깊은 곳에 감춰져 있고 숨겨 있으며 잘 보호되어 있는데, 추상적인 상징으로 나타난다." Jung CG(1974) : *Psychologie et religion*, Buchet/Chastel, Paris, p187.
173) Jung CG(1975) : 앞의 책, p306.

내기 때문이다."[174] 귀용 부인은 인격의 새로운 중심을 찾았던 것이다. 그 전까지 살았던 자아-중심적인 태도에서 벗어나 자기-중심적인 태도로 새로운 삶을 살 수 있었던 것이다. 그때 그녀에게는 그 전과 전혀 다른 삶이 전개되었다. 그녀는 이제 이 세상을 초연한 태도로 살 수 있었고, 그녀의 신비주의는 전 세계에 퍼져 나가게 되었다. 그리하여 독일의 경건주의, 감리교의 존 웨슬리, 퀘이커교는 모두 그녀와 그녀의 제자인 페늘롱 주교의 영향을 받아 사람들이 이 세상에서 성화聖化될 수 있다고 주장하였고, 그런 흐름은 개신교에 매우 중요한 흐름을 형성하였다. 가톨릭교회와 전혀 다른 사상이었던 것이다.

신비적 죽음과 연금술

귀용 부인의 신비주의에서 가장 중요한 단계인 신비적 죽음의 단계는 연금술 과정에서 나타나는 검은색nigredo 단계와 많은 점에서 유비적인 관계에 있다. 귀용 부인을 비롯한 신비가들은 신비적 죽음을 거쳐서 진정으로 새로운 탄생을 하는데, 연금술에도 그와 유사한 과정이 있는 것이다. 융은 연금술이란 단순히 물질로서의 금이나 영약靈藥을 만들려는 작업이 아니라, 물질 안에 갇혀 있던 영을 추출하여 그 물질에 다시 집어넣음으로써 그 물질을 구속하고, 그 작업에서 나오는 치유의 영향으로 연금술사까지 구원받는

174) Jung CG(1975) : 앞의 책, p525.

작업이라고 주장하였다.[175] 연금술사들은 단순히 화학실험을 한 것이 아니라 신비가들과 다른 방법으로 구원에 이르는 길에 대해서 탐구했다는 것이다. 그들은 신비가처럼 너무 지적이고 제도적인 교회의 화석화된 교리로 풀리지 않는 내면의 갈증을 연금술을 통하여 해소시키려고 했다는 것이다: "따라서 연금술사의 주안점은 신의 은총으로 자신이 구원받는 것이 아니라 질료의 암흑으로부터 신을 해방하는 것이다. 이러한 놀라운 작업을 하는 동안 그에게 작업에서 나오는 치유의 영향이 부차적으로 주어진다."[176]

그렇다면 연금술이란 무엇이고 신비주의와 어떤 관계가 있는가? 그리고 연금술은 귀용 부인의 신비체험에 어떤 빛을 던져 줄 수 있을 것인가? 융에 의하면 연금술은 단순한 화학실험이 아니라 정신적인 과정이고, 세계의 혼anima mundi을 구원하려는 인간의 작업이었다. 진정한 연금술사들은 물질로써의 금을 얻으려고 했던 것이 아니라 '현자賢者의 돌'인 영靈을 얻으려고 했던 것이다. 연금술은 겉으로는 화학실험처럼 보이지만, 연금술사들은 그 실험에 쓰이는 물질에 그들의 무의식을 투사하여 그것이 변환되는 모습을 살펴보려고 하였다. 그래서 융은 연금술서에 나온 비방秘方을 따라서 아무리 실험을 해도 아무것도 얻지 못하지만 연금술사

175) Jung CG(2004) : 《연금술에서 본 구원의 관념》, 한국융연구원 C.G. 융저작번역위원회 옮김, 솔 출판사, 서울, p121.
176) Jung CG(2004) : 앞의 책, p121.

들이 수백 년 동안 그 작업에 매달렸던 것은 연금술이 그 이상의 것을 추구했기 때문이라고 강조하였다. 그래서 연금술사들은 작업을 하면서 명상, 금식, 기도를 했는데, 그들은 명상 속에서 신비가처럼 신과 대화했던 것이다: "명상한다는 것은 여기서는 신과의 대화를 통해 돌에 더 많은 영을 주입하는 것, 다시 말해 돌이 더 영화靈化되고 휘발성이 되거나 승화됨을 말한다."[177)]

연금술 과정에는 귀용 부인이 '신비적 죽음'이라고 부른 것과 유사한 과정이 있다. 연금술은 처음 여러 가지 물질을 모두 뒤섞어 대극의 합일이 이루어지면서 검은색nigredo으로 되었다가, 여러 차례의 증류를 통한 정화를 거치면 흰색albedo으로 변했다가, 그것을 높은 온도로 가열하면 붉은색rubedo으로 변하면서 현자의 돌이 나오는데, 여기에서 검은색 단계는 귀용 부인이 신비적 죽음이라고 불렀던 신의 부재 체험과 유비적인 관계에 있는 것이다.[178)]

융은 《전이의 심리학Psychologie du transfert》에서 연금술 과정에 대해서 자세하게 설명했는데, 그것은 귀용 부인의 체험을 이해하는 데 많은 도움을 준다. 《전이의 심리학》에는 《현자의 장미원》이라는 연금술서에 나오는 10장의 그림이 있다. 융은 이들 그림을

177) Jung CG(2004) : 앞의 책, p76. cf. 그러므로 연금술사들은 작업하는 대상인 물질에 자신의 무의식을 투사하면서 손으로 잡을 수 없는 무의식의 내용을 고정시켜 놓고, 안정된 기반 위에서 생각하려 했던 것이다. 그래서 연금술은 화학실험일 뿐만 아니라 정신적 작업이며, 연금술서의 비방들은 꿈의 이미지들처럼 하나의 상징으로 해석되어야 한다. Jung CG(2004) : 앞의 책, pp35-69.
178) Jung CG(2004) : 앞의 책, pp17-20.

가지고 분석가와 피분석자 사이에서 이루어지는 전이를 통한 변환을 설명했는데, 그 가운데 귀용 부인의 신비체험과 관계되는 것은 여섯 번째 그림부터다.[179] 여섯 번째 그림에는 그 전 단계에서 왕과 여왕의 결합이 일어난 다음 왕과 여왕이 죽는 장면이 나온다. 그 그림에 대해서 융은 이렇게 설명하였다: "대극의 융합 뒤에 죽음과 비슷한 정지상태가 출현한다. 그러니까 대극이 서로 하나가 되면 모든 에너지는 중단된다. 더 이상 아무런 낙차가 없는 것이다. ……그리고 물결도 흐름도 없는 하나의 고여 있는 못이 생긴다. ……그러나 '하나의 파괴는 다른 하나의 생성이다.'"[180] 그런데 귀용

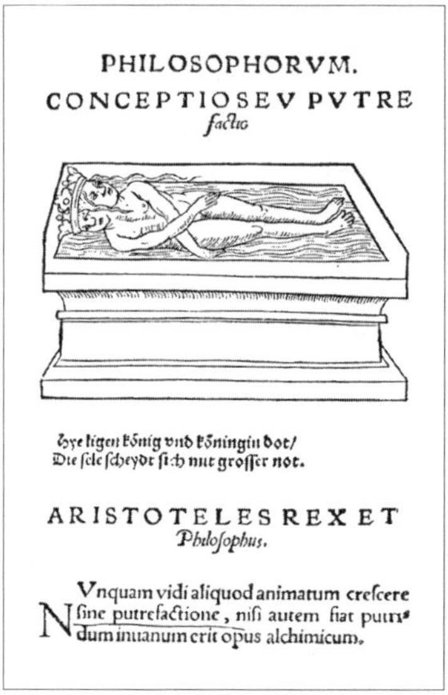

[여섯 번째 그림_죽음]

179) 여기에서 우리는 정신분석에서 일어나는 전이의 해소를 연금술 과정을 통해서 설명한 융의 《전이의 심리학》과 귀용 부인의 신비체험을 1:1의 대응으로 설명하기는 어렵다. 그 둘은 서로 다른 체험이기 때문이다. 그러나 귀용 부인을 비롯한 대부분의 신비가는 신비체험을 한 다음 연금술 과정에서 나오는 니그레도 단계를 겪기 때문에 그것은 그들이 신비체험을 할 때 피분석자와 분석가 사이에서 이루어지는 대극의 통합을 이루게 한다고 생각할 수 있을 것이다. 더구나 귀용 부인은 '신비적 죽음'의 끝 무렵 라 콩브 신부를 만나서 전이를 일으키고 새로운 탄생을 했기 때문에 정신치료과정의 유비적 관계를 더욱더 살펴볼 수 있다. 융의 《전이의 심리학》은 한국융연구원에서 번역·출판한 융기본저작집 제3권 《인격과 전이》의 후반부에 나와 있으며, 인용은 번역본을 따르도록 한다.

180) Jung CG(2004) : 《인격과 전이》, 한국융연구원 C.G. 융저작번역위원회 옮김, 솔출판사, 서울, p277.

부인의 다음과 같은 말은 융이 말하는 것과 상당히 비슷하다: "산꼭대기에서 편안하게 쉬는 영혼은 그곳을 떠나지 않으려 할 것입니다. 그러나 땅에서 멀리 떨어진 하늘의 물은 낙차가 하나도 없어서 썩어갈 것입니다. ……당신은 이제 당신 앞에 급하게 미끄러져 내려갈 경사밖에 없다고 느낄지도 모르고, 당신을 잃게 되었다고 생각할지도 모릅니다. 그러나 두려워하지 마십시오. 당신은 잃어버리지 않았습니다. ……이제야말로 당신은 올바른 길에 접어들었습니다."[181] 연금술에서 대극이 융합된 다음 죽음과 같은 상태가 찾아오듯이 신비가도 하나님과 만나서 엑스타시 상태에 빠지고 신비경을 맛본 다음 다시 영혼의 어두운 밤에 들어가는 것이다. 그 밤은 밤 바다의 항해처럼 고통스럽고 힘든 것이다. 그러나 그 밤은 신비가가 더 높은 단계에 도달하려면 반드시 거쳐야 하는 밤이다.

그러면 그 상태는 어떻게 해서 생기는가? 거기에 대해서 융은 다음과 같이 설명하였다: "……무의식적 내용이 저절로 활성화됨으로써 일어나는데 활성화된 무의식의 내용이 의식을 이차적으로 끌어들이게 되는 경우다. 인간 삶에는 새로운 페이지가 펼쳐져야 할 순간이 있다. 지금까지 돌보지 않은 새로운 관심과 성향이 출현하거나 인격의 변화가 일어난다. 그러한 변화의 시기에는 흔히 의식의 에너지 상실이 목격된다. 새로운 발견은 그에 필요한 에너

181) Guyon J-M(2005) : *A Short Method of Prayer and Other Writings*, Hendrickson Publishers, Peabody, pp106-107.

지를 의식에서 빼앗는다."[182] 신비가가 신적 실재를 체험하고 깨달음은 얻었지만 아직 인격의 변화가 완전히 이루어지지 못해서 그 변화를 향해서 나아가는 과정에 있다는 것이다. 그래서 여섯 번째 그림은 수태라고도 불리고, 융은 "이로써 죽음은 한 중간 단계이고 거기서 새로운 삶이 이어진다는 사실을 암시하고 있다."[183]라고 말하였다. 귀용 부인은 신적 실재를 만나서 처음에는 즐거운 깨달음을 얻었지만, 이제 그녀에게 남은 자아가 없어지도록 신비적 죽음에 들어가야 하는 것이다. 귀용 부인이 이 단계를 '신비적 죽음'이라고 불렀던 것에는 두 가지 이유가 있다. 하나는 이 단계 역시 하나님의 섭리 아래 이루어지기 때문에 신비이고, 다른 하나는 이 단계에서 하나님의 부재가 죽음처럼 느껴지기 때문에 죽음이다. 이 단계에서 그녀는 그녀의 지적 · 심리적 · 영적 피폐를 처절하게 체험했으며, 그녀 자신은 무無라는 것을 절실하게 깨달았다.

《현자의 장미원》에서 일곱 번째 그림에는 '혼의 상승'이라는 제목이 붙어 있다. 그 그림에는 왕과 여왕이 죽은 다음 사람이 실제로 죽었을 때처럼 몸에서 혼이 빠져나와 하늘로 올라가는 장면이 나온다. 융은 그 상태를 '지남력指南力의 상실'이라고 설명하였다: "그러니까 분해와 지남력 상실은 마음의 불안과 방향 상실의 부자유스러운 상태 ……이렇게 의식이 끊임없이 무의식 속으로 가라

182) Jung CG(2004) : 《인격과 전이》, p187.
183) Jung CG(2004) : 앞의 책, p277.

[일곱 번째 그림_혼의 상승]

앓으려고 위협받는 위급한 상태는 원시인에게서 흔히 생기는 실혼失魂의 발작과 비슷하다."[184] 그런 상태는 원시인들이 '영혼의 위기'라고 부르면서 가장 두려워했던 '정신 수준의 저하'다. 그때 의식에서는 에너지가 모두 사라져서 무의식을 활성화시키고 모든 종류의 정신활동이 마비된다. 융은 영웅신화에서 무의식으로의 하강은 영웅들이 새로운 탄생을 하기 전 심연이나 동굴에 가서 위험에 처하거나 용에게 잡아먹히는 것으로 그려진다고 주장하였다. 그다음 새로운 탄생이 기다리고 있지만 그것을 극복하지 못할 경우 사람들은 대단히 위험한 상태에 빠지게 된다.[185] 정신질환에

184) Jung CG(2004) : 앞의 책, p289. cf. 연금술 과정에서 나타나는 니그레도의 단계에 대해서 융은 다음과 같이 설명하고 있다: "니그레도나 테네브로지타스(암흑)에서 시작되는 고통에 찬 갈등을 연금술사는 분리 · 용해 · 하소(煆燒: 물질을 공기 속에서 강열하여 휘발성 성분을 없애고 재로 만드는 것), 또는 네 원소들의 분할, 소각, 인체의 해체, 고통에 찬 동물 희생, 어머니 손이나 사자의 앞발의 절단, 신부의 배 속에서 신랑이 원자들로 분쇄되는 것 등으로 묘사하고 있다. 이와 같은 극도의 분리과정에서 저 본질, 혹은 저 질료, 혹은 영의 변환이 일어난다." Jung CG(2004) : 앞의 책, p208.

185) Jung CG(2004) : 《연금술에서 본 구원의 관념》, 한국융연구원 C.G. 융저작번역위원회 옮김, 솔 출판사, 서울. pp146-148. cf. 귀용 부인은 이에 대해서 이렇게 말하고 있다. "영혼이 생명을 다시 회복하기 시작하는 것은 무덤 속에서입니다. 그때 빛은 아무도 눈치채지 못하게 들어옵니다."Guyon J-M(2005) : 앞의 책, p132.

걸리게 되는 것이다. 이때 혼이 하늘로 올라가는 것, 즉 무의식으로 하강하는 것은 하늘에서 신비의 영약을 얻으려는 목적이 있다고 융은 주장하였다: "나는 여기서 내적 체험이 되는 원형, 즉 신성한 아이의 탄생 — 신비주의자의 언어로 표현해서 — 을 또는 내적 인간의 탄생을 제시하는 것으로 만족하고자 한다."[186] 귀용 부인이 신비적 죽음 상태에서 그녀의 지적 · 도덕적 · 영적 기능이 모두 마비되고, 때때로 깊은 우울증 속에 빠졌던 것과 같은 맥락인 것이다. 그때 그녀는 정말 죽음과 같은 상태를 살았다. 그러다 그녀는 그 죽음을 거쳐서 무사성에 도달하여 더 높은 단계로 진입할 수 있었다. 그러나 그녀가 새로운 탄생을 하지 못했을 경우 그녀는 매우 어려운 지경에 빠졌을 것이다.

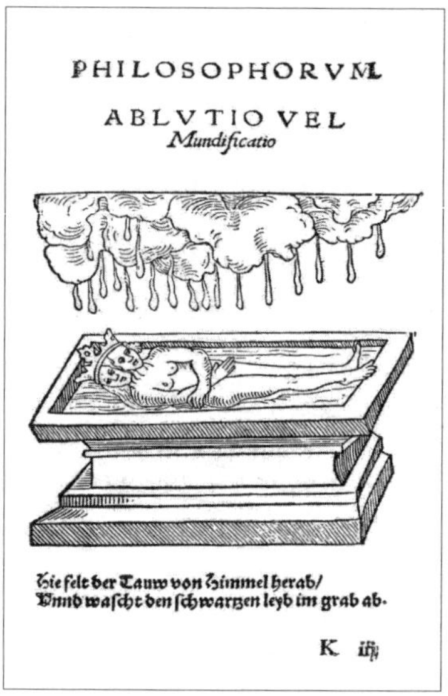

[여덟 번째 그림_정화]

여덟 번째 그림과 아홉 번째 그림은 정화를 나타내는데, 여덟 번째 그림은 왕과 여왕이 관에 누워 있는 위의 하늘에서 이슬이 떨어지는 모습이 그려져 있다. 연금술사들은 이때 백화albedo가 이루어진다고 하는데, 그 흰색은 어둠 뒤에 나타나는 여명黎明이며, 혼돈 상태가 지난 다음의 빛이다.

186) Jung CG(2004) : 《인격과 전이》, p295.

신비가의 내면에서 정화가 이루어지면서 어둠이 걷히는 것을 상징적으로 나타내는 것이다. 그래서 하늘에서 이슬이 내려온다: "떨어지는 이슬은 재활과 새로운 빛을 예고한다. 점점 깊어지는 무의식으로의 하강은 위로부터의 조명으로 이행한다. ……이슬은 영원한 물, 의미 부여를 통한 깨달음을 뜻하는 지혜의 물과 동의어다."[187]

아홉 번째 그림에는 '혼의 되돌아옴'이라는 제목이 붙었는데,

[아홉 번째 그림_혼의 되돌아 옴]

하늘에서 시체를 되살리기 위해서 혼이 내려오고, 아래에는 날 수 있을 만큼 자란 새와 그렇지 못한 새의 모습이 그려져 있다. 이제 신비가는 하늘에서 내려온 혼이 그들의 몸에 깃들 수 있도록 무의식과 혼합되어 있던 모든 것을 정화시켜야 하고, 그 정화는 여러 차례에 걸친 증류를 통해서 이루어진다: "자아와 무의식 사이를 구별하는 과정은 정화에 해당된다. 그리고 정화가 혼이 다시 신체 속으로 내려올 수 있는 조건이라면, 신체 또한 무의식이 자아의식에 대해 파괴적 작용을 하지 않도록 하기 위해 없어서는 안 될

187) Jung CG(2004) : 앞의 책, p305.

것이다. ……무의식의 통합은 자아가 비판을 견딜 만큼 확고해야만 가능하다."[188] 또한 그 옆에 있는 날 수 있을 만큼 자란 새와 그렇지 못한 새는 이 상태의 대지적大地的 성질과 기적氣的 성질이라는 이중적 성질을 나타낸다고 융은 주장하였다.[189] 귀용 부인이 신비적 죽음 상태에서 했던 수동적 정화를 나타내는 것이다. 그때의 정화는 그녀가 의지적으로 했던 정화가 아니었다. 하늘에서 이슬이 내려오는 것처럼 그녀의 의지가 소멸된 상태에서 하나님이 그녀를 정화시키는 '수동적 정화'였던 것이다.

[열 번째 그림_새로운 탄생]

마지막으로 열 번째 그림에는 '새로운 탄생'이라는 이름이 붙었는데, 여기서 왕과 여왕은 둘이며 한몸으로 일어난다. 모든 대극을 통합한 모습이라 양성체로 나타나는 것이다. 연금술사들이 얻으려는 현자의 돌이 얻게 되고, 신비가에게 성자성이 이루어지며, 분석심리학적으로 말하자면 자기가 실현되는 것이다: "사람들이

188) Jung CG(2004) : 앞의 책, p318. cf. 같은 맥락에서 귀용 부인은 "변화되기 위해서 당신은 당신 자신이 지닌 모든 소유물을 잃어버려야만 합니다. 그랬을 때 하나님의 성품에 더욱 깊게 참여할 수 있기 때문입니다."라고 말한다. Guyon J-M(1983) : 앞의 책, p123.

189) Jung CG(2004) : 앞의 책, pp305-306.

나타낸 상징을 전체성, 자기, 의식, 보다 높은 자아 또는 그와 같은 다른 것으로 명명하든, 내게는 별로 문제가 되지 않는다. ……가장 큰 것은 대극으로 대립되는 것이 아무것도 없는 것이며, 그때 가장 작은 것도 가장 큰 것이 된다."[190] 귀용 부인은 신비적 죽음을 거치고 난 다음 무사성에 도달하여 이 세상에 있는 그 어느 것에도 마음이 끌리지 않고 무심할 수 있었다. 그래서 그녀는 그 전과 같은 격렬한 감정적 변화를 겪지 않고 편안하게 살 수 있었다. 그 상태에 대해서 귀용 부인은 다음과 같이 말하였다: "나는 어느 곳에서나 편안했습니다. 나는 그 어느 곳에서나 중심을 찾을 수 있었습니다. 왜냐하면 나는 어느 곳에서나 하나님을 찾을 수 있었기 때문입니다. 고독과 십자가에 대한 사랑은 그 어떤 것보다 나를 이끌었습니다. 내 영혼은 온통 거기에 이끌려 갔습니다."[191]

이렇게 볼 때 연금술과 정신치료와 신비주의는 그것들이 서로 다른 영역에서 서로 다른 상징과 원리로 이루어지지만 똑같이 구원을 추구한다는 점에서 — 다른 점도 있지만 — 유비관계에 있다고 말할 수 있다.[192] 융이 평생에 걸쳐서 그 세 가지 분야에 대해서

190) Jung CG(2004) : 앞의 책, p352.

191) Guyon J-M(1983) : 앞의 책, p133. cf. 융은 자기에 대해서 이렇게 말한다: "자기는 자아이면서 비-자아, 주관적이면서 객관적이고, 개별적이면서도 집단적이다. 그것은 전체적 대극합일의 화신으로써 융합의 상징이다." Jung CG(2004) : 앞의 책, p287.

192) 프랑스의 분석심리학자 E. 페로는 다음과 같이 말하고 있다 : "귀용 부인은 연금술사들이 묘사했던 것과 같은 체험을 했는데, 그녀는 심연의 깊음 속에 잠겨서 처음에 썩고, 죽고, 다 태워져서 재만 남았다가 다시 새로운 존재로 태어났다. 왜냐하면 변환되는 영혼의 언어는 어디서나 같기 때문이다." Perrot E(1980) : *La Voie de la Transformation*, La Fontaine de Pierre, Paris, p131.

연구를 계속한 것은 그 때문이다. 연금술사들이 물질에서 영을 추출하여 그것을 다시 물질에 집어넣어 물질을 구속하려고 하듯이, 신비가는 그의 내면에 있는 신적 인간성을 그들의 몸을 통하여 실현시키려고 하며, 정신치료에서는 분석가와 피분석자 사이에서 일어나는 정신역동을 통하여 피분석자들이 무의식에 있는 자기에게 집중하여 자기를 실현시키려고 하는 것이다. 그러나 세 가지 작업에서 공통적인 것은 어느 단계에 가면 그 작업들이 자아-의식에 의한 것이 아니라 무의식이 주체가 되어 이루어진다는 점에 있다. 그래서 융은 연금술에서 장인匠人은 연금술 작업의 주인이 아니며 하인이며, 예술가들 역시 그들의 작업에서 그들을 능가하는 어떤 것이 나올 때 도구로 쓰인다고 주장하였다. 귀용 부인의 신비체험에서 그녀가 무사성에 도달했을 때, 신적 실재가 그녀를 통하여 드러났던 것과 같은 맥락인 것이다. 그래서 융은 이렇게 말하였다: "나는 자기의 자발적인 발현, 즉 자기의 어떤 상징의 출현이 무의식의 무시간성과 같은 것을 필연적으로 동반한다는 것, 그리고 이것은 영원성, 또는 불멸성의 감정으로 표현된다는 사실을 여러 번 보았다."[193)]

침묵의 소통과 전이

귀용 부인의 신비체험에서 특이한 것은 그녀가 신비적 죽음에

193) Jung CG(2004) : 앞의 책, p344.

서 벗어날 무렵 라 콩브 신부와 침묵의 소통과 신비적 합일을 체험하면서 어두운 밤에서 완전히 벗어났다는 점이다. 그녀는 라 콩브 신부와의 관계에서 아무 말도 하지 않았지만 서로 의사소통을 할 수 있었고, 그것은 귀용 부인에게 커다란 희열을 가져다주었다: "나는 점점 더 라 콩브 신부의 내면에도 들어갈 수 있다는 사실을 알았고 ……우리 마음은 서로 이야기를 나누었으며, 도저히 말로 표현할 수 없는 은혜를 서로 나누었습니다."[194)]

그래서 귀용 부인은 라 콩브 신부에게 가득 찬 하나님의 은혜가 그녀에게 흘러들어 오고, 그녀에게 가득 찬 은혜가 라 콩브 신부에게 흘러들어 가는 것을 느끼면서 더욱더 건강해질 수 있었다. 더구나 그녀는 라 콩브 신부와 신비적 합일을 느끼기도 하였다: "하나님만이 하실 수 있고, 하나님과 연합된 영혼 사이에서만 생겨나는 이 합일은 사람을 모든 약함과 집착으로부터 풀려나게 하고 다른 사람들이 받는 고통을 동정하기보다 그들과 함께 기뻐하게 합니다."[195)]

그뿐만 아니라 귀용 부인은 라 콩브 신부가 가까이 있을 때나 멀리 있을 때 내적인 소통을 할 수 있었다고 회고하였으며, 나중에는 라 콩브 신부가 아닌 다른 사람의 영적인 상태나 신체적인 상태

---

194) Guyon J-M(1983) : "*La vie*", p140.
195) Guyon J-M(1983) : 앞의 책, p241. cf. 우리는 여기에서 정신치료자와 환자 사이에서 교류되는 정신역동을 생각 할 수 있는데, 정신치료과정에서 치료자의 건강한 인격이 환자에게 전달되어 치료효과가 나타날 수 있는 것이다.

도 느낄 수 있었다고 보고하였다. 그래서 어떤 사람이 병이 나거나 영적으로 침체해 있을 때, 그녀는 몸이 아팠고 그 사람들이 나았을 때 그녀 역시 통증이 가시는 것을 느꼈다. 이런 현상을 가리켜서 귀용 부인은 침묵의 소통이라고 했는데, 프랑스의 분석심리학자 E. 페로E. Perrot는 일종의 전이현상이라고 주장하였다. 정신치료과정에서 분석가와 피분석자 사이에서 일어나는 무의식의 교류라고 했던 것이다. 귀용 부인은 처음에는 라 콩브 신부와의 관계에서 전이가 많이 일어났는데, 나중에는 그녀의 영적 아들이었던 페늘롱 주교와의 관계에서도 전이가 많이 일어났다. 그런데 페늘롱 주교와의 관계에서는 그녀는 치료자의 입장에 있었다.[196)]

심리학적으로 볼 때, 전이는 분석가와 피분석자 사이에서 생기는 일종의 정신적 감응인데, 피분석자들이 유아 시절 부모나 가족 성원에게 투사시켰던 내용을 치료 관계에서 분석가에게 투사시키는 현상이다. 그러나 전이는 의사의 진료실에서만 생기는 것이 아니라 모든 인간관계에서 생길 수 있다. 페로는 전이에 대해서 이렇게 말하고 있다: "융에게 있어서 전이는 ……결국 실현되었거나 실현되지 않았거나 간에 무의식과 무의식 사이의 의사소통이다."[197)] 인간과 인간의 관계는 살아 있는 두 유기체 사이의 관계이기 때문에 그 사이에서 화학적 변화가 일어난다. 전이에서 중요한 것은 감정

---

196) Perrot E(1980) : 앞의 책, p146.
197) Perrot E(1980) : 앞의 책, p124.

인데, 두 사람 사이에서 전이가 일어나면 갑자기 비현실적인 친밀감이 생기거나 적대감이 생겨서 그 감정에서 헤어 나오기가 여간 어렵지 않게 된다. 그러므로 분석가는 피분석자의 전이를 깨닫고 그것을 치료 상황으로 이끌어야 한다고 융은 주장하였다: "인습적인 상황에 뒤이어 동반자의 무의식적인 가족화가 저 유아적인그리고 고태적인 환상상의 투사를 통해서 이어지는데 그 환상상은 처음에는 자기 가족의 성원에게 투입한 것으로 그 매력 때문에…… 환자를 부모나 형제에 매어 둔 상들이다. ……전이가 생기면 의사는 전이를 치료적으로 다루고 그와 대결해야 하며 그럼으로써 신경증적인 어리석음을 더 이상 퍼뜨리지 말아야 한다."[198)]

라 콩브 신부와의 관계에서 귀용 부인은 긍정적인 전이를 일으켰다. 그는 그녀에게 치료자이며 아버지였던 것이다. 그래서 그녀는 그에게 매우 의존적으로 되었고, 그의 영향을 많이 받았다. 어느 때 그녀가 아팠을 경우 라 콩브 신부가 그녀의 증세가 빨리 나았으면 좋겠다고 하면 그녀의 증세가 곧 사라지는 경우도 많았다. 또한 그녀는 라 콩브 신부가 그녀가 있는 곳에서 멀리 떨어져 있지 않으면 몸이 아파져서 그를 찾으려고 했지만, 그가 멀리 있어서 만날 수 없으면 몸도 아프지 않았다. 그런 현상들은 그때 그녀의 무의식이 매우 활성화되었다는 사실을 보여 준다. 그런데 흥미있는 사실은 그녀가 라 콩브 신부와 침묵의 소통이 가장 활발하게

198) Jung CG(2004) : 앞의 책, pp231-232.

일어났을 때, 그녀는 많은 측면에서 어린아이같이 행동하였고, 모습까지도 어린아이 같아졌다는 점이다. 그때 그녀는 한시도 라 콩브 신부가 없으면 불안해했고, 유아적인 특성을 많이 보였던 것이다. 그래서 그녀와 같이 지내던 프루네 후작부인은 그녀의 어린아이 같은 상태에 질색하였다. 귀용 부인 역시 그때를 회상하면서 "나는 거의 언제나 아팠고, 어린아이 같은 상태에 있었습니다."[199] 라고 고백했는데, 그녀는 그때 아기 예수와 자신을 완전히 동일시하면서 어린아이처럼 행동했던 것이다. 이런 사실들을 살펴볼 때, 그녀는 신비적 죽음의 말기 많은 부분에서 무의식이 활성화되어 라 콩브 신부와 전이를 일으키기 쉬웠을 것이라는 사실을 알 수 있다. 그러나 그녀에게 그런 전이와 유아성은 필요했을지도 모른다. 왜냐하면 그녀는 그런 상태에서 자신의 자아를 더 불신하게 되었고, 그런 퇴행을 통해서, 태모Great mother를 통하여 진정으로 새롭게 태어날 수 있었기 때문이다. 그녀는 영웅들이 고래 뱃속이 너무 뜨거워서 머리가 다 빠지고 대머리가 되어 다시 태어나는 것처럼 신비적 어둠 속에서 철저하게 퇴행하여 새로운 탄생을 기다렸던 것이다.[200]

귀용 부인은 유아성에서 벗어나는 것과 함께 전이에서 벗어났

199) Guyon J-M(1983) : 앞의 책, p433. cf. Guyon J-M(1983) : 앞의 책. p332, p356.
200) cf. Jung CG(2004) : 《연금술에서 본 구원의 관념》, p151. 전이 관계 속에서 어린아이 상태로 퇴행하는 모습을 우리는 페늘롱이 귀용 부인에게 자기가 어린아이 같은 짓을 했다고 편지하는 것에서도 찾아볼 수 있다. Perrot E(1980) : 앞의 책, p146.

는데, 그 과정에서 기독교 상징은 그녀에게 커다란 도움을 주었다. 왜냐하면 그녀가 어느 날 기도를 하는데 갑자기 아기 예수에게서 버림받은 느낌이 들면서 십자가에 달린 예수 그리스도와 하나가 되는 느낌이 들었기 때문이다. 그때 그녀는 다음과 같이 말하였다: "갑자기 나는 그 이미지아기 예수에게서 버림받고, 십자가로 보내진 것 같았습니다. 그때 나는 그동안 내가 어린아이 상태에 있었던 것은 사라졌고, 십자가에 달리신 예수 그리스도와 새롭게 함께하게 되었던 것입니다."[201] 그때 그녀는 아기 예수와의 동일시로부터 십자가에 달리신 예수 그리스도와 동일시하게 되었던 것이다. 그것은 그녀가 아기에서 어른으로 성장이 이루어졌다는 것을 의미한다. 그러자 그녀는 라 콩브 신부의 신앙 태도가 잘못되었다는 것을 볼 수 있었다. 그가 아무런 조건도, 보답도 바라지 않는 순수한 신앙의 길을 따르지 않고 지적인 길을 가고 있으며, 능력이 많이 주어지기를 바라는 것이 보였던 것이다. 그래서 그녀는 라 콩브 신부에게 그것을 지적하면서 그에 대한 의존관계에서 벗어나게 되었다. 그 체험을 통해서 그녀는 무의식의 세력에서 완전히 벗어났고, 새로운 인격으로 탄생하게 되었던 것이다. 그렇게 되자 많은 사람은 그녀에게 다가왔고, 그녀는 그들의 어머니가 되었다.

201) Guyon J-M(1983) : 앞의 책, p447.

누멘(numen) 체험과 기독교의 하나님

귀용 부인이 보쉬에 주교를 비롯한 가톨릭교회의 박해를 받았던 가장 커다란 이유는 그녀가 체험했고, 전하려고 했던 신적 실재가 기독교 교의에서 말하는 하나님과 달리 모호하고 불분명한 신적 실재라는 사실 때문이었다. 그녀에게 비상한 능력과 기운이 있는 것은 인정하지만, 그녀의 하나님은 삼위일체 하나님이 아니었다는 것이다. 보쉬에의 이런 주장에는 일면 타당한 점이 없지 않다. 왜냐하면 귀용 부인은 깊은 관상 속에서 기독교 교의에서 주장하는 하나님의 이미지를 무한하게 초월하는 신적 실재를 체험했기 때문이다. 그러나 그것은 귀용만 그랬던 것이 아니라 가톨릭교회에서 공인받은 대부분의 신비가에게서도 마찬가지였다. 그래서 귀용 부인의 옹호자였던 페늘롱 주교는 《기독교 성인의 가르침》을 펴내면서 그런 사실을 강조했지만, 가톨릭교회는 받아들이지 않았다.

그렇다면 귀용 부인은 과연 무엇을 체험했던 것인가? 그것은 인간 이성의 한계에서 벗어난 진정한 하나님Godhead이었다. 기독교 교의에서 말하는 삼위일체 하나님이 아니라 그 교의가 형성되기 이전에 있는 원초적인 하나님을 체험했던 것이다. 그것은 모세 역시 마찬가지였는데 모세는 떨기나무에 불이 붙었는데도, 나무는 하나도 타지 않는 모습으로 보았고, "그곳은 거룩한 곳이니 네 신을 벗으라."라는 무시무시한 음성을 들었던 것이다. 그래서 귀용 부인을 비롯한 신비가들은 관상 속에서 그런 하나님을 체험하고,

그런 하나님에게 압도되어 그에게 이끌려 가다가 결국 그와 하나가 되었던 것이다. 그래서 들라크르와는 “내적 기도에서 중심적인 것은 신적 현존이 스며드는 것인데, 거기에는 그 어떤 형태나 특성이나 이미지도 찾아볼 수 없다.”[202]라고 주장하였다. 신비가는 묵상을 하면서 처음에는 기독교 하나님의 이미지를 가지고 출발하지만 점점 더 모호하고 강력한 힘을 가진 신적 실재에게 사로잡힌다는 것이다. 그래서 들라크르와는 어떤 신비가는 그런 체험을 수상하게 생각하면서 그 길을 포기하거나 그들의 내면 체험을 따르면서 그들의 종교를 포기하지만, 대부분의 신비가는 그 둘을 통합시킨다고 주장하였다: “기독교 신비가는 교회에서 말하는 하나님을 말로 다 표현해 낼 수 없다. 하나님은 언어적 추론을 뛰어넘는 것이다. 그러나 하나님은 그 안에서 설명할 수 있으며, 분명해진다. 실재에 대해서 표현되어야만 인식이 가능한 것이다.”[203]

신적 실재의 이런 속성에 대해서 가장 잘 설명한 것은 독일의 종교학자 오토R. Otto였다. 그는 신비가는 신적 실재를 체험할 때 이 세상에 있는 그 어떤 합리적인 감정이나 개념으로 설명할 수 없는 독특한 감정을 느끼는데, 그 감정을 라틴어로 ‘거룩한 것’이라는 의미를 가진 누멘에서 나온 형용사형인 누미노제numinose라고 하였다. 이때 사람들이 느끼는 감정은 ‘holy’나 ‘saint’ 같은 종류의

202) Delacroix H(1938) : 앞의 책, p125.
203) Delacroix H(1938) : 앞의 책, p380.

거룩함과는 거리가 멀어서 새로운 단어를 만든 것이다. 왜냐하면 사람들이 신적 실재를 만날 때, 그 실재는 일반 단어에서 유추해서 생각할 수 없는, 그것을 무한하게 초월하는 '거룩함'으로 느껴지기 때문이다. 진정한 신적 실재가 인간의 이성을 무한하게 초월해 있듯이 누멘을 만났을 때 느끼는 감정은 인간 이성에서 도출된 개념으로는 도저히 설명할 수 없는 감정이라는 것이다."[204]

오토는 누미노제의 속성을 피조물적 감정, 무시무시한 신비, 누멘적 찬송, 매혹성, 어마어마함, 장엄성 등이라고 주장하였다. 피조물적 감정이란 사람이 신적 실재 앞에서 자기는 '먼지에 불과하고 티끌에 불과한 존재'로서 자기에게서 비롯되는 것은 아무것도 없고, 모든 것은 신적 실재에 의한 것임을 절감할 수밖에 없다는 자의식을 가리킨다. 무시무시한 신비는 사람들이 누멘 앞에서 그의 압도하는 힘 때문에 알 수 없는 두려움에 사로잡히면서 '공포와 전율'을 느낀다는 것이다. 왜냐하면 누멘은 인간적인 것과는 전적으로 다르기 때문이다. 그래서 사람들은 누멘 앞에서 두려운 찬송을 부르지 않을 수 없으며, 다른 한편으로는 한없이 끌려간다. 그것이 매혹적인 신비mysterium fascinans이다. 두려운 한편으로

---

204) Otto R(1970) : *Le Sacré*, Payot, Paris, p21. 그래서 들라크르와의 이런 주장은 설득력을 갖는다: "그들은 내적 기도가 매우 강력한 어떤 모호한 감정 속에서 이루어지고, 무엇이라고 설명할 수 없는 어떤 신비한 실재가 존재한다는 막연한 감정을 분명하게 느낀다. 또한 내적 기도는 그것이 자아내는 영적 에너지에 의해서 기도하는 주체와 기도의 대상이 되는 하나님을 모두 뛰어넘으면서, 이런 성향을 더욱 더 깊게 한다. Delacroix H(1938) : 앞의 책, p371.

그를 홀리고 황홀하게 하면서 흥분시키는 신비인 것이다. 또한 신적 실재는 사람들에게 이질감을 줄 정도로 어마어마하며, 그의 힘과 권능 때문에 자신의 죄를 느끼고 그 앞에서 순종할 수밖에 없을 정도로 장엄한, 다시 말해서 누멘이라고 부를 수밖에 없는 실재다.[205)]

귀용 부인이 체험했던 실재도 이런 누멘이었다. 그녀는 그 앞에서 자기는 아무것도 아닌 무無에 불과하며 죄악투성이라는 사실을 절감하면서 때때로 그녀를 황홀경에 빠뜨리는 그 실재에게 매혹당하였다. 또한 그녀는 7년 동안이나 계속된 신비적 죽음의 상태에서 공포와 전율을 느끼면서 무시무시한 신비를 체험하고 그에게 완전히 무릎을 꿇을 수밖에 없었다. 그녀에게 신적 실재는 기독교에서 말하는 평면적인 하나님이 아니라, 깊은 어둠을 같이 가진 누멘적인 하나님이었던 것이다. 그 하나님 앞에서 그녀는 완전히 무화無化될 수밖에 없었다. 그 실재는 절대자로서의 하나님이었기 때문이다. 그것이 신적 실재 앞에서 느끼는 인간의 본래적인 모습이다: "오 나의 하나님, 그 알 수 없는 지혜의 비밀이여, 그것은 당신 이외에 아무도 모릅니다. ……당신은 나를 당신의 길로 인도한 다음 얼마나 나를 파괴시키려고 하셨는지요?"[206)] 귀용 부인의 무사성과 초연한 태도는 이런 누멘을 체험한 결과 생긴 것이

---

205) Otto R(1970) : 앞의 책, pp22-91.
206) Guyon J-M(1983) : *La vie*, p158.

다. 그녀는 절대적인 하나님 앞에서 자신에게 있는 것은 아무것도 없거나, 절대적으로 비참한 것밖에 없다는 사실을 절감하고 그녀의 개인적 속성을 철저하게 버릴 수밖에 없었던 것이다.

보쉬에를 비롯한 교회 지도자들이 귀용 부인의 이런 체험을 이해할 수 없었던 것은 당연한 일이다. 기독교 교의는 누멘의 합리적인 측면만 가리킬 수밖에 없는 표상들만 파악하려고 하기 때문이다. 그러나 신비가는 누멘을 만난 다음 깊은 감정을 느끼며, 그것을 다 표현할 수 없어서 언제나 역설적으로 말하거나 상징적으로 말할 수밖에 없다. 귀용 부인은 보쉬에의 합리적인 태도가 너무 완강한 것을 보고서 "그는 그런 체험을 해 보지 못해서 그런 것"이라고 생각하였다. 이 같은 체험은 자신의 몸으로 겪어 보아야지 그렇지 않을 경우 헤아릴 수조차 없기 때문이다. 그러나 귀용 부인을 비롯한 기독교 신비가들은 그 모호함에만 머물지 않았다. 왜냐하면 무의식의 광대무변함 속에만 있을 경우 위험할 수도 있기 때문이다. 그래서 귀용 부인은 그녀가 했던 체험을 성경을 가지고 해석했고, 성 프랑수아 드 살이나 샹탈 부인의 가르침을 참조하였다. 그래서 들라크르와는 "신비체험은 언제나 정동의 기반을 풀어내고, 규율에서 벗어나 한없이 고양시킨다. ……그러나 그들이 엑스타시 상태나 합일의 상태에서 벗어날 때, 그들에게 먼저 나타나는 것은 기독교 하나님의 이미지다."[207]라고 말하였다.

207) Delacroix, H(1938) : 앞의 책, p372.

기독교 신비가는 관상이 깊어지면서 신적 실재를 만나면서 모든 경계가 사라지고 무엇이라고 도저히 파악할 수 없는 누멘을 만나지만, 그때에도 그들에게는 그들이 서 있는 신앙적 전통이 남아서 그들이 관상에서 깨어날 때, 그들의 체험을 해석하는 것이다. 그런 까닭에 들라크르와는 기독교 신비주의는 때때로 모호한 신적 실재에 삼켜 버리는 것 같지만 근본적으로 성자의 신비주의라고 주장하였다: "신비생활의 형성과 발달을 살펴볼 때, 우리는 주된 이념l'idée directrice의 존재를 인정하지 않을 수 없다. 우리가 살펴보았던 신비가들에게서 확산성을 지닌 직관이 언제나 분명한 도덕을 기반으로 한 튼튼한 교리에 의해서 지탱되지 않는다면, 곧 표류하거나 종교적 모험에 빠지고 개인적인 영감의 변덕에 휩쓸리고 말 것이라는 말이다."[208] 기독교 신비주의가 관상에 머물지 않고, 신비가들이 관상했던 것을 행동으로 실현하려는 것은 이때 신비가들이 관상 속에서 그런 인격적 체험을 했기 때문이다. 그들은 그때 그 모호한 신적 실재를 기독교의 하나님으로 해석하면서 그의 사랑에 감격하고 그의 부름에 응답하는 것이다. 이것이 기독교 신비주의의 가장 커다란 특징이다. 신비가들이 그 모호했던 하나님을 성서에 나오는 하나님으로 깨닫는 순간, 하나님의 부름을 듣는 것이다. 그것은 귀용 부인에게서도 마찬가지였다. 그녀 역시 그때 하나님의 사랑을 느꼈고, 하나님의 사랑에 응답하여 다른 사

208) Delacroix, H(1938) : 앞의 책, p363.

람들을 사랑했던 것이다.

신비주의와 정신병리:
귀용 부인에게 있어서 자기애와 매저키즘

신비가는 비합리적인 신적 실재를 체험하기 때문에 종종 정신병리현상과 혼동되고, 정신적으로 문제가 있는 사람들 역시 종교적 망상에 시달리거나 성흔le stigmate이 나타나기도 해서 신비현상과 정신병리 사이를 구분하기는 대단히 어렵다. 그래서 S. 프로이트나 P. 자네 같은 학자들은 신비현상 자체를 정신병리로 규정했지만, A. 베르고트나 H. 들라크르와 같은 이들은 모든 신비가를 그렇게만 규정할 수 없다고 주장하였다. 융 역시 전자의 경우도 없지 않지만, 그렇지 않은 경우도 있다고 하면서 프로이트보다는 신비현상에 대해서 긍정적인 입장을 보였다.[209)]

귀용 부인 역시 다른 사람들과 달리 매우 깊은 체험을 했고, 정신병리적인 것이라고 의심받을 만한 현상도 있었기 때문에 그녀의 체험을 정신병리적인 측면에서 고찰할 필요도 있다. 그당시 사람들이 그녀를 '마녀'라고 의심했던 것은 현대적인 용어로 말하자면 그녀가 정신병자로 의심받았다는 말이라고 해석할 수 있을 것이다. 귀용 부인의 특별히 의심할 만한 측면은 자기애적인 종교

209) cf. Janet P(1975) : *De l'angoisse à l'extase*, F.Alcan, Paris. cf. Vergote A(1974) : *Dette et Désir: Deux axes chrétiens et la dérive pathologique*, Seuil, Paris.

망상과 매저키즘이다. 그녀는 자신이 처음에 많은 도움을 받았던 라 콩브 신부의 영적인 어머니라고 주장하여 라 콩브 신부와 다투었고, 나중에는 그녀가 많은 사람의 어머니로 부름을 받았다고 주장하면서 교회 당국자들과 대립하였다. 또한 그녀는 그와 정반대로 자기는 아무것도 아니라고 생각하면서 자기를 비하하였고, 그녀에게 오는 고통을 감수하는가 하면, 때때로 외적인 고통이 없으면 불안해하기도 하였다.

프랑스의 분석심리학자 E. 윔베르는 융은 자기애라는 단어와 매저키즘이라는 단어를 거의 사용하지 않았고, 그 대신 'Ichhafttigkeit'라는 개념을 가지고 자기애적 현상을 살펴보았거나, 고통과 희생에 대한 태도를 가지고 매저키즘에 대하여 살펴보았다고 주장하였다.[210] 그래서 우리는 여기에서 귀용 부인에게서 찾아볼 수 있는 듯한 자기애적인 측면과 매저키즘적인 측면을 융이 말한 자아-팽창ego-inflation과 자기-소외ego-alienation의 개념을 가지고 살펴보아야 한다. 자기애적인 종교 망상과 매저키즘은 자아와 자기가 올바른 관계를 맺지 못하여 자아가 팽창되거나, 지나치게 팽창되었던 자아가 대극의 역전을 일으켜서 소외상태에 빠지는 현상이기 때문이다. 융은 자아-팽창이란 자아가 자기와 동일시하는 태도라고 주장하였다. 자아가 자기의 전체성에 사로잡혀서 자신의 의지·감정·욕망·지성을 절대시하고, 과도한 권력충동이나 이기심에

210) Humbert E(1993) : *Ecrits sur Jung*, pp38-39.

빠지는 현상인 것이다. 그러나 다른 사람들은 팽창상태에 있는 사람들이 그들을 지배하려고 하기 때문에 그들을 용납하지 않아, 그들은 곧 소외에 빠지게 된다. 그때 그들은 소외감, 절망, 우울, 죄의식을 느끼고 깊은 침체 속으로 들어간다. 에딘저는 첫째로 분노발작, 둘째로 복수하려는 충동, 셋째로 권력 의지, 즉 전능하다는 생각에서 힘을 발휘하려고 할 때마다 팽창되어 있는 것, 넷째로 지적 경직성, 즉 그의 개인적인 진리나 견해를 보편적인 진리라고 생각, 다섯째로 쾌락에 대한 강한 욕망, 즉 자아의 현실적 한계에서 벗어나 자신의 쾌락만 충족시키려고 하는 것 등은 역시 자아-팽창에서 나오는 현상이라고 주장하였다.[211]

보쉬에 주교가 귀용 부인을 박해했던 가장 커다란 이유는 그녀가 영적으로 너무 교만하여 요한계시록에 나오는 해산하는 여인과 자신을 동일시하면서 사도성을 주장하였고, 하나님과의 합일을 통한 성화sanctification를 강조하면서 사람들이 어느 정도 영성의 단계에 도달하면 하나님에게 청원할 필요가 없다고 주장했기 때문이다. 이렇게 볼 때 귀용 부인의 그런 태도는 자아-팽창에서 나온 것이라고 오해할 수도 있다. 여기에서 해산하는 여인이란 요한계시록 12장 1절부터 6절에 나오는 여인인데, 그 구절에 대한 그녀의 주석을 보면 그 여인은 하나님의 보좌 옆에 앉을 '진리의 여인'이고 만국을 다스릴 아이를 낳을 어머니다.[212] 그런데 귀용 부

211) Humbert E(1993) : 앞의 책, p14.

인은 “우리 주님은 수많은 사람에게 내가 커다란 백성의 어머니가 될 것이라는 것을 알게 하셨습니다.”[213]라고 하면서 자기와 그 여인을 동일시하였다. 그녀는 마치 부름받은 사도처럼 다른 사람에게 성경을 가르치고, 집회를 인도했던 것이다. 보쉬에가 보기에 그녀의 그런 모습은 있을 수 없는 일이었다. 왜냐하면 그녀는 신학교육도 제대로 받지 못하였고, 여자였으며, 평신도였기 때문이다. 또한 하나님과의 합일을 통한 이 세상에서의 성화란 인간이 신적으로 된다는 것으로서 지극히 팽창된 생각이었다. 마찬가지로 귀용 부인이 주장했던 하나님에 대한 청원의 불필요성 역시 있을 수 없는 주장이었다.[214] 그래서 보쉬에로서는 귀용 부인을 미워할 수밖에 없었고, 그녀를 정죄하려고 하였다.

융에 의하면 자아-팽창은 자아가 자기와 동일시 상태에 있었던 원초적인 유아상태로 퇴행하는 것으로서, 주체가 무의식의 역동성을 독차지하려는 현상이다. 그래서 사람들은 자아-팽창상태에서 그 자신을 우주의 중심이나 최고의 원리와 동일시하면서 현실에서 멀어진다. 그러면 자아-팽창은 언제 일어나는가? 에딘저에 의하면 하나는 자아와 자기의 축에 손상을 입었을 때이고, 다른

212) Guyon J-M(2006) : 《잔느 귀용의 요한계시록 주석》, 곽정남 역, 순전한 나드, 서울, pp141-147.

213) Guyon J-M(1983) : *La vie*, p257.

214) 그러나 귀용 부인의 그런 주장은 보쉬에보다 더 신앙적인 것이었다. 왜냐하면 그녀는 하나님이 너무 절대적인 존재이기 때문에 인간은 아무것도 빌 필요 없이 오직 하나님을 기다리면서 내면을 비우기만 해야 한다고 주장하기 때문이다.

하나는 자아가 외부세계에 투사했던 정신에너지를 모두 회수하여 자아에 에너지가 가득 찰 때다. 이때 사람들에게는 팽창된 태도가 나타나서 지극히 자아-중심적인 태도를 보이고, 다른 사람들을 지배하려고 하며, 무책임성, 관능적 욕망, 거만하고 조야한 태도를 보이게 된다.[215)]

우리는 이런 태도를 귀용 부인이 회심체험을 하기 전에는 많이 볼 수 있으며 신비적 죽음을 거치기 전에도 어느 정도 살펴볼 수 있다. 왜냐하면 그녀는 회심체험을 하기 전 매우 교만하였고, 자신이 세계의 중심인 양 모든 사람이 그녀를 찬양해야 했기 때문이다. 신비적 죽음을 하기 전에도 그녀는 자기-몰두가 심하였고, 회심을 통해서 얻은 기쁨을 잃지 않으려고 애썼으며, 많은 일에서 자아-중심적이었다. 그러나 우리는 그녀에게서 신비적 죽음을 거친 다음 팽창된 모습을 거의 찾아볼 수 없다. 왜냐하면 그녀는 신비적 죽음을 거치는 동안 그녀와 인간 존재의 무성無性을 절감하였기 때문이다. 그래서 그녀는 "나에게서 감각이 커짐에 따라서 당신의 부재는 더 길게 되었고, 나는 더욱더 버려지게 되었습니다. 그리하여 나는 더 약하게 되었고 외부에 있는 십자가는 더 쓰라리게 되었습니다."[216)]라고 고백하였다. 그녀에게서 팽창된 모습보다는 그

215) cf. Edinger E(1992) : Ego and Archetype, Shambhala, Boston., pp7-11.
216) Guyon J-M(1983) : *La vie*, p179. 그녀는 이렇게도 말한다. "당신은 저를 하늘로 올리셨고, 즉시 진흙탕에 던지셨습니다. 그다음 같은 손으로 당신은 나를 내치셨던 곳에서 다른 곳으로 옮기셨습니다." Guyon J-M(1983) : 앞의 책, p402.

와 반대되는 모습이 보였던 것이다. 그녀가 신비적 죽음을 거치지 않았다면 그녀에게 자아-팽창은 매우 심하게 나타났을 것이다. 왜냐하면 그녀는 황홀경, 자동필사, 영 분별, 치유 등 수많은 신비현상과 능력을 체험했기 때문이다. 그러나 그녀는 신비적 죽음을 거치면서 그녀에게 있는 모든 인간적 속성과 개인적 속성을 비워 버렸기 때문에 팽창해야 할 자아는 남아 있지 않았다.

그러므로 그녀가 이 세상에서 성화된 삶을 살 수 있다고 주장했거나 하나님에게 청원할 필요가 없다고 주장했던 것 역시 자아-팽창에서 나온 주장이 아니었다. 오히려 그것은 그녀가 하나님의 절대성을 너무 깊이 느꼈기 때문에 나온 주장이었다. 그녀에게서 자아-팽창처럼 보이는 모습은 자아가 팽창되어서 나온 것이라기보다는 그녀의 자아가 자기와 매우 밀접한 관계에 있어서 자아가 자기의 내용을 그대로 드러내려고 하기 때문에 나온 주장이라고 해야 할 것이다. 그녀는 신비적 죽음을 거치면서 그녀의 자아에 개인적 속성이 하나도 남아 있지 않았던 것이다. 그래서 그녀는 "그 전에는 모든 것이 안으로 들어가고 안에 중심을 잡았으며, 하나님 역시 내가 나의 깊은 곳, 즉 내 영혼의 깊은 곳에 자리잡고 있었지만, 그다음에는 내가 하나님께 이 세상에 그 어느 것과 비교할 수 없을 정도로 그렇게 넓고, 순수하고, 대단하게 사로잡히게 되었습니다."[217]라고 말하였다.

217) Guyon J-M(1983) : 앞의 책, p257.

다음으로 우리는 귀용 부인에게서 피학적인 태도라고 오해를 받을 수 있는 측면도 많이 찾아볼 수 있다. 그녀는 "나는 침묵함으로써 그 모든 고통을 더 거룩하게 하려고 했습니다. ……박해와 치욕은 영혼이 하나님 안에 더 깊이 들어가게 하고 헤아릴 수 없는 행복을 맛보게 하는 무게를 가지고 있습니다."[218)]라고 하면서 고통을 찬양하는 듯했으며, 죄책감을 너무 심하게 느껴서, "나는 …… 죄책감에 사로잡혀서 단 위에 자리를 펴고 있는 힘을 다해 울었습니다."[219)]라고 하였기 때문이다.

또한 그녀는 "십자가가 없으면 쇠약해질 정도로 십자가에 대한 사랑이 컸지만 그 사랑스러운 십자가는 나에게 그렇게 빨리 돌아오지…… 않았습니다."[220)]라고 하면서 외적인 고통이 없으면 불안하기까지 하였다. 더구나 그녀는 "이 세상에 나보다 못한 존재는 없고, 나보다 더 부족한 사람도 없습니다. 나는 하나님이 나에게 세상을 구원할 수 있는 은혜를 베풀어 주셨지만 나는 그것을 배은망덕하게 값을 치러 버렸다는 사실을 압니다."라고 하면서 자기 자신을 한없이 낮추고 비하하였다.

에딘저는 많은 종교체험자은 자아-소외상태에 있을 때 우울에 빠지거나 죄책감에 시달리고, 그 자신이 한없이 무가치하고 그에게는 아무 도움도 올 곳이 없다는 느낌을 가지게 된다고 주장했는

218) Guyon J-M(1983) : 앞의 책, p616.
219) Guyon J-M(1983) : 앞의 책, p140.
220) Guyon J-M(1983) : 앞의 책, p141.

데,[221] 귀용 부인의 이런 태도는 겉으로 보기에는 피학적인 모습처럼 보인다. 그러나 그렇게 보는 것은 실상을 제대로 보지 못하는 것이다. 왜냐하면 그녀는 신비적 죽음을 거친 다음에 그녀에게 팽창할 자아가 없었듯이 소외될 자아도 없었기 때문이다. 그녀에게는 이제 개인적 속성이 모두 사라졌던 것이다. 그래서 그녀의 자아는 자기가 실현될 수 있는 통로 역할을 감당할 뿐 그 자체는 비어 있었던 것이다.[222]

미국의 분석심리학자 앤 울라노프는 매저키즘과 진정한 종교적 헌신에는 다음과 같이 다섯 가지 차이가 있다고 주장하였다. 첫째로 종교적인 헌신행위 가운데 매저키스트는 자기비하감과 열등감 때문에 시달리는 데 반해서 진정한 종교인은 기쁨과 사랑으로 헌신한다. 왜냐하면 매저키스트들의 마음에는 그들이 언제나 무엇인가 부족하고 열등하다고 느껴서 다른 사람들이나 하나님을 달래고 회유하려고 하지만, 종교인은 그럴 필요가 없기 때문에 기쁘고 사랑하는 마음으로 헌신한다는 것이다.

둘째로 의존적인 태도와 자기-주장이 있는데, 매저키스트는 헌신행위 가운데서 다른 사람들의 불친절하거나 부정적인 태도를 지각하지 않으려고 하지만, 종교인들은 그렇지 않다. 왜냐하면 매저키스트는 자신이 살아가려면 그 사람을 버릴 수 없어서 자신의

221) Edinger E(1992) : 앞의 책, p50.
222) Edinger E(1992) : 앞의 책, p620.

부정적인 태도를 애써 외면하는 데 반해서 종교인은 그 자신을 당당하게 주장하기 때문이다.

셋째로 일방적인 희생과 주고-받기가 있다. 매저키스트는 다른 사람과의 관계에서 그들이 가진 것을 일방적으로 주려고 하는 데 반해서 종교인은 다른 사람이나 하나님이 주는 것을 기쁘게 받으려고 한다. 그것은 그에게 그 대상이 그것을 줌으로써 떠날지도 모른다는 불안이 없고, 그에게 빚진 감정을 주려는 의도도 없기 때문이다.

넷째로 고통에 대한 태도에 있다. 매저키스트는 고통을 두려워하면서도 고통을 받을 때 쾌감을 느끼지만, 종교인은 필요한 경우 고통을 기꺼이 받으면서 그 고통을 통해서 고통받는 이는 물론 하나님과 하나가 되려고 한다. 마지막으로 고통의 결과에서 찾을 수 있는데, 매저키스트는 그가 고통을 받음으로써 그 자신이나 주위에 있는 사람에게 고통을 주지만, 종교인은 그에게 기도하게 하고 사랑을 느끼게 한다. 매저키스트는 그 고통을 통해서 다른 사람들에게 빚진 감정을 심어 주면서 그들을 조작하거나 통제하려는 데 반해서, 종교인은 그 고통을 통해서 하나가 되고 사랑의 관계를 만드는 것이다.[223)]

미국의 분석심리학자 A. 울라노프는 진정한 헌신과 매저키즘 사이에 이런 차이가 있는 것은 매저키즘이 죽음의 본능에서 나온

223) Ulanov A(1999) : 앞의 책, pp214-221.

것이고, 자아-방어기제가 작용하기 때문이라고 주장하였다. 우선 매저키즘은 죽음의 본능에서 나온 것으로 공격성을 내면화시키는 현상인데, 사람들은 자기 잘못을 다른 사람에게 말할 때, 자아가 자신을 가학적이고 비판적인 초자아에게 맡김으로써 무의식적으로 쾌감을 느낀다는 것이다. 그때 그들은 내면의 처벌자에게 그가 잘못되었고, 형편없는 존재라고 야단맞으면서도 당연한 것이라고 생각한다. 그런 처벌이 이루어지지 않을 경우 그는 언제 처벌이 이루어질지 몰라서 더 불안하기 때문이다.

다음으로 울라노프는 매저키즘은 자아-방어 전략으로써, 어릴 때부터 부모에게 비난을 많이 받았던 사람들이 그들의 삶의 근거가 되는 부모에게 버림받지 않으려고 부모의 처벌을 사랑이라고 생각하면서 감수하듯이 아무리 고통스러운 상황일지라도 거역하지 않고 순종하는 것이다. 그런 사람은 자아가 너무 연약하여 부모가 그를 버리고 떠나는 상황을 견딜 수 없어서 언제나 자신의 약하고 헌신적인 모습을 부모에게 보여 주려고 하는 것이다. 그래서 그는 부모가 버리게 하지 않도록 그에게서 어떤 비판이나 박해가 올지라도 그것을 자신의 잘못으로 받아들이고, 그에게 애원한다.[224)]

귀용 부인에게도 회심체험을 하기 전과 신비적 죽음을 거치기 전에 매저키즘적인 태도는 많이 보인다. 그녀가 자아와 자기 사이

224) Ulanov A(1999) : 앞의 책, pp210-214.

에서 올바른 관계를 맺지 못했을 것이기 때문이다. 그러나 그녀는 신비적 죽음을 거치면서 그런 모습을 찾아볼 수 없게 되었다. 그녀가 하나님 앞에서 보였던 순종적인 태도는 누멘으로서의 하나님 앞에서 나타내는 피조물적 감정이었으며, 그녀가 십자가를 사랑했던 것은 고통을 당하면서 쾌감을 느끼려고 했던 것이 아니라, 예수 그리스도가 십자가 고통을 당한 다음 부활했듯이 그녀 역시 그 고통을 통해서 변화되기를 바랐기 때문이다: "나는 십자가에 대한 사랑으로 불타올랐습니다. 십자가에 대한 나의 욕망이 그렇게 강했던 만큼 그 사랑스러운 십자가는 나에게 강력한 힘을 가지고 다시 돌아왔습니다."[225]

또한 그녀가 고통이 없으면 불안해했던 것은 그녀에게 언제나 고통이 있었기 때문에 지금 고통이 없으면 더 큰 고통이 오지 않을까 하는 생각에서 현재의 고통을 십자가로 생각하고 그것을 기꺼이 받아들이면서 그리스도와 하나가 되려고 했던 것이다. 고통에서 의미를 발견하면서 고통을 적극적으로 지려는 건강한 태도였던 것이다. 그러므로 우리는 귀용 부인은 신비적 죽음을 거치면서 자아가 죽었기 때문에 그녀에게는 팽창할 자아도, 소외될 자아도 없어서 자기애나 매저키즘을 찾을 수 없다고 해야 한다. 오히려 그녀는 내면에 있는 자기와 자아가 올바른 관계 속에서 성숙한 삶을 살았던 것이다. 그녀에게 세계 각지에서 많은 사람이 찾아와

225) Guyon J-M(1983) : 앞의 책, p402.

가르침을 구했던 것은 그녀가 성자성에 도달했기 때문이다. 그렇지 않았을 경우 사람들은 그녀를 찾지도 않았을 테고, 영향을 받지도 않았을 것이다.

결 론

귀용 부인은 프랑스 신비가 중에서도 매우 독특한 인물이었으며 지금도 여전히 여러 가지 측면에서 연구되고 있다. 그것은 그녀가 극심한 고통을 겪었고, 그것을 극복하면서 인간 정신의 새로운 지평을 넓혀 주었기 때문인데, 그녀의 신비주의는 다음과 같은 사실을 보여 준다.

첫째로 그녀의 삶은 고대 신화에 나오는 영웅 못지않게 험난한 역정을 이겨 낸 이야기였는데, 우리는 거기에서 융이 말한 개성화 과정과 유비적인 점을 살펴볼 수 있다. 그녀는 그녀에게 다가온 고통을 극복하는 과정에서 내면에 깊숙이 들어가 그 안에서 작용하는 내적 중심을 체험하였고, 그것이 그대로 드러나게 했던 것이다.

둘째로 우리는 그녀에게서 신비주의와 개성화 과정이 유사한 구조를 가지고 있음을 발견할 수 있었다. 신비주의가 인간이 하나님을 체험하는 현상과 과정을 드러내는 것인 반면 개성화 과정은 자아가 자기와의 대화를 통하여 인격이 변화되는 과정이기 때문에 두 과정 사이에 유사한 점이 많이 있는 것이다. 그 가운데서 두드러진 특징은 그 두 과정이 모두 인간 정신의 발달을 위한 역정이라는 점이다. 신비체험은 정신의 발달이 종교적인 영역에서 이루어지고, 개성화 과정에서는 그것이 정신치료의 과정에서 이루어지는 것이 다를 뿐이다.

셋째로 우리는 귀용 부인의 신비체험 연구를 통해서 신비주의에서 말하는 침묵의 소통, 영 분별, 신비가가 체험하는 신의 본질, 내재적 신의 실현과 초월적 신의 성육화 등에 대한 심리학적 의미를 고찰할 수 있었고, 그것을 통하여 개성화 과정을 더 잘 이해할 수 있었다.

프랑스의 철학자 앙리 베르그송은 귀용 부인의 신비주의는 신비주의의 가장 순수한 모습을 보여 주는 전형적인 신비주의라고 주장하였다. 그녀의 신비주의에서 생명의 약동élan vital이 인간적인 한계를 모두 뛰어넘어 정신성을 실현시키는 모습을 가장 극적으로 보여 준다는 것이다. 그것을 신학적으로 해석하면 신성은 그녀를 통해서 그녀의 몸에 그대로 드러나 성육신된 모습을 보여 주었고, 종교학적으로 해석하면 그녀 내면에 있던 신적 인간성이 그녀를 통해서 그대로 실현되었으며, 분석심리학적으로 해석하면 정신 전체의 중심인 자기가 실현되었다고 말할 수 있다. 그것은 그녀가 그녀에게 있는 모든 개인적인 속성을 벗어 버리고 무사성에 도달했기 때문인데, 그녀는 그녀에게 다가온 가혹한 고통을 극복하는 과정에서 정신적 발달의 최고 경지에 이르렀던 것이다.

정말이지 그녀가 그렇게 높은 경지의 삶을 살 수 있었던 것은 그녀에게 엑스타시 이후에 다가왔던 '신비적 죽음'이 그만큼 가혹했지만, 그 속에서도 그녀는 하나님의 현존을 찾았고 체험했기 때문이다. 그녀는 영혼이 어두운 밤을 지나는 동안 인간적인 것들에 대한 신뢰를 모두 버리고 무사성에 도달하였던 것이다. 더구나 그녀는 그다음 바스티유 감옥에 갇히면서 그런 정화과정을 한 번 더 거쳤다. 바스티유에 갇혀서 극한적인 고통을 온몸으로 겪으면서 다시 한 번 자아의 무능과 덧없음을 절감했던 것이다. 그녀가 바스티유 감옥에서 석방된 다음 그 전보다 훨씬 더 넓고 차원 높은 삶을 살 수 있었던 것은 자신이 그 고통을 그리스도의 십자가로 받아들이면서 올바르게 극복할 수 있었기 때문이다. 그래서 그녀는 지나간 모든 일에 자신이 미처 알지 못하는 하나님의 뜻이 있을 것이라고 받아들였으며, 이 세상에서 벌어지는 일상적인 일에서 일희일비하지 않았다. 신비가들이 하나님과 온전히 하나가 되는 것은 그들이 그들에게 있는 모든 인간적인 것, 즉 신적이지 않은 속성을 모두 비워 버렸을 때인데, 귀용 부인은 그런 고통을 통해서 그녀를 정화시킬 수 있었던 것이다. 그러나 우리는 그녀가 신비적 죽음을 거친 다음에 왜 또 다시 바스티유의 고통을 겪어야 했는지 알지 못한다. 우리 삶에는 우리가 도저히 알 수 없는 신비한 영역이 있기 때문이다. 그때 우리가 해야 하는 것은 그것을 묵묵히 받아들이고 그 안에서 의미를 찾으려 분투하는 것뿐이다.

융의 가장 큰 공헌은 그가 인간의 내면에서 정신적 발달을 이루려는 무의식의 원리를 발견했다는 사실이다. 그는 그 자신이나 환자에게서 인간의 정신은 일정한 방향을 향해서 나아간다는 사실을 확인하고 그의 자서전에서, "나의 삶은 스스로 실현되려고 했던 무의식의 이야기였다."[226]라고 회고했는데, 그것은 귀용 부인의 삶에서도 뚜렷하게 나타난다. 그녀의 신비주의는 그녀의 내면에 있는 신성인 자기가 그녀를 일관된 방향으로 이끌어 간 이야기였던 것이다. 그렇게 볼 때 신비주의와 정신치료는 서로 다른 언어와 체계로 이루어지지만 그 두 과정은 모두 인간의 정신이 삶의 역경을 극복하는 과정에서 초월적 상징의 도움으로 더 큰 통합을 이루려는 과정인 것을 알 수 있게 된다. 그 과정에서 신적인 실재réalité가 나타날 때 신비감이 느껴지는 것은 그 실재가 무의식에서 느껴지면서 그의 삶에는 그의 좁은 자아 이외에 그 자신의 삶을 이끌어가는 또 다른 실재가 있다는 사실을 깨닫게 되기 때문이다. 그런데 그 실재는 의식의 일상적인 현상과 너무 다르기 때문에 사람들은 깊은 정동에 사로잡히게 된다. 그러나 사람들이 그 실재를 일단 체험하면 그들은 삶의 중심을 다시 자리잡게 하고 그 전과 전혀 다른 삶을 살게 된다. 자아-중심적 삶에서 자기-중심적 삶을 사는 것이다. 그래서 융은 신앙을 잃어버려서 신경증에 걸린 사람들은 신앙을 다시 회복하지 않는 한 치유될 수 없다고 강조하였다.

그런 의미에서 귀용 부인의 신비체험은 인간 정신의 본질에 대해서 많은 통찰을 가지게 한다. 인간 정신은 외형적이고 감각적인 대상만 경험하고 소비하려는 것이 아니라 내적이고 정신적인

226) Jung CG(1973) : *Ma vie*, Gallimard, Paris, p21.

완성을 이루어 더 높은 차원의 삶을 향해 나아가려는 속성이 있다는 사실을 절감하게 하는 것이다. 그래서 신비가의 삶을 '영원의 상 아래에서' 살펴보았던 앙리 들라크르와는 그들의 삶에는 그들을 어떤 방향으로 이끌려는 내적인 법칙이 있다고 주장하였고, 생의 철학자 베르그송은 "영혼은 ……자기보다 무한하게 큰 존재 속으로 들어가는 것을 느끼는 것만으로 충분하다. 영혼이 생명에 밀접하게 결부되어 있는 것은 영혼이 그 원리와 분리될 수 없기 때문이다. 그것은 기쁨 중의 기쁨이요, 사랑일 수밖에 없는 존재의 사랑이다."[227]라고 주장하였다. 사람들은 감각적인 세계에서 살지만 생명의 근원인 신적 실재를 향해서 나아가고, 거기에서만 궁극적인 기쁨을 느낄 수 있다는 것이다.

이와 같은 귀용 부인의 삶은 그녀 자신의 독특한 신학의 토대 위에서 이루어졌는데, 우리는 그녀의 신비주의에서 다음과 같은 그녀의 신학을 읽어 볼 수 있다.

첫째, 하나님은 절대적인 존재이고 인간은 그 앞에서 아무것도 아니라는 사실이다. 즉, 하나님은 인간과 무한히 다르며 인간은 하나님 앞에서 무無에 불과한 존재라는 사실이다. 그래서 인간이 하나님을 체험하려면 무사성에 도달해야 하고, 그때 하나님의 속성은 인간을 통해서 실현될 수 있다.

둘째, 사람은 하나님을 직접적으로 체험할 수 있으며, 사람은

227) Bergson H(1984) : 앞의 책, p1155.

이 세상에서 하나님의 속성을 그대로 실현하는 성화聖化를 이룰 수 있다. 귀용 부인의 이런 주장은 그녀의 체험에서 나온 실제적인 진술인데, 그녀는 그러기 위해서 사람은 그의 개인적인 속성을 모두 비워야 한다고 강조하였다. 왜냐하면 인간과 무한하게 다른 하나님이 체험되고, 사람을 통해서 그대로 드러나려면 사람에게 인간적이고 개인적인 속성이 전혀 남아 있지 않아야 하기 때문이다.

셋째, 하나님은 인간을 통해서 성육되기를 바라며 그것을 위하여 사람을 부르시는데, 그 부름에 제대로 응답한 사람이 신비가들이다. 귀용 부인에 의하면 하나님은 언제나 피조 세계와 대화하기를 바라며 그의 사랑을 드러내려고 한다. 그래서 사람들은 하나님을 체험할 수 있고, 하나님을 체험한 사람들을 통해서 드러내려고 한다. 그런데 하나님의 성육화는 사람들이 하나님의 말씀을 그들의 삶으로 사는 것을 통하여 나타난다.

넷째, 인간과 하나님은 절대적으로 다르기 때문에 인간은 하나님을 순수하게 믿고 순수하게 사랑해야 한다. 사람에게 순수한 믿음과 순수한 사랑이 필요한 것이다. 귀용 부인의 이런 사상은 가톨릭 사상과 많이 달랐기 때문에 그녀는 많은 박해를 받았다. 그러나 그녀의 사상은 그다음에 이어지는 루터교, 감리교, 퀘이커교 등 개신교에 많은 영향을 끼치면서 지속적으로 이어졌다. 하지만 시간이 지나가면서 현대의 개신교회에서 그녀의 주장은 다시 화석화되어 가는 듯하다. 개신교회도 다시 새롭게 개혁되어 누멘으로서의 하나님에 대한 체험과 그 하나님에 대한 성육화가 필요하다.

참고문헌

김성민(1998) : 《융의 심리학과 종교》, 동명사, 서울.

______(2002) : 《분석심리학과 기독교》, 학지사, 서울.

이부영(1999) : 《그림자》, 한길사, 서울.

______(2001) : 《아니마와 아니무스》, 한길사, 서울.

______(2002) : 《자기와 자기실현》, 한길사, 서울.

이유경(2004) : 《원형과 신화》, 이끌리오, 서울.

______(1996) : "서양연금술의 심리학적 의미", 《심성연구》, 11(1), 한국분석심리 학회, 서울.

Aegerter Emmanuel(1941) : *Madame Guyon: Une Aventurière mystique*, Librairie Hachette, Paris.

Aumann J(1987) : 《영성신학》, 이홍근 역, 분도출판사, 왜관.

Bergson H(1984) : *Les deux sources de la morale et de la religion*, *Oeuvres*, PUF, Paris.

Beaude J(1997) : *Madame Guyon*, Jérome Millon, Grenoble.

______(1990) : La mystique, Cerf, Paris.

Bremond H(1930) : *Les Plus belles pages de Fénelon*, E. Flammarion, Paris.

Brown CA(1981) : *Jung's Hermeneutic of Doctrine*. Ann Arbor, Mich.

Bernard de Clairvaux(1991) : 《하나님의 사랑》, 엄성옥 역, 은성출판사, 서울.

Bunyan J(1980) : 《천로역정》 I, II, 오천영 역, 대한기독교서회, 서울.

Coslet DG(1992) : 《잔느 귀용 부인의 생애》, 기독교문서선교회, 서울.

Chadwick HJ(2002) : *Madame Jeanne Guyon: Experiencing Union with God Through Inner Prayer and the Way and Rescues of Union with God*, Bridge-Logos Publishers, New York.

Darricau R(1991) : *Histoire de la Spiritualité*, Presss Universitaires de France, Paris.

Delacroix H(1899) : *Essai sur Mysticisme spéculatif en Allemagne au 14e siecle*, Félix Alcan, Paris.

_________(1938) : Les Grands mystiques chrétiens, Félix Alcan, Paris.

Deregnaucourt G(1994) : *La Vie religieuse en France aux XVI-XVII-XVIIIe siecles*. Ophrys, Paris.

Eliade M(1996) : 《성과 속》, 이동하 역, 학민사, 서울.

_______(2002) : 《신화. 꿈. 신비》, 강응섭 역, 도서출판 숲, 서울.

Eckhart M(2006) : 《마이스터 에크하르트는 이렇게 말했다》, 김순현 역, 분도출판사, 왜관.

Edinger E(1992) : *Ego and Archetype*, Shambhala, Boston.

Ellwood Jr RS(1980) : *Mysticism and Religion*. Prentice-Hall, Englewood Cliffs, New Jersey.

Fénelon F(2001) : 《깊은 기도생활을 위한 편지》, 도서출판 은성, 서울.

Gillespie VB(1979) : *Religious Conversion and Personal Identity*, Religious Education Press, Birmingham: Alabama.

_________(1991) : The Dynamics of Religious Conversion. Religious Education Press, Birmingham: Alabama.

Godin A(1986) : *Psychologie des expériences religieuses*, Le Centurion, Paris.

Gondal M-L(1989) : *Madame Guyon: Un nouveau visage*, Beauchesne, Paris.

Grinnell R(1993) : *Psychanalyse et alchimie*, A. Michel, Paris.

Guy-Gillet G(1994) : *La Blessure de Narcisse*, A. Michel, Paris.

Guyon J-M(1982) : *La correspondances secrètes, Seuil*, Paris.

_________(1983) : *La Vie de Madame Guyon écrite par elle-meme*, Dervy-Livres, Paris.

_________(1990) : *La Passion de Croire*, Nouvelle Cité, Paris.

_________(1992) : *Récits de Captivité*, Jérome Millon, Grenoble.

__________(1995) : *Le Moyen court et autres récits*, Jérome Millon, Grenoble.

__________(1995) : *Le Moyen Court et autres récits*, Jérome Millon, Grenoble.

__________(1996) : *Song of Song's Annontation*, The SeedSowers, Jacksonville: FL.

__________(1996) : *The Book of Revelation*, The SeedSowers, Jacksonville: FL.

__________(1998) : *Oeuvres completes*, Adamant Media Co., Paris.

__________(2005) : *A Short Method of Prayer and Other Writings*,Hendrickson Publishers, Inc., Peabody, Mass.

__________(2004) : 《영혼의 폭포수》, 기독교문서선교회, 서울.

__________(2006) : 《아가서》, 순전한 나드, 서울.

__________(2006) : 《요한계시록》, 순전한 나드, 서울.

Harding E(1973) : *Psychic Energy*, Princeton University Press, Princeton: N.J.

Hawkins AH(1984) : *Archetypes of Conversion*, Associated University Presses, London.

Homans P(1979) : *Jung in Context*, The University of Chicago Press, Chicago.

Humbert EG(1993) : *Ecrits sur Jung*, Retz, Paris.

__________(1994) : *L'homme aux prises avec l'inconscient*, A. Michel, Paris.

Jacques Le Brun(1964) : "Le Grand Siècle de la Spiritualité Française et ses Lendemains", *Histoire spirituelle de la France*, Michel de Certeau, Beauchesne, Paris.

James W(1902) : *The Varieties of Religious Experience*, New American Library, New York.

________(1997) : 《종교체험의 여러 모습들》, 김성민 · 정지련 옮김, 대한기독교서회, 서울.

Janet P(1975) : *De l'Angoisse à l'extase*, Félix Alcan, Paris.

Jossua J-P(2001) : *Seul avec Dieu: L'Aventure mystique*, Gallimard, Paris.

Jung CG(1977) : *Psychological Types*, Princeton University Press, Princeton.

________(1966) : *Two Essays on Analytical Psychology*, Princeton University

Press, Princeton.

_______(1977) : *The Archetypes and the Collective Unconscious*. Princeton University Press, Princeton.

_______(1978) : *The Structure and Dynamics of the Psyche*. Princeton University Press, Princeton.

_______(1989) : *Aspects of the Masculine and Aspects of the Feminine*, MJF Books, New York.

_______(1964) : *Reponse à Job*, Buchet/Chastel, Paris.

_______(1979) : *Commentaire sur le mystère de la fleur d'or*, Albin Michel, Paris.

_______(1971) : *Les Racines de la conscience*, Buchet/Chastel, Paris.

_______(1984) : *La Guérison psychologique*, Librairie de l'Université George, Gèneve.

Jung CG(2004) : 《인격과 전이》, 솔 출판사, 서울.

_______(2004) : 《연금술에서 본 구원의 관념》, 솔 출판사, 서울.

_______(2005) : 《상징과 리비도》, 솔 출판사, 서울.

_______(2006) : 《영웅과 어머니 원형》, 솔 출판사, 서울.

Maurois A(1980) : 《프랑스사》, 홍성사, 서울.

Meslin M(1988) : *L'Experience humane du divin*, Cerf, Paris.

Murdock M(1990) : *The Heroine's Journey*, Shambhala, Boston.

Molinos M(2000) : 《영성 깊은 그리스도인》, 요단, 서울.

Otto R(1970) : *Le Sacré*, Payot, Paris.

______(1970) : *Mysticism, East and West*, The Macmillan Company, New York.

Perrot E(1980) : *La Voie de la Transformation*, La Fontaine de Pierre, Paris.

Price R(2001) : 《혁명과 반동의 프랑스사》, 개마고원, 서울.

Saint John of the Cross(1993) : 《어둔 밤》, 최민순 역, 성 바오로출판사, 서울.

St. Jean de la Croix(1986) : 《갈멜의 산길》, 최민순 역, 분도출판사, 왜관.

Ste. Thérèse d'Avila(2001) : 《영혼의 성》, 최민순 역, 바오로 딸, 서울.

Ulanov AB(1999) : *Religion and the Spiritual in Carl Jung*, Paulist Press, New York.

Underhill E(1974) : *Mysticism*, New American Library, New York.

Vergote A(1978) : *Dette et Désir*, Seuil, Paris.

Von Franz M-L(1995) : *Projection and Recollection in Jungian Psychology*, Open Court, Chicago.

존 웨슬리의 회심체험과 기독교 신비주의

웨슬리의 회심체험과 신비주의

신비주의와 기독교 신비주의

신비주의의 단계와 인간 정신의 발달

웨슬리의 삶과 신비주의

웨슬리의 신학과 신비주의

결론: 신비주의와 정신적 발달

웨슬리의 회심체험과 신비주의

"1738년 5월 24일 오후 9시 15분 존 웨슬리는 런던의 올더스게이트에서 있었던 모라비언교도들의 집회에서 한 사람이 루터의 로마서 주석을 읽는 것을 듣고 가슴이 뜨거워지면서 그가 오랫동안 해결하려고 애썼던 신학적인 고뇌의 해답을 찾았고 감리교회를 창시하였다." 매년 5월 말이 되면 전 세계 감리교인이 듣는 존 웨슬리의 회심체험 이야기를 한다. 이 신화 같은 이야기는 감리교인에게 바울이나 어거스틴의 회심체험 못지않게 유명한 이야기다. 우리는 이 이야기 속에서 웨슬리로 대표되는 인간의 궁극적인 고뇌와 그것을 해결하려는 분투가 담긴 것을 들을 수 있는데, 그것은 사람들이 내면에 있는 본능적인 충동을 극복하고 정신성을 이루려는 투쟁의 이야기다. 기독교에서는 그 싸움을 죄와 영 사이의 투쟁이라고 부르는데, 바울, 어거스틴, 루터 역시 그들의 삶에서 가장 중요한 문제로 여기면서 투쟁하였다. 그러나 웨슬리의 회심 이야기가 아직도 성찬식의 제정사처럼 매년 똑같이 들려오는 것은 사람들이 그 싸움에서 완전히 승리하지 못했기 때문이 아닌가 생각된다.

존 웨슬리가 그의 삶에서 가장 큰 관심을 기울이고 살았던 문제는 구원의 문제였다.[1] 그는 바울이나 어거스틴처럼 평생 동안 죄와 구원의 문제를 두고 투쟁하였던 것이다. 우리는 그를 통해서 사람에게 있어서 원죄의 뿌리가 얼마나 깊고 그것을 극복하는 것이 얼마나 어려운 것인지 절감하게 된다. 분석심리학자 C. G. 융은 모든 사람에게는 본질적인 측면에서는 다르지 않지만 서로 다른 문화적 상황 속에서 서로 다른 모습으로 그려지는 사건이 일어나고 있음을 지적하고, 그것을 원형적 사건이라고 불렀는데, 그런 점에서 볼 때 바울, 어거스틴, 웨슬리의 투쟁은 원형적 사건이라고 말할 수 있다. 그들은 그들의 내면에 있는 원형적인 콤플렉스를 극복하고 정신성을 이루려고 했는데, 그것은 그들만의 문제가 아니라 모든 사람에게 공통된 문제들이다.

그것은 신화나 민담에서 영웅이 용이나 뱀 같은 괴물을 만나서 고생하다가 결국 그것을 물리치는 이야기로 그려진다. 거기에서 용 · 뱀 · 괴물은 그것들처럼 맹렬하고 치명적인 인간의 죄성을 야기하는 무의식을 상징하는 이미지이고, 그것들과 맞서 싸우는 영웅은 자아自我를 가리킬 것이다. 인간의 삶은 무시무시한 용이나 괴물처럼 그를 괴롭히는 본능적 충동을 극복하고 정신적 발달을 이루어야 한다는 것이다. 그것을 고대인들은 신화적으로 그렇게

1) 콜린 윌리엄스는 웨슬리 신학의 핵심을 원죄, 속죄, 이신칭의 등 죄와 관계시키는데, 그것은 결국 같은 말이다. 구원이란 죄로부터의 해방이기 때문이다. Williams CW(1983) :《존 웨슬리의 신학》, 이계준 역, 전망사, 서울, p14.

표현하였고, 기독교 신비가는 그것을 이루기 위해서 광야로 들어가거나 탁발托鉢을 하면서 육체적인 욕망과 싸워 왔다.[2)]

기독교 신비가들은 이런 노력을 수행했던 대표적인 인물이다. 그들은 내면에 있는 본능적 충동과 하나님을 향한 의지 사이에서 고통을 겪다가 하나님을 체험하고 하나님과 하나가 되어서 살려고 했던 것이다. 그래서 영국의 신비연구가 이블린 언더힐은 신비주의는 인간 정신에서 초월적인 질서와 완벽한 조화를 이루려는 인간의 타고난 성향으로서, 위대한 신비가들은 '신비적 합일'을 통하여 그것을 체험하고 그들의 의식 전체를 지배하게 되어 살게 된다고 주장하였다.[3)] 또한 프랑스의 신비연구가 앙리 들라크르와는 신비주의는 신비가가 오랫동안의 동요를 거친 다음 신적 실재를 체험하여 그의 내면에 어떤 정신체계가 형성되면서 그의 일상적 개인이 억제되고 새로운 체계가 삶 전체를 지배하여 새로운 인격이 형성되는 과정이라고 주장하였다.[4)] 신비주의는 모든 사람에게 있는 본성적인 성향으로써 사람들이 더 높은 질서와 조화를 이루지 못하여 고통을 당하다가 신적 실재를 체험하여 신적 실재가 그의 삶을 통해서 실현되어 정신적 발달을 이루는 과정이라는 것이다.

우리는 웨슬리의 삶에서도 더 높은 차원의 질서와 하나가 되어

2) Jung CG(1953) : *Métamorphose de l'âme et ses symbole*, Librairie de l'Universite George, Genève, p455.
3) Underhill E(1974) : *Mysticism: A Study in the nature and development of Man's spiritual consciousness*, New American Library, New York.
4) Delacroix H(1938) : *Les grands mystiques chrétiens*, Felix Alcan, Paris, p200.

정신적 발달을 이루려는 열망이 가득했던 것을 찾아볼 수 있다. 그는 1725년 가톨릭 신비가들의 책을 읽으면서 완전한 삶을 향해 나아가려는 첫 번째 회심을 하였고, 1738년에는 가슴이 뜨거워지는 체험을 통해서 '나'에게서 벗어나는 것이 완전에 이르는 길이라는 것을 깨닫고 하나님과 하나가 되려고 했던 것이다. 그러나 이때 그는 1725년의 첫 번째 회심체험 때와 근본적으로 다른 태도를 취했는데, 그것은 그가 철저하게 인간적인 공적을 부정하면서 정적주의를 비판하였고, 그리스도 중심적, 말씀 중심적으로 나아갔기 때문이다. 그러나 그 역시 인간의 뿌리 깊은 죄를 극복하면서 그리스도인의 완전을 추구하려고 했던 점에서는 가톨릭 신비가들과 크게 다르지 않았다. 더구나 그는 가톨릭 신비가들을 비판했으면서도 여전히 토마스 아 켐피스, 페늘롱, 드 렌티 등을 참고하였으며, 그가 강조했던 순수한 사랑은 귀용 부인과 페늘롱의 주장이기도 하였다. 그는 신비가보다 더 합리적인 사람이었고, 그가 살았던 시대가 더 합리적인 사회라서 그들과 다른 방법으로 나아갔지만, 인간의 본능적 충동을 극복하고 정신적 발달을 이루려고 했던 점에서는 그들과 크게 다를 바가 없었던 것이다.

신비주의와 기독교 신비주의

종교학 용어 가운데 신비주의라는 말처럼 오해를 많이 받는 단어도 없을 것이다. 사람들은 기적 신앙이나 허황된 사술邪術에 불과한 것을 신비주의라고 하거나 잘못된 정적주의와 도덕폐기론을 신비주의라고 부르면서 진정한 신비주의까지 불신하는 것이다. 그러나 베어는 "신비Mystik라는 말은 종교적인 근원 현상을 가리키며 절대자, 무제한자, 신과의 직접적이고 직관적인 접촉체험에 기초해 있다."[5]라고 주장했으며, 베르그송은 "위대한 신비가는 인간이라는 종種이 물질성 때문에 막혀 있던 인간적인 한계를 뛰어넘는 개인들이다. 그들은 그렇게 하면서 신적인 활동을 이어가고 연장시켜 나간다."[6]라고 주장하였다. 신비주의는 정신과 육체로 이루어진 인간이 물질성을 극복하고 더 높은 정신성을 향하여 나아가면서 신적 실재를 만나서 그 실재를 실현시키려는 인간의 본성적인 지향이라는 것이다.

---

5) Wehr Gerhard(2001) : 《유럽의 신비주의》, 조원규 역, 도서출판 자작, 서울, p8.
6) Bergson H(1984) : *Les deux sources de la morale et de la religion*, *Oeuvres*, PUF, Paris, p1162.

서양의 신비주의는 본래 3~4세기 그리스 철학 사상, 특히 신플라톤주의에서 생겨났다. 플로티누스는 인간에게는 죽지 않는 영적 원리가 있는데, 그것은 그의 육체적 외피에서 벗어나 그의 진정한 부분과 하나가 되려고 한다고 주장하였다. 플로티누스의 이런 생각은 플라톤을 계승한 것인데, 플라톤은 사람들이 현실이라고 믿고 사는 세계는 사실 동굴에 비친 그림자에 불과한 것이고, 영혼은 그의 본질적인 세계와 하나가 되어 신적인 것으로 충만하게 되기를 바란다고 주장하였다. 그래서 플라톤은 "인간은 여러 단계를 거치지만 언젠가 저 근원적인 아름다움을 보고 난 뒤에야 비로소 생이 가치 있는 것이라고 했다네."[7)]라고 한 적이 있다. 이러한 플라톤과 플로티누스의 사상은 예수 그리스도의 죽음과 부활 이후 예수 그리스도를 어떻게 이해할 것인가를 고민하고, 엑스타시 속에서 성령체험을 한 사람들에게 커다란 도움을 주었다. 더구나 플라톤주의는 그리스도교인들에게 정신적인 기도prière mentale를 가르치면서 신과 하나가 되는 방법을 제시하면서 기독교 신비주의의 발달에 커다란 영향을 끼쳤다. 왜냐하면 기독교와 유대교에서는 헬레니즘의 영향을 받기 전까지 큰 소리로 기도하는 것밖에 몰랐는데, 이제는 조용히 기도하면서 생각을 더 모을 수 있게 되었고, 하나님과 하나가 되려고 했기 때문이다. 이렇게 볼 때, 그리스 신비주의 사상은 기독교에 들어와서 기독교 신비주의가 싹

---

7) Platon : "Symposium", 221 : 230. a-d, Wehr Gerhard(2001) : 앞의 책, p21에서 재인용.

트는 데 지대한 영향을 끼친 것을 알 수 있다.[8)]

플로티누스에 의하면 영혼psyche은 세계의 궁극적 원천인 일자the One로부터 유출되었다. 그래서 영혼은 언제나 결핍을 느끼고 그의 본향을 그리워하면서 일자에게 귀환하려고 한다. 영혼이 일자에 가까이 가면 갈수록 자기 내면 속으로 더 깊이 들어가고, 그 자신에 대해서 더 잘 알게 되기 때문이다. 이 귀환은 정화淨化를 통해서 이루어지는데, 그 이유는 영혼이 그의 본향에 대해서 잊어버리고 자기 의지대로 행동하면서 기쁨을 느끼고, 그에게 본래 신적 속성이 있다는 사실을 망각하였기 때문이다. 따라서 영혼은 정화를 통하여 그에게 신적 속성이 있다는 사실을 깨닫고, 영혼 본래의 순수성을 회복해야 한다. 그것을 통하여 영혼이 정화되고 단순성을 얻으면 어느 날 일자와 합일되면서 충만해지고 변용變容된다.[9)] 이러한 생각은 플로티누스 사상의 핵심인데, 서양 신비가의 신비사상의 기저를 이루고 있다. 그들은 플로티누스가 "완전한 인간은 이 같은 소통에 의하여 점점 성장하면서 '존재'를 초월하고 '존재의 초월자'와 일체가 된다. 우리 자신이 이같이 높이 올려졌을 때 우

---

8) Jossua Jean-Pierre(1996) : *Seul avec Dieu : L'Aventure mystique*, Gallimard, Paris, p16.

9) cf. "육신에서 벗어나 만사와 동떨어져 놀라운 아름다움을 바라보며 위로, 나 자신의 한가운데로 들어갔다. 그러자 나는 지극히 높은 세계와 친교를 이루게 되었음을 그 어느 때보다 확실하게 느꼈다. 가장 고결한 생활을 실천함으로써 신적인 것과 동일하게 되고 신적 활동을 이룩함으로써 '그것' 안에 머물며 '지고한 것' 아래 있는 온갖 '지적인 것' 위에 자리 잡았다." Plotinus(2008) : "The Enneads", VI. 8.1. Louth A.(2008),《서양 신비사상의 기원》, 배성옥 역, 분도출판사, 왜관, p84에서 재인용.

리는 '지고한 분'과 닮게 된다."[10]라고 한 것처럼 신과 합일되려고 했던 것이다.

이러한 플로티누스의 사상은 기독교 신비가들에게 많은 영향을 주어서, 플로티누스의 사상을 기독교에 적용시키려고 하였다. 그의 사상은 오리게네스, 니사의 그레고리우스, 마카리우스를 비롯한 사막의 교부에게 이어졌고, 그다음 수도원을 통해서 기독교 신비주의를 꽃피우게 하였던 것이다. 그러나 플로티누스의 신비사상과 기독교 신비사상 가운데는 근본적으로 다른 점이 있는데, 그것은 기독교의 하나님은 인격적인 존재인 데 반해서 플로티누스의 절대자는 비인격적인 일자라는 점이다. 따라서 그의 신비주의에서 신비가들은 엑스타시 속에서 황홀감을 느끼지만 인격적인 하나님의 부름을 느끼지 못하고, 정적靜寂에 빠지게 된다: "일단 이렇게 상승이 이루어지면 이제 더 이상 움직임도 정념도 없고 외부로의 욕망도 없다. 논리적 사고가 중지되고 모든 '지력', 심지어 자기 자신마저 홀린 듯 신으로 충만해져 완벽한 고요 속으로 고립된다."[11] 그래서 기독교 신비가 가운데 네오플라토니즘의 영향을 받은 사람들은 관상 속에서 인격적인 하나님이나 예수 그리스도를 추구하기보다 '내적 불꽃'이나 '영혼의 불꽃'을 찾으려고 하며, 합일 후에도 행동으로 나서지 않고, 정적에 머무는 경우가 많다. 베

10) Plotinus : "The Enneads", VI. 9.11. Louth A.(2008) : 앞의 책, p89에서 재인용.
11) Andrew Louth(2008) : 앞의 책. p89

르그송은 그리스 신비주의에는 생명을 더 높은 차원으로 발달시키려는 생명의 약동이 없고 완전한 신비가 되지 못한다고 비판한 것은 그 때문이다. 베르그송은 "……플로티누스는 인간의 의지가 신의 의지와 하나가 되게 하지 못함으로써 — 관상을 통하여 행동에 이르게 하지 못함으로써 — 그 마지막 단계를 뛰어넘지 못하였다."[12]라고 비판했던 것이다.

그러나 진정한 기독교 신비주의는 그렇지 않다. 진정한 기독교 신비가는 관상 속에서 인격적인 하나님을 만나서 하나님의 부르심을 느끼며 그를 부르신 하나님의 사랑에 감격하여 사랑의 사도가 된다. 그가 처음에는 관상 속에서 모든 경계가 사라지고, 도저히 접근할 수 없는 하나님을 만나지만 곧 그가 성경 말씀 속에 있는 하나님이라는 사실을 알고, 그 하나님을 인격적으로 체험하는 것이다. 그래서 들라크르와는 "기독교 신비주의는 때때로 성부 안에 완전히 삼켜 버리는 것처럼 나타나기도 하지만, 근본적으로 성자의 신비주의다. 기독교 신비주의는 우리 영혼이 하나님의 도구가 되도록 열망하고, 우리에게 하나님의 능력이 머물고 성육신되는 자리로 만들려고 한다."[13]라고 주장하였다. 여기에서 우리는 기독교 신비주의에서 기독교의 인격신 사상과 그리스도의 성육신 사상이 결정적인 역할을 하는 것을 살펴볼 수 있다. 기독교 신비

12) Bergson H(1984) : 앞의 책, p1163.
13) Delacroix H(1938) : 앞의 책, pii.

주의는 그리스 신비주의와 달리 합일체험 속에서 하나님과 인격적인 관계를 맺으며, 그 관계에서 사랑을 체험하여 사랑을 실현시키려고 행동으로 나아가는 것이다. 그래서 들라크르와는 신비가가 가진 신앙과 그들의 체험 사이에는 변증적인 관계가 있으며, 기독교 신비가에게 신앙은 그들이 모호한 신성에 녹아들지 않게 하는 결정적인 역할을 한다고 강조하였다.[14)]

14) cf. "신비가들은 전해 내려오는 전통을 따라야 진정할 수 있으며, 그들이 설사 개혁을 할지라도 그 전통을 모두 섭렵하고, 극복해야 다른 사람들과 의사소통을 할 수 있다. 신비주의를 기독교 신비주의의 세련된 형태로 살펴보거나, 아니면 흥분된 거친 형태나 즉흥적인 엑스타시 형태로 보거나, 거기에는 항상 같은 법칙이 작용한다. 신비주의에서 주된 이념은 신비가에게 있는 본능적 성향을 도울 뿐인 것이다." Delacroix H(1938) : 앞의 책, p363.

신비주의의 단계와 인간 정신의 발달

심리학적인 관점에서 볼 때, 신비주의에는 신비가가 신적인 존재와의 합일을 통해서 정신의 발달을 이루려는 측면이 있다. 그래서 언더힐은 신비가는 대체로 깨달음-정화-조명-신비적 죽음-합일 등 다섯 단계를 거치면서 정신적 발달을 이룬다고 하였다.

첫째로 신비가는 처음에 그들의 삶에서 오는 여러 가지 어려움을 극복하기 위하여 애쓰다가 이 세상에는 감각적이고 현상적인 세계만 있는 것이 아니라 초감각적이고 초월적인 세계가 있다는 사실을 깨닫게 된다. 그들은 그 전에 감각적이고 현상적인 세계 속에서 그것들의 유혹 때문에 여러 가지 고통을 받았는데, 이제는 그 세계가 다가 아니라 그것과 전혀 다른, 더 깊은 의미의 세계가 있다는 사실을 깨닫게 되는 것이다. 그때 그들에게는 한없는 기쁨이 밀려오고 이제는 '되었다'고 하는 안도감과 함께 그 세계에 참여하고 싶다는 욕망이 생겨난다. 따라서 그의 관심의 중심centre of interest이 그 자신의 욕구와 욕망에 초점이 맞춰져 있던 것에서 그가 이제 새롭게 발견한 더 큰 세계로 옮겨지게 된다. 그의 작고 옹색했던 실존으로부터 더 큰 세계로 나아가려고 하는 것이다. 언더힐은 신비주의에서 이 초월적 의식에 대한 깨달음은 결정적인 일이라고 주장하였다. 종교학에서는 이 깨달음을 회심이라고 부르는데, 신비가들이 이 깨달음을 통하여 의식이 변화되어 그의 마음에 드리워졌던 베일이 벗겨지고 새로운 세계를 향해서 나아가기 때문이다.[15)]

둘째로 신비가들은 그 세계로 나아가는 데 장애가 되는 것을 없애려고 정화에 힘쓰게 된다. 각성한 주체는 그 실재에 응답하면서, 그 실재와 조화되지 못하는 그의 악, 환상, 결함 등을 버리려고 하는 것이다. 사람들은 그동안 잘못된 생각과 욕망 때문에 잘못된 세계를 구축하고 살면서 고통받았는데, 그들은 이제 그 세계가 잘못된 것이라는 것을 깨닫는 것이다. 신비의 길the mystic way에서 정화 단계는 제일 길게 마련이다. 수행자는 이때 금욕과 고행을 통해서 정화에 힘쓴다. 그들의 영혼을 분산시키고 초월적인 세계를 향해서 나아가지 못하게 하는 것은 사람에 따라서 모두 다른데, 수행자는 자신의 자기성selfhood을 북돋우는 모든 관심을 근절시키려고 하는 것이다. 그때 그들이 초점으로 삼는 것은 내면에 더 높은 중심이 자리 잡고 '새로운 사람'이 태어나도록 옛 자아를 죽이고, 더 높은 세계와 합일되는 것을 방해하는 모든 관심을 정화시키는 것이다. 그러나 이 단계는 그렇게 쉬운 것이 아니다. 그래서 모든 신비가는 이 단계에서 때때로 절망하였고, 원죄라는 관념도 그래

15) Underhill E(1974) : 앞의 책, pp176-182.

서 생긴 듯하다.[16)]

셋째로 신비가가 정화를 통해서 감각적인 것에서 분리되고 초월적 세계와 합일될 수 있는 덕성이 생기면 그들에게는 초월적인 질서에 대한 의식이 고양된 형태로 이루어진다. 그들에게 조명이 이루어지는 것이다. 그들에게 절대에 대한 의식의 각성이 이루어지면서 독특한 의식상태가 형성되는 것이다. 그들에게 초월성에 대한 깨달음이 확실해졌고, 의식의 변화가 이루어진 것이다. 그러나 그들이 초월적 실재와 완전히 합일된 것은 아니다. 다만, 자기-중심적인 세계에서 살다가 그 세계와 전혀 다른 신-중심적인 세계가 있다는 사실을 깨닫고 의식이 그 세계로 옮겨 가는 것이다. 왜냐하면 그에게 아직도 개인성이 남아 있기 때문이다. 하지만 그는 그 전처럼 의식이 분산되지 않고 그 실재에 집중하면서 더 높은 차원으로 나아갈 수 있다. 신비가가 엑스타시에 빠지거나 말할 수 없는 기쁨에 사로잡히는 것은 이 단계에서다. 어떤 신비가에게는 능력이 주어지기도 한다. 언더힐은 이 단계의 부정적 측면은 신비가가 초월적인 즐거움에 몰두하는 것인데, 그것이 그 단계에 머물려는 정적주의에 대한 주된 비판의 이유가 된다. 그들은 황홀이 너무 달콤하여 거기에서 나오지 않으려고 하기 때문이다.[17)] 그러나 조명 단계에 있는 영혼은 초월적 실재와 합일되기

---

16) Underhill E(1974) : 앞의 책, pp198-217.

17) cf. 프랑스의 17세기 신비가 귀용 부인은 자신이 체험했던 엑스타시 상태에서의 황홀경에 대해서 이렇게 말하고 있다. "나는 몇 시간 동안이나 눈도 뜨지 못하거나

위해서 더 정화되어야 한다. 그 실재와 하나가 되려면 자기성을 벗고 그 실재와 하나가 되는 데 방해가 되는 것을 비워 버려야 하는 것이다.[18)]

네 번째로 신비가는 '신비적인 죽음' 또는 '영혼의 어두운 밤'에 들어가는데, 이 단계는 신비의 길에서 가장 고통스러운 단계다. 그 전 단계에서 신적 현존을 느끼면서 즐거워하던 영혼이 신적 부재를 느끼면서 고통받기 때문이다. 이때 신비가는 그 전에 심리적·영적·도덕적으로 고양되었던 것이 모두 무너지고 그들에게 다시 위기가 찾아오는 것을 느낀다. 이 위기가 오는 이유는 정신에너지적인 관점에서 보면 어느 한 방향으로만 나아갔던 에너지가 그와 정반대되는 방향으로 나아가는 에난시오드로미對極逆轉이고, 영적 측면에서 보면 그가 신적 실재와 만난 다음 그의 너무 인간적인 측면을 발견하고 절망하는 현상이다. 그는 이제 그가 아무것도 아니라는 사실을 깨닫고 다시 그의 개인성과 의지를 포기하고 하나님 안에서 재탄생해야 하는 것이다. 그래서 십자가의 성 요한은 이 단계를 수동적 정화라고 하였다. 정화 단계에서 신비가가 그의 의지를 사용해서 적극적으로 자신의 불완전함을 정화시켰다면, 이 단계에서는 하나님이 그들을 정화시키려고 어두운 밤을 가게 한다는 것이다. 이 단계에서 신비가는 신의 부재 속에서

나에게 무슨일이 생겼는지도 모르면서 이렇게 지냈다." Guyon J-M(1983) : 앞의 책, p98.

18) Underhill E(1974) : 앞의 책, pp232-265.

신의 현존을 깨달아야 한다. 그가 지금 어두운 밤을 지나고 있지만 그 안에서도 하나님이 작용하신다고 깨달으면서 자기 자신을 의지하지 말고 하나님을 따라가야 하는 것이다. 그러면 그에게서 어두운 밤은 물러가고 다시 새로운 빛이 비춰 온다. 그의 개인성이나 의지 작용 없이 하나님이 다가오는 것이다. 이 죽음, 또는 이 밤은 신비가에 따라서 다르게 나타나는데, 이 밤은 인간의 영혼이 신적 영혼과 하나가 되려는 데 매우 중요한 단계가 된다.[19)]

신비주의의 마지막 단계는 합일의 단계다. 이 단계는 신비가에게서 인간의 의지가 하나님과 하나가 되는 상태다. 그의 일상적인 자기가 사라지고, 그의 내면에 새로운 인격이 생겨서 그의 감정과 행동이 새롭게 변화되는 것이다: "그는 그 자신에 대해서 잊어버린다. 그는 그의 자기성selfhood에 대해서 더 이상 의식하지 않게 된다. 그는 하나님 안에서 사라지고 없어져서 하나님과 하나의 영이 된다."[20)] 그래서 언더힐은 신비가는 이 세상에서 합일의 삶을 살지만, 그것은 결코 이 세상적인 것이 아니라고 주장하였다. 합일의 단계는 신비가가 신적 존재에 완전히 흡수되어 그의 능력과 권위를 나누어 신적 실재가 신비가의 삶과 에너지의 중심이 되는 단계인데, 이 단계에 대한 해석은 신비가에 따라서 다르다. 먼저 절대자를 비인격적이고 초월적인 존재로 파악하는 이들은 이것을

19) Underhill E(1974) : 앞의 책, pp380-401.
20) Underhill E(1974) : 앞의 책, p424.

신화deification되는 것으로 해석하고, 인격적인 존재로 파악하는 이들은 영적 결혼spiritual marriage으로 파악한다. 신비가는 이제 영원한 생명에 자유롭게 참여하게 되었을 뿐만 아니라 그보다 더 큰 인격적 생명을 의식적으로 나누게 되는 것이다. 이렇게 높고 완전한 상태에 도달한 사람이 많지 않기 때문에 이 단계가 정말 어떤 것인지 잘 알 수 없다. 그러나 한 가지 분명한 사실은 그가 이 단계에서 체험한 신의 속성을 몸으로 실현시키려고 한다는 것이다. 그는 자신이 체험한 신을 다른 사람에게 알려 주고, 그 사랑을 실천하는 것이다. 여기에서 우리는 기독교 신비주의와 네오 플라톤적인 신비주의의 중요한 차이를 발견할 수 있다. 기독교 신비주의에서는 체험의 주체가 남아 있지만, 네오 플라톤적 신비주의에서는 체험의 주체가 소멸되는 것이다. 기독교 신비주의에서는 체험의 주체가 신적 존재 속에 완전히 녹아 들어가지 않고 하나님 앞에 서서 하나님의 부름을 느끼고 감사하여 그의 사도가 되는 것이다: "그의 존재는 남아 있다. 그러나 다른 형태, 다른 영광, 다른 능력으로 남아 있는 것이다."[21] 내재적 유형에서 합일의 삶은 실체 속에서의 자기—상실이 아니라 합일 속에서의 자기—성취인 것이다.

21) Underhill E(1974) : 앞의 책, pp413-433.

웨슬리의 삶과 신비주의

첫 번째 회심: 목사 안수와 1725년

웨슬리와 신비주의의 관계는 양면적이다. 그는 어떤 시기에는 신비주의에 몰두했지만 또 다른 시기에는 신비주의를 비판하였다. 그러나 그가 평생 수도사처럼 경건하게 살았고 그리스도인의 완전christian perfection을 향해서 나아가려고 했던 점에서 볼 때 그에게 신비주의적 추구가 있었음은 분명하다. 왜냐하면 가톨릭 신비가 역시 궁극적으로 하나님과의 합일을 통한 그리스도인의 완전을 향해서 나아가려고 했기 때문이다. 그가 그렇게 그리스도인의 완전을 향해서 나아가려고 했던 심리적 동기는 그가 그것을 죄라는 포괄적인 용어로 표현해서 정확하게 어떤 성향인지는 명확하지 않다. 그러나 그에게도 바울을 평생 괴롭혔던 '가시'와 같은 심리적인 문제가 있었음에 틀림없다. 왜냐하면 그는 사람들은 "여러 가지 유혹에 노출되어 있는 까닭에 보다 탁월한 은사를 받지 않으면 이 상태에서 다시 타락할 수 있고 또한 타락할 것이다."[22]라고

22) Wesley John(2009) : "The Principles of A Methodist", 이후정 역, 《존 웨슬리 논문

죄의 문제에 대해서 고뇌했기 때문이다. 그를 그렇게 심하게 괴롭혔던 문제는 심리학적으로 말해서 모성 콤플렉스였던 듯하다. 그 이유는 그의 일기와 서간문을 보면 그가 마흔이 가까운 나이에 이르기까지 어머니에게 의존하였고, 독신주의적인 생각에서 결혼을 미루다가 두 번이나 실연을 당했기 때문이다. 그러나 모성 콤플렉스는 사람에 따라서 서로 다른 문제를 일으키기 때문에 모성 콤플렉스가 웨슬리에게 특별히 어떤 문제를 일으켰는지는 알 수 없지만, 그것은 그에게도 수많은 문제를 야기하였고, 그가 그것을 극복하지 않는 한 영적 발달을 이룰 수 없었던 것은 분명하다.[23)]

신비주의에 대한 웨슬리의 태도는 크게 세 가지 시기에 따라서 달라진다. 그 시기들은 1725년부터 1738년까지, 1738년부터 1764년까지, 1764년 이후가 그것이다.[24)] 우선 1725년은 그의 생애에서 가장 중요한 시기 가운데 하나인데, 그해에 그는 첫 번째 회심체험을 하였다. 그가 회심을 한 것에는 두 가지 중요한 동기가 작용했는데, 그는 그해 9월 목사 안수를 앞두고 그에게 신앙이 확고하지 못하고 도덕적으로 완전하지 못하다는 심리적 압박감을 많이 느끼고 있었다. 그래서 그는 여러 가지로 애쓰다가 여자 친구였던

집》, 한국웨슬리학회, 서울, p86.

23) cf. 정신분석가 에릭슨은 종교개혁자 마르틴 루터에게 어머니와의 분리가 충분히 이루어지지 않았기 때문에 성욕에 의한 고통이 있었으며, 그것이 결국 그를 회심체험으로 이끌었다고 주장하였다. Erikson EH(1982) : 《청년 루터》, 최연석 역, 도서출판 인간, 서울, pp80-81.

24) cf. Tuttle RG(1993) : 《웨슬리와 신비주의》, 은성출판사, 서울, pp17-19.

바라네즈와 어머니 수산나의 권유로 제레미 테일러의 《거룩한 삶과 거룩한 죽음》과 토마스 아 켐피스의 《그리스도를 본받아》를 소개받았다. 그때 테일러는 거룩한 삶을 위해서는 중간 단계가 있을 수 없고, 철저한 자기 성찰과 부인을 통해서 세속적 정욕을 끊어야 한다고 주장하였다. 아 켐피스는 인간에게는 본능적 충동 때문에 언제나 하나님의 은혜가 필요하다고 강조했는데, 그것은 그에게 어떤 길을 제시하는 듯하였다. 그래서 그는 그것들을 읽고, "나는 나의 생 전체, 곧 나의 생각과 말과 행위 일체를 하나님께 바치기로 결심했습니다. ……내적 경건, 마음의 종교의 본질이 어떤 것인가에 대해 깨닫게 되었습니다."[25]라고 하였다.

그의 첫 번째 회심에는 성결한 삶에 대한 동경 못지않게 바라네즈와의 실연도 큰 영향을 미쳤던 듯하다. 바라네즈는 그의 옥스퍼드 동료였던 로버트 커크햄의 누이였는데, 그는 그녀와 오랫동안 교제하면서 서로 사랑하였지만, 그가 막상 결혼을 생각해야 할 시점이 다가오자 결혼과 독신 사이에서 불분명한 태도를 취해서

25) Wesley John(2009) : "A Plain Account of Christian Perfection", 조종남 역, 《존 웨슬리 논문집》, 한국웨슬리학회, 서울, p220. cf. 물론 이들의 주장이 처음부터 그에게 온전히 수용된 것은 아니었다. 이러한 내적 신비가들의 주장은 합리적이고 현세적 사상을 가지고 있던 그에게 너무 신비적이고 타계적으로 여겨졌기 때문이다. 그래서 그는 어머니에게 보낸 편지에서 아 켐피스의 극단적 금욕주의를 비판하면서 "저는 하나님께서 우리를 세상에 보내시면서 우리가 영속적으로 불행할 수밖에 없도록 작정하셨다고는 믿을 수 없습니다. 만약 그렇게 작정하셨다면 이 세상에서 행복하기 위하여 노력하는 자체가 죄악일 수밖에 없습니다."라고 하였다. Wesley John(1980a) : *The Works of J. Wesley*. vol. 25: Letters I 1721-1739, Oxford University Press, London. pp162-163.

바라네즈와 헤어지게 된다. 이 실연은 웨슬리에게 큰 충격을 주었는데, 다음과 같은 그의 일기를 보면 알 수 있다. "나는 하나님보다 여성이나 친구를 더 사랑했던가? 이것은 사탄의 올무의 하나였나?"[26] 그래서 그는 그 고통을 잊기 위하여 경건주의 서적에 더 깊이 몰두하였고, 그렇게 내면으로 더 깊이 들어간 웨슬리에게서 아 켐피스에 대한 평가는 달라질 수밖에 없었다: "나는 그아 켐피스의 글을 읽을 때마다 마치 이전에는 그를 전혀 몰랐던 것처럼 새로운 위안을 다시 얻곤 하였다."[27]

그래서 그는 내적 경건의 길을 향해서 더 나아갔고, 결국 가톨릭 신비가의 금욕적인 삶으로 회심체험을 하게 되었다. 그 후 그는 온 마음과 뜻과 정성을 다하여 주 하나님을 사랑하면서 완전한 삶을 살려고 하였다. 그가 정확하게 언제 회심했는지에 대한 기록은 명확하지 않다. 그러나 그가 1725년 4월 5일부터 일기를 쓰기 시작하였고, 그 전과 다른 삶을 살려는 것으로 보아서 그 무렵에 회심체험이 일어났을 것이라는 데 견해가 일치한다.

그때의 회심은 그에게 매우 중요한 삶의 전기를 마련해 주었다. 왜냐하면 앞으로의 삶은 그 회심이 출발점이 되고, 1738년에 있었던 두 번째 회심의 원인遠因이 되었기 때문이다. 그래서 가톨

26) cf. 노로 요시오(1993) : 《존 웨슬리의 생애와 사상》, 김덕순 역, 기독교대한감리회 교육국, 서울, p88.

27) Wesley J(1980b) : "Journal", 1 : 467. *The Works of J. Wesley*, Oxford University Press, London. R. G. Tuttle(1993) : 앞의 책, 서울, p82에서 재인용.

릭 신학자 존 터드J. Todd는 이때의 회심이 그의 생애에서 1738년의 회심보다 더 중요한 사건이라고 주장하였다.[28] 그러나 우리는 이때의 회심은 웨슬리가 수도원의 금욕적이고 공로주의적인 가톨릭 신비주의에 영향을 깊이 받았던 회심으로, 1738년의 두 번째 회심과 합쳐져야 완성되는 부분적인 회심체험이라고 생각한다.

1725년의 첫 번째 회심은 웨슬리에게 삶의 근본적인 변화를 가져왔다. 그는 그때부터 아침 일찍 일어나 자기 성찰을 깊이 하였고, 18세기 영국의 신비가들이 시행하던 분출기도ejaculatory prayers와 금식을 실천했기 때문이다. 이 시기는 그의 삶 전체를 볼 때, 그가 가톨릭적 신비주의와 가장 가까웠던 시기인데, 그것은 그가 1729년 옥스퍼드 대학교에 가서 신성클럽을 중심으로 수도원적 경건수련을 한 것으로 더욱더 강화되었다. 신성클럽은 본래 그의 동생 찰스가 조직한 경건모임이었는데 1729년 그가 합세하면서 더 활발하게 되었다. 그는 먼저 찰스 웨슬리, 모건, 커크햄Kirkham 등과 함께 일주일에 몇 번씩 모여 헬라어 성경을 읽고 신학 토론과 기도를 하면서, 교회의 예배 규정과 교회 법규 및 대학의 규칙을 고집스럽게 지켜 나갔다. 그러자 그 주위에 있던 사람들은 그들의 진지한 연구와 정확한 규칙성 때문에 그들을 메소디스트methodist라고 불러서 오늘날 감리교회라는 이름이 붙여지게 되었다.[29] 이

28) Todd J(1958) : *Wesley John and Catholic Church*, Hodder and Stoughton, London.
29) Wesley J(2009) : "A Short History of Methodism", 김영택 역, 《존 웨슬리 논문집》, 한국웨슬리학회, 서울, pp48-49.

무렵 그는 윌리엄 로우, 야곱 뵈메, 프랑수아 드 살, 드 렌티 등을 접하였고, 가톨릭적 신비주의에 더 깊이 빠지면서 내적 성결을 추구하였다. 이 무렵 그는 그의 아버지에게 "성결이라는 단어를 통하여 저는 금식이나 혹은 육체적인 엄격함, 일체의 외부적 선행에 의지함을 의미하는 것이 아닙니다. 그것은 이러한 모든 일이 종속되어야 하는 내면적인 성품, 하나님의 형상 속에서 영혼이 다시 새롭게 되는 것을 의미합니다."라는 편지를 보냈다.[30)]

그러나 이렇게 엄격한 내면에의 추구는 그에게 기쁨을 가져다 주지 못하였다. 오히려 완전을 향한 그의 강박주의적인 태도를 더욱더 강화시켰고, 죄의식을 더 예민하게 만들었을 뿐이다. 그래서 그는 그가 그때까지 매달렸던 수도원적 경건수련에 대해서 재검토하였고, 또 다른 길을 모색하다가 1735년부터 복음적 자유에 대해서 생각하기 시작하였다. 이제 그는 자신의 공적에 기반을 둔 가톨릭적 금욕수련을 통해서는 결코 하나님에게 다가갈 수 없다는 사실을 깨달았던 것이다. 그것은 그가 1735년 2월 14일에 그의 어머니에게 보낸 편지에 잘 나타나는데, 그는 거기에서 "그리스도교인은 율법에 얽매인 유대인과 달리 죄와 두려움과 여러 가지 종류의 사물과 외적인 율법과 법규들로부터 자유로워야 한다."라고 주장했던 것이다. 이 말은 그가 그만큼 자유롭지 못하였고, 이제 더 이상 거기 머물 수 없다는 사실을 알게 되었음을 의미하는 것

30) Wesley J(1980a) : "Letters", 1 : 16. 앞의 책, Tuttle RG(1993) : 앞의 책, p107에서 재인용.

이다.[31)]

두 번째 회심: 복음적 회심과 1738년

웨슬리는 이렇게 꽉 막힌 것과 같은 상황을 돌파하기 위해서 1735년 미국 조지아에 선교사로 나갔는데, 그것은 자신의 아이덴티티를 제대로 형성하지 못한 사람들이 아이덴티티 유예기간을 얻으려는 전형적인 방법이다.[32)] 그는 미국 원주민에게 복음을 전할 것이 아니라 그의 내면에 복음을 전해야 했던 것이다. 그것은 그가 그의 친구에게 보낸 다음과 같은 편지1735. 10. 10.를 보면 잘 알 수 있다: "나의 주된 동기는 ……나 자신의 영혼을 구하려는 것이네. 나는 그 이교도에게 설교를 함으로써 그리스도의 복음의 진정한 의미를 배우려는 것일세."[33)] 그 결과 그는 미국의 원주민에게 선교하러 갔지만, 제대로 된 준비가 부족하여 원주민들에게 다가가지도 못했고, 유럽 이민자에 대한 목회만 하다가 1738년 귀국하였다. 도피적인 심정으로 떠난 조지아 선교가 성공할 수 없었던 것이다. 왜냐하면 그가 선교지의 사정에 대해서 너무 알지 못

31) Wesley J(1980b) : 앞의 책, pp418-419. cf. 웨슬리는 1732년 로우를 만났는데 로우는 웨슬리에게 제레미 타울러와 몰리노스를 알게 하였으며, 그들이 이상으로 삼았던 순수한 사랑과 완전한 초탈에 깊은 인상을 받게 하였다. 그것은 1732~1733년의 일기에 나타난다. 또한 이 무렵 웨슬리는 프랑수아 드 살의 《경건생활입문》, 드 렌티, 페늘롱의 《성자들의 금언》에 관해서 읽었다.

32) 김성민(2010) : "존 웨슬리의 회심체험과 아이덴티티의 형성", 《생명과 치유, 그리고 그리스도》, 한들출판사, 서울, p187.

33) Wesley J(1980a) : 앞의 책, p439.

했고, 너무 이상주의적인 태도로 목회에 임했기 때문이다. 그당시 그는 정화를 통한 내적 성결과 그것이 바깥으로 드러난 성결한 삶에 대한 신비주의적 집착이 너무 강하여 그 자신과 신도들에게 그것을 요구했는데, 그것은 식민지 이민자에게 너무 무리한 요구였던 것이다. 그것은 다음과 같은 그의 일기에 잘 나타난다: "여기서 만난 대부분의 주민은 우리가 이미 예상하였던 바와 같이 냉랭하고 열의가 없었다. 첫사랑을 간직하고 있는 자를 단 하나도 발견할 수 없었다."[34] 그는 미국에 도착하자마자 가톨릭 신비가의 글을 읽으면서 신도에게 성결한 삶을 강요했지만 그것은 그 자신의 실험을 위한 것이었지 신도들을 위한 것이 아니었던 것이다. 그래서 터틀은 "그의 신비주의적 광태는 보다 강렬해져서 특히 9, 10, 11월 중에 거의 정신을 잃을 정도에 이르게 되었으나, 그는 아무런 기쁨도 맛보지 못하였다."[35]라고 하였다.

웨슬리는 그때 엄격한 율법주의적인 태도로 신도들이 교회의 규칙을 지키지 못할 때마다 수찬 정지를 내리거나 장례식, 세례식을 거부했는데, 그런 태도는 신도들의 반발을 불러일으켰고, 그들의 불만은 그가 나중에 고소당했을 때 대배심원에게 제출한 중요한 고소 이유가 되었다. 그 가운데 가장 중요한 갈등은 소피 합키와의 갈등이다. 그녀는 본래 선교지 사반나 치안판사의 처조카였

34) Wesley J(1980b) : "Journal", 1 : 310, Tuttle RG(1993) : 앞의 책, p118에서 재인용.
35) Tuttle RG(1993) : 앞의 책, p124.

는데 웨슬리와 사랑하는 사이가 되어서 웨슬리는 그녀와 결혼하려고 하였다. 그러나 신성클럽 회원들이 결혼을 반대하자 그 계획은 취소됐는데, 거기에는 결혼에 대한 그의 불분명한 태도가 또다시 많은 작용을 하였다.[36] 얼마 후 소피는 다른 사람과 결혼하였고, 웨슬리는 그녀가 예배에 열심히 참석하지 않는다는 이유로 수찬 정지령을 내렸다. 그러나 소피는 그것이 그녀의 명예를 훼손한 사건이라는 이유로 법정에 고소하였다. 그 재판은 웨슬리를 말할 수 없이 괴롭혔는데, 그 이유는 그가 법정에 서게 되자 그동안 그의 엄격한 태도에 불만을 품었던 신도들이 다른 문제들까지 제기했기 때문이다. 그래서 그는 미국에서의 선교가 전적으로 실패한 것을 깨닫고 미국을 떠나려고 했는데, 그의 마음은 비통하기 그지없었다: "내가 기독교의 본질을 조지아의 인디언에게 가르치기 위하여 고국을 떠난 지 무려 2년 4개월만에 돌아온 것이다. 그러나 그동안에 나 자신이 배운 것은 무엇인가? 도대체 다른 사람을 회개시켜 하나님 앞으로 인도하려고 아메리카에 갔던 내가 자신은 회개하고 하나님 앞으로 돌아서지 못한 것이 아닌가?"[37]

---

36) 그녀와의 결혼이 취소된 다음 웨슬리의 마음상태를 보여 주는 것은 그녀가 결혼한 다음에도 웨슬리는 일기에 한 동안 'Miss Sophy'라고 기록한 점이다. 그녀는 결혼하였지만 그의 마음에는 아직도 'Miss'로 남아 있었던 것이다. 웨슬리의 회심에 모두 실연이 있었고, 그것이 모두 결혼을 앞두고 그가 우물쭈물한 태도를 보였다는 것은 그가 그의 어머니로부터 독립하지 못한 그의 모성 콤플렉스가 작용했기 때문이라고 할 수 있다. 이 문제에 대해서 다른 각도에서 연구해도 흥미로운 연구가 될 것이라고 생각된다.

37) Wesley J(1992) : 《존 웨슬리의 일기》, 1738. 1. 29. 크리스찬 다이제스트, 서울, p63.

그때 그는 신앙 태도를 재검토하지 않을 수 없다. 그때 그의 머리에 떠오른 것은 그가 미국으로 오는 길에 배에서 만났던 모라비언 교도들이었다. 그들은 독일의 경건주의자들이었는데, 그가 1735년 미국으로 갈 때 풍랑이 거센 바다 속에서도 의연한 신앙 태도를 견지했던 사람들이다. 그는 미국에 가서도 그들과 만났는데, 그럴 때마다 그는 그들에게서 견고한 확신과 내적 평화를 보았다. 그것은 그가 끊임없이 찾고 있었던 것이다. 그는 모든 것이 실패했다고 생각된 다음 다시 선교지를 떠나서 런던으로 와서 모라비언 교도인 피터 뵐러를 만났는데, 뵐러는 그에게 "당신이 가지고 있는 철학을 벗어 버리라."[38]라고 조언하였다. 그 말을 듣자 웨슬리는 안개처럼 뒤덮고 있던 구름이 벗겨지는 것 같은 느낌이 들었다. 무엇인가 수렁에서 건져 줄 수 있는 것을 잡은 듯하였던 것이다. 그것은 그가 무의식 속에서 궁구窮究하던 것이 그의 의식에 명료하게 떠오른 것인지도 모른다. 왜냐하면 그는 조지아에서의 선교가 실패한 다음 새로운 길을 찾아야 한다고 생각했는데 뵐러는 그에게 그가 그동안 잘못된 것을 잡고 있었던 것을 버리라고 일러 주었기 때문이다. 그래서 그는 그에게 무엇인가 급격한 변화가 일어나야 한다는 사실을 깨달았고, 그의 무의식 속에서 오랫동안 숙고되었던 것을 몸으로 실천해야 한다고 생각하였다.

이러한 변화는 그에게 1733년부터 조금씩 들기 시작했던 변화

38) Wesley J(1992) : 앞의 책, p65.

였다. 그는 그때까지 수도원적 금욕과 성결을 추구했지만 그것은 그에게 아무것도 주지 못했고 고통만 가중시켰기 때문이다. 그때 그는 프랑수아 드 살François de Sale의 《헌신생활입문》을 읽으면서 많은 감명을 받았다. 드 살은 수도원만이 아니라 일상생활에서도 완전한 삶을 살 수 있다고 강조하면서 '헌신생활devotional life'의 방법을 가르치고 있었기 때문이다. 그래서 그는 그 길이 어떻게 가능할 것인가를 찾다가 드 렌티를 다시 보게 되었다. 그런데 드 렌티는 수도사가 아니라 결혼을 한 사람이었지만 세속 사회에서 살면서 경건한 태도로 그리스도인의 완전에 이르는 삶을 살았던 것이다. 웨슬리는 오랫동안 수도원적인 금욕과 극기를 통해서 정화를 이루면 조명에 이르고, 합일의 삶을 살 수 있을 것으로 생각했는데 그것이 수포로 돌아간 시점에서 프랑수아 드 살과 드 렌티는 또 다른 길을 보여 주었던 것이다.[39)]

그때 뵐러는 그에게 그가 가지고 있는 잘못된 철학을 버리라고 권고하였다. 그에게 이제 새로운 길을 찾으라고 하는 것이다. 뵐러는 그가 그때까지 열심히 추구했던 인간의 공적에 의존한 성결이 아니라 그리스도에 대한 믿음에 의한 은혜의 길, 종교개혁적인 이신칭의 교리 위에서 인간의 공적이 아닌 하나님의 은혜를 통한

---

39) 그래서 그는 일기(1738. 01. 09)에서 "나는 이미 오랫동안 나를 사로잡고 있었던 헛된 욕망에 대하여 생각하였다. 즉, 기독교 신자가 되기 위해서 고독해야 한다는 관념이었다. 나는 이제 충분히 고독하다고 생각한다. 그렇다고 해서 내가 더 나은 기독교 신자가 되었는가?"라고 썼다. Wesley J(1980b) : "Journal", 1: 415, Tuttle RG(1993) : 앞의 책, p141에서 재인용.

구원을 주장했던 것이다. 그때 웨슬리는 그의 내면에서 오랫동안 찾아왔던 구원이 완성되는 것을 느꼈고, 그것은 그에게 가슴이 뜨거워지는 체험으로 나타났다. 그것은 그가 뵐러를 만나기 전에 이미 인간의 노력에 의한 구원은 무망無望하다는 사실을 깨달은 다음이라 그에게 큰 반향을 일으켰는데, 그와 같은 생각은 그가 1736년 그의 형 사무엘에게, "나는 내가 거의 신앙의 난파를 당할 뻔했던 암초는 그 무엇보다도 신비주의자의 저술이었다고 생각합니다. 그런데 내가 신비주의자라고 규정하는 용어는 일체 은혜의 방법을 등한시하는 모든 자, 그리고 동시에 오직 그러한 자만을 포함하고 있습니다."[40]라는 편지에 이미 드러나 있다.

그때 그는 그가 무의식에서 암중모색하던 길이 모라비언교도에게서 의식적이고 확고한 태도로 나타나는 것을 알게 되었다. 그래서 그는 이제 더 이상 다른 길을 찾을 것이 아니라 그들의 신앙을 받아들여야 한다고 생각하였다. 그는 합일의 삶은 영혼의 어두운 밤을 통해서만 얻어지는 것이 아니라 그리스도의 대속에 대한 신앙을 통해서 얻어진다는 사실을 깨달았던 것이다. 그 지적 직관intellectual intuition은 그에게 "가슴이 뜨거워지는 현상"으로 나타나면서 그에게 깊은 내적 평안을 가져다주었다. 그에게 이러한 전환은 신 중심적인 태도에서 벗어나 그리스도 중심적인 태도로의 전환을 가져왔고, 그리스도의 대속적 사랑에 대한 감사로 느껴졌다.

40) Wesley J(1980a) : 앞의 책, p487.

신비가들처럼 신 중심적인 태도에서 내적 불꽃을 찾으려고 할 것이 아니라 인격적인 하나님의 사랑과 부르심에 응답하게 하였던 것이다. 그래서 그는 새로운 신앙의 빛에서 가톨릭 신비주의를 비판하였다: "이제 나는 뵐러가 말하는 믿음의 본질에 관하여 아무런 반대가 없다. 그가 말하는 믿음의 의미란 '그리스도의 공로를 통하여 그의 죄가 용서받았으며, 하나님과 다시 화해하게 되었고 인간이 하나님 가운데 갖는 것은 확실한 의존과 자신'이다."[41)]

그는 전에는 신앙을 하나님에 대한 맹목적 의존으로 이해했지만, 이제는 신앙을 프로테스탄트의 복음적인 의미에서 이해하게 되었던 것이다. 이러한 새로운 발견은 웨슬리에게 정말 구원을 가져왔다. 그래서 그는 1738년의 회심 이후 그의 형에게 보낸 편지에서 "내가 이제까지 한 일은 모두 헛된 것이었다."[42)]라고 했는데, 그것은 그가 5월 24일 이전에 "마치 나는 내가 죄 아래서 팔린 것 같은 기분이다."라고 한 것과 비할 때, 그에게 구원에 대한 감격이 얼마나 컸는지 알 수 있게 한다.

이러한 웨슬리의 태도는 그가 인간의 죄에 대해서 매우 예민하게 고민했기 때문이다. 그러한 태도는 가톨릭과 다른 개신교적 인식이다. C. G. 융은 개신교인들은 기독교의 상징을 많이 파괴하여 하나님과 직접 마주 대할 수밖에 없어서 가톨릭교인들보다 죄

---

41) Wesley J(1980b) : *Journal* 1 :454.
42) Wesley J(1980a) : *Letters*. Tuttle RG(1993) : 앞의 책, p187에서 재인용.

의식을 더 깊게 느낀다고 주장했는데, 그것은 개신교인들이 정말 가톨릭교인들보다 죄의 문제에 대해서 더 많은 고민을 하는 것에서 확인된다. 따라서 루터, 칼뱅, 웨슬리 같은 종교개혁자들은 인간의 능력만으로는 도저히 그 뿌리 깊은 죄의 문제를 해결할 수 없고 오직 그리스도에 대한 믿음으로만 구원받을 수 있다고 강조하였다. 종교개혁자들은 구원의 방편으로 이신칭의 교리를 강조하였던 것이다. 개신교도들은 그 어느 종교인들보다 죄를 깊이 느끼고, 죄의 문제를 해결하려고 하는 것이다.[43] 가톨릭 신비가는 개신교 신비가보다 인간의 본성을 오염시킨 죄의 정도가 얼마나 심각한지 상대적으로 덜 인식하고 있는데, 번연을 비롯한 개신교도들은 죄를 더 날카롭게 인식하는 것이다. 그래서 터틀은 1738년 이후 존 웨슬리의 신학에서는 스스로를 구원하려는 신비주의적 신적 불꽃의 환상을 찾아볼 수 없고, 죄의 심각성과 깊이를 보다 깊이 이해하여 신비주의자들과 결별하였다는 린드스트롬의 주장에 동의하고 있다.[44] 이렇게 웨슬리는 그의 의지와 능력으로는 도저히 해결할 수 없었던 죄의 문제를 해결하였고, 해방과 구원을 체험하였다. 웨슬리가 회심하기 전 1738년 5월 14일 윌리엄 로우에게 "나는 왜 그대가 그리스도의 이름을 언급하는 것을 거의 본 일이 없는가? 그의 보혈에 무언가를 기초한다는 말을 전혀 들은 적

43) Jung CG(2008) : 《인간의 상과 신의 상》, 도서출판 솔, 서울, pp76-80.
44) Tuttle RG(1993) : 앞의 책, p200.

이 없는가?"[45]라고 항의한 것은 그 때문이다.

그리스도인의 완전에 대한 추구: 1764년 이후

웨슬리에게서 신비주의에 대한 태도는 1764년을 기점으로 해서 다시 변하는데, 그것은 그가 신비가들 가운데 활동적 신비가들을 재평가하는 것으로 나타났다. 이 무렵 그는 정적주의에 머물지 않은 프랑수아 드 살, 페늘롱, 드 렌티 등의 봉사의 신비주의를 향해서 나아갔던 것이다. 그의 이런 변화는 칭의의 감격이 지난 다음 그리스도인 가운데 다시 죄에 빠지는 사람들이 많았기 때문이다: "주의하지 않는 사람은 실수하고 타락할 것이 분명하다. 왜냐하면 대적들은 절대 나태하지 않고 싸움을 멈추지도 않기 때문이다."[46] 그래서 그는 칭의를 얻은 그리스도인은 그 열매를 얻을 수 있는데, 그것은 그리스도인의 완전, 즉 성화로 나타나야 한다고 강조하면서 모라비언의 정적주의를 비판하고, 가톨릭 봉사의 신비주의로 다시 돌아섰다. 그러나 우리는 웨슬리의 이런 변화가 일관성이 없는 태도라고 비판해서는 안 된다. 왜냐하면 그는 처음부터 그리스도인의 완전을 추구하였고, 그것은 그가 1725년 제레미 타울러나 토마스 아 켐피스, 윌리엄 로우를 만났을 때부터 일관되게 유지되어 왔기 때문이다. 그에게서 달라진 점은 그가 1725년에 칭

45) Wesley J(1980a) : 앞의 책, pp540-541.

46) Wesley J(1980) : "Extract, Homily", 앞의 책, Tuttle RG(1993) : 앞의 책, p224에서 재인용.

의의 조건으로 개인적 노력에 의한 성화를 주장했다면, 여기에서는 칭의의 열매로서 성화를 제시했다는 사실뿐이다. 왜냐하면 그는 1738년 하나님의 은혜에 의한 칭의를 절실하게 체험하여 하나님으로부터 의롭다고 인정받는 사람들은 그 열매로서 성화된 삶을 살아야 한다고 생각하였기 때문이다. 그의 이러한 입장은 그가 죽을 때까지 지속되는데, 그것은 귀용 부인이나 페늘롱 같은 가톨릭 신비가가 강조했던 것이기도 하다.

먼저 그리스도인의 완전에 대해서 웨슬리는 "완전한 사람이 된다는 것은 철두철미 거룩해지는 것을 의미합니다. 그는 항상 하나님의 사랑으로 불타는 마음을 갖습니다. ……이는 곧 그리스도의 마음을 품는 것이요, 그가 행하신 대로 행하는 것이며, 그가 품으셨던 마음 전체를 품는 것이요, 항상 그가 행하신 대로 행하는 것입니다."[47]라고 주장하였다. 갈라디아서에 나오는 성령의 열매를 맺는 것일 뿐만 아니라, 예수 그리스도의 두 가지 계명인 하나님을 사랑하고, 이웃을 사랑하는 사랑의 삶을 사는 것이라는 말이다. 그는 이런 성화된 삶이 인간에게 가능하며, 그리스도인은 이런 삶을 향해서 나아가야 한다고 주장하였다. 그러나 그는 그것이 인간의 공로나 노력으로 얻어지는 것이 아니라는 사실을 명확히 하였다. 그런 삶은 오직 하나님의 은혜 때문에 가능하고, 사람들은 그런 은혜를 사모해야 한다는 것이다. 그러나 이러한 완전에

47) Wesley J(2009) : "A Plain Account of Christian Perfection", 《존 웨슬리 논문집》, p247.

대한 주장은 감리교회에 큰 논쟁거리를 제공하였다. 이런 상태가 사람들에게 과연 가능한 것인지, 또 언제 완전히 이루어지는지에 대해서 의견이 분분했던 것이다. 하지만 웨슬리는 "영혼이 단번에 미치지 못하는 높은 경지가 있다. 그러나 수많은 노력과 투쟁을 통하여, 그리고 각종 시험과 시련을 통해서 영혼은 영적 성장과 진보를 이루게 된다."[48]라고 주장하면서, 이런 완전은 매 순간 매 순간 이루어질 수 있고, 죽기 5분 전에라도 이루어질 수 있다고 강조하였다: "이와 같이 예수는 자기 백성을 그들의 죄로부터 구원하시되 외면적인 죄뿐 아니라 마음속의 죄에서도 구원하십니다. 그렇지만 어떤 이들은 죽기 전에는 아니다. 이 세상에서는 그렇지 않다고 말합니다. 그러나 사도 요한은 말하기를 '이로써 사랑이 우리에게 온전함을 이룬 것은 우리도 심판 날에 담대함을 가지게 하려 함이니 주의 어떠하심과 같이 우리도 이 세상에서 그러하니라.'고 하셨습니다.[49] 하지만 대체적으로 말하자면 그는 이런 구원은 단번에 이루어지는 경우도 있지만 죽을 때까지 점진적으로 나아가는 것이라는 입장을 주로 취하였다: "우리는 또 어떤 사람들이 주장한 것 같이 이러한 구원의 모든 결과가 단번에 주어지는 것이라고 단언하는 것도 아닙니다. 하나님께서 그 자녀들에게 행하시는 하나님의 사역에는 점진적인 역사와 순간적인 역사가

---

48) Wesley J(1980) : "Extract, Homily", Tuttle RG(1993) : 앞의 책, p228에서 재인용.
49) Wesley J(2009) : "Christian Perfection", 《존 웨슬리 논문집》, p236.

있습니다."[50]

그러면 어떻게 해야 완전한 그리스도인에 이를 수 있는가? 웨슬리는 완전에 이르는 길에 이르려고 처음에는 금욕과 훈련을 강조했지만, 나중에는 귀용 부인과 페늘롱이 주장한 순수한 사랑과 순수한 믿음이 가장 좋은 방법이라는 사실을 깨달았다. 완전에 이르려면 사람들이 하나님을 순수하게 사랑하고, 순수하게 믿어야 한다고 생각했던 것이다. 페늘롱에 의하면, 신앙인들의 가장 큰 문제는 그들이 편안하고 무엇인가 잘 될 때는 하나님께 감사하고 하나님을 잘 믿지만, 그렇지 않을 때는 하나님을 원망하고 잘 믿지 않는 것이다. 그러나 그렇게 될 때 신앙의 발달이 이루어지지 않고 사람은 하나님에게서 멀어지게 된다. 그리스도인의 완전에 이를 수 없는 것이다. 그래서 그리스도인은 하나님이 그에게 무엇을 해주었다고 사랑할 것이 아니라, 하나님이 하나님이니까 사랑해야 한다. 순수한 사랑을 하려면 사람들은 자신의 의지나 자아를 포기하고 우리 자신을 하나님의 의지에 전적으로 맡겨야 하는 것이다: "자기를 잊는 태도는 어떤 일을 우리 자신에게 관련시켜서 바라보는 것을 의미하지 않습니다. ……자기에게 사로잡히는 것은 순결하고 단순한 사랑을 방해하며, 우리의 마음을 움츠러들게 만들며, 우리의 참된 사랑의 완전성으로부터 돌아서도록 만듭니다."[51] 그

50) Wesley J(2009) : "A Plain Account of Christian Perfection", 《존 웨슬리 논문집》, p240. 불교에서도 돈오와 점수에 대한 논쟁이 있는데, 대체로 돈오점수가 우세하다.

51) Fénelon F(2004) : 《그리스도인의 완전》, 크리스찬 다이제스트, 서울, p171.

래서 웨슬리는 겸손, 순수한 사랑, 자기-포기 등 신비주의적 은혜를 강조하였고, 하나님에 대한 완전한 헌신이 기독교 신앙을 위한 유일한 기준이라고 주장하였다. 하나님을 향한 사랑이 신앙인들 속에 가득 찰 때, 사랑이 솟아나오고 내적 평화가 가득 차게 되며 그들의 성품까지 변화시킨다는 것이다. 그러면서 웨슬리는 완전은 어떤 상태를 말하는 것이 아니라 계속해서 발전하는 것이라고 주장하였다. 사람들은 죽을 때까지 더 큰 완전을 향해서 나아가야 한다는 것이다.

그런데 우리는 웨슬리에게서 그리스도인의 완전인 성화에 대한 주장이 개인적 성화를 넘어서 사회 성화에 대한 주장으로까지 확대되는 사실에 주목하게 된다. 그는 성화에 대한 사상을 사회윤리적인 차원으로까지 확대시켰던 것이다. 그것은 그가 살았던 18세기 영국 사회에서 산업혁명의 결과 농촌사회가 붕괴되고 농토를 잃은 농민들이 도시빈민으로 전락하여 여러 가지 범죄가 창궐하였고, 급격한 사회 변화로 인하여 도덕적이고 윤리적인 측면에서 많은 문제가 생겨났기 때문이다. 그래서 그는 그들을 교화시키기 위하여 폭력의 위험을 무릅쓰고 그들에게 직접 찾아가서 설교하였고, 감리교회 사역의 많은 부분 역시 그들을 돌보는 데 바쳐졌다. 그는 '내적 불꽃'을 관상하면서 하나님과 하나가 되려고 하지 않았고 하나님을 사회 속에서 실현하려고 했던 것이다.

웨슬리의 신학과 신비주의

웨슬리 신학의 초점은 구원에 있다. 그런데 웨슬리의 신학에서 주목해야 할 것은, 인간은 스스로 하나님께 다가갈 수 없고 전적으로 하나님의 은혜에 의존할 수밖에 없다는 사실을 강조했다는 사실이다. 그것은 그가 인간의 원죄와 그로 인한 인간의 무능을 절감했기 때문이다. 그러나 그는 구원에 있어서 인간의 책임 역시 중요하다는 사실을 강조하였다. 사람에게는 하나님의 은총에 응답하거나 응답하지 않을 수 있는 자유가 주어져 있는데 은총에 응답한 사람들만 구원을 받을 수 있다는 것이다. 그런데 그는 은총에 응답하는 것은 인간의 능력 때문에 가능한 것이 아니라 하나님의 은혜 때문에 가능한 일이라고 강조하였다. 인간은 전적으로 무능력하기 때문이다: "우리는 구원의 원천인 하나님의 은총 또는 사랑은 모든 사람에게서 자유롭고, 모든 사람을 위하여 자유롭다. ……인간의 어떤 능력 또는 공적에 의존하지 않는다."[52]

52) Wesley J(1980b) : 앞의 책, p285.

구원의 단계 1 : 선행 은총

이러한 그의 구원론의 시작은 선행 은총prevenient grace에 있다. 하나님은 사람을 구원하기 위해서 사람에게 선행 은총을 주셨다는 것이다. 선행 은총은 하나님이 사람을 그리스도에게 나아갈 수 있게 하는 은총인데, 앞에서도 말했듯이 사람은 거기 응답할 수도 있고, 응답하지 않을 수도 있다. 그가 주장한 선행 은총에서 우리는 양심, 영적 감각, 자유의지라는 개념을 떠올리게 되는데, 하나님은 사람이 옳지 않은 행위를 했을 때 불안을 느끼도록 창조하셨고 그 불안이 사람들을 죄로부터 멀리하게 한다는 것이다. 그러므로 구원을 위해서 사람들은 이런 영적 감각에 예민해야 한다: "누구나 ……자기의 양심에 위배되는 행동을 했을 때 다소 불안을 느낀다. 그러므로 인간의 범죄는 그에게 은총이 없기 때문이 아니라 자기가 지니고 있는 은총을 사용하지 않기 때문이다."[53] 따라서 그 감각이 예민하지 못한 사람들은 선행 은총에 응답하지 못하고 구원에 이르지 못한다: 구원은 전적으로 인간의 책임적 결단과 자유의지에 달려 있는 것이다.[54] 그러나 웨슬리는 여기에서도 사람은 타고난 본성으로 선행 은총에 참여할 수 있는 것이 아니라 구원에 대한 하나님의 주도에 책임있게 참여함으로써 구원받을 수 있다

---

53) Wesley J(1980b) : 앞의 책, p512.

54) cf. "모든 사람에게 보편적으로 임하시는 하나님의 선행 은총은 우리를 그리스도에게로 인도하는 것일 뿐, 우리를 더 이상의 칭의 이상의 자리로 인도할 수 없다." Wesley J(2009) : "The Principles of A Methodist", 이후정 역,《존 웨슬리 논문집》, 한국웨슬리학회, 서울, p85.

는 사실을 강조하였다. 인간은 전적으로 무능하고, 구원은 전적으로 하나님의 은혜라는 것이다.[55)]

웨슬리에 의하면 인간에게서 원죄의 폐해는 절대적이다: "우리의 영혼에는 온전한 부분이 없고, 우리 본성의 모든 것은 탈선하였다."[56)] 그래서 사람은 이 세상을 살면서 여러 가지 육신적 욕망과 교만과 쾌락에 빠져서 매일 죄를 지으면서도 그것이 죄라는 사실을 알지 못한다. 전적으로 타락한 것이다. 그래서 웨슬리는 설교에서 이렇게 말하고 있다: "교만과 정신적 불손과 자기 자신을 지나치게 높이려는 편견, 허영과 사람들에게 존경의 대상이 되려는 추구, 증오나 시기, 질투나 보복, 분노와 원한, 또는 비통, 무수한 형태로 나타나는 하나님과 인간에 대한 생래적 적개심, 자기의 영혼의 핵심을 파괴하는 세상에 대한 애착, 자아-의지, 우매하고 유해한 욕망이다."[57)]

인간은 그의 구원을 위해서 아무것도 할 수 없고, 하나님의 은총이 필요한 것이다. 그러므로 선행 은총이란 하나님이 사람에게 양심을 통하여 그의 타락한 상태를 인정하게 하시고 참회로 이끄시는 은총인 것이다: "그러나 하나님이 그들의 이해의 눈을 열어주시는 순간, 그들은 이전에 있던 상태를 보고 생존하는 모든 인간, 특히 자기 자신은 본성적으로 전적인 공허, 곧 우매와 무지, 죄

55) Runyon R(1998) : 《새로운 창조》, 김고광 역, 기독교대한감리회홍보출판국, 서울, p42.
56) Wesley J(1921) : 앞의 책, p268.
57) Wesley J(1921) : 앞의 책, p323.

와 부정으로 가득 차 있음을 확신하게 된다."[58)]

선행 은총으로 자신의 타락한 상태를 깨달은 사람은 참회할 수밖에 없다. 그래야 하나님 앞에 설 수 있기 때문이다: "사람은 칭의되기를 원한다면 스스로 겸손하게 참회하며, 상하고 통회하는 마음을 가지는 것이 옳고 당연한 것이다. ……그리고 이 통회와 참회는 성령의 역사라는 것도 올바른 것이다."[59)] 그러나 여기에서도 웨슬리는 참회는 인간의 공적이 아니라 하나님이 개입하는 은총의 역사라고 강조하며, 구원을 위해서는 참회가 필요한 것이 아니라 믿음이 필요하다고 강조한다. 인간은 그의 구원에서 전적으로 무능하며, 하나님의 은혜를 갈구하여야 하기 때문이다. 이와 같은 점은 1771년 연회 선언문에서 "……업적에 의한 칭의론을 가장 위험하고 혐오할 만한 교리로 규탄한다는 것을 감히 선포한다. ……우리는 삶이나 죽음이나 또는 심판 날의 칭의 또는 구원을 위하여 우리의 주님이시고 구세주이신 예수 그리스도의 공적 밖에는 아무것도 신뢰하거나 신임하지 않는다는 사실을 하나님 앞에서 감히 선언한다."[60)]라고 한 것에서 잘 드러난다. 그럼에도 불구하고 참회는 칭의의 전제조건으로 구원을 위해서 중요한 과정 가운데 하나다.[61)]

58) Wesley J(1921) : 앞의 책, p215.

59) Wesley J(2009) : "The Principles of A Methodist", 이후정 역, 《존 웨슬리 논문집》, 한국웨슬리학회, 서울, p79.

60) Williams CW(1983) : 《존 웨슬리의 신학》, 이계준 역, 전망사, 서울, p67에서 재인용.

61) Wesley J(1980a) : Lettres II, p268.

구원의 단계2 : 칭의

구원의 두 번째 단계는 칭의다. 칭의는 그리스도인의 신앙생활의 기초이며 가장 중요한 단계인데, "칭의에 관한 성서의 평이한 견해는 속죄, 곧 죄의 용서다. '……하나님이 그리스도 안에 계셔서 자기 자신에게 화해시키셨다.'라는 성스러운 증거 또는 확신을 뜻할 뿐만 아니라, 그리스도께서 나의 죄를 위하여 죽으셨고 나를 사랑하셔서 자기 자신을 나를 위해 희생하셨다는 '진정한 신뢰와 확신'을 뜻한다."[62]라는 말에서 잘 드러난다. 따라서 칭의된 사람은 그리스도 앞에 두려움 없이 나아갈 수 있으며, 하나님과 평화를 누리게 된다. 그는 죄의 모든 자극과 움직임에서 아직 완전히 자유롭게 된 것은 아니지만 그것을 어느 정도 감지하고 제어할 수 있다. 아직 완전하지 않지만 새롭게 태어난 것이다. 그래서 웨슬리는 "나는 칭의가 하나님 안에서 태어난 것과 동일한 것이라고 믿는다. ……나는 회심 — 이는 곧 칭의를 말하는 것이다 — 이 순간적인 역사이며, 또한 사람이 그리스도를 믿는 신앙을 소유하는 순간에 회심하고 칭의된다고 믿는다."[63]라고 하였다. 칭의에 대한 웨슬리의 생각은 처음과 나중이 조금 다른데, 초기에 그는 칭의되면 사람들이 죄에서 완전히 회복될 수 있다고 생각했지만, 후기에는 사람들이 자신이 칭의되었다는 사실을 알지 못할 수도 있으며,

62) Wesley J(1921) : 앞의 책, pp120-125.

63) Wesley J(2009) : "The Principles of A Methodist", 이후정 역, 《존 웨슬리 논문집》, 한국웨슬리학회, 서울, pp80-81.

칭의 이후에도 죄를 지을 수 있다고 생각하면서 계속적인 발달의 필요성을 주장했던 것이다. 칭의는 영적 생활의 시작이며, 성화를 향해서 나아가는 출발점인 것이다. 그러면서 그는 칭의는 어떤 정적인 상태로 이루어지는 것이 아니라 순간순간 사람들이 하나님과 관계를 맺는 것이라고 강조하였다. 칭의는 한 번 얻어서 소유되는 것이 아니라 하나님과의 관계 속에서 발달해 나가는 역동이라는 것이다.

그러면 칭의는 어떻게 해서 얻어지는가? 그것은 전적으로 예수 그리스도의 대속의 죽음과 그에 대한 믿음 덕분이다. 예수 그리스도는 사람들을 죄에서 구원하기 위하여 십자가에서 죽으심으로써 사람들과 하나님을 화해시켰기 때문이다. 그때 악의 세력은 파괴되었고, 사람들은 하나님 앞으로 나아갈 수 있게 되었다. 웨슬리가 올더스게이트에서 가슴이 뜨거워졌던 체험은 그때 그가 예수 그리스도의 대속의 은혜에 감사하는 깨달음 때문이었다. 그래서 그는 오랫동안 자기 공적으로 하나님 앞에 나아가려던 고통에서 벗어날 수 있었고, 하나님의 은혜와 사랑으로 나아가는 전환점을 마련할 수 있었다. 그는 이제 예수 그리스도의 희생을 지적으로만 이해했던 것에서 벗어나 전 존재적인 결단으로 신뢰하게 되었고, 예수 그리스도와 새로운 관계 속으로 들어갔던 것이다. 우리는 여기에서 그가 그 전까지 성부 하느님 중심적 신앙에 묶여 있다가 성자 그리스도 중심적인 신앙으로 이행하는 것을 보게 된다. 이제 그는 그를 죄의 고통 속에서 해방시키신 그리스도의 은혜에 감격하여 그 역사를 깨닫지 못하는 사람에게 그 사실을 선포하는 사도로 나서게 되는 것을 보는 것이다. 이러한 사실은 다른 모든 신비가가 사도로 나서는 것과 같은 맥락이다.

구원의 단계3 : 신생

칭의의 결과 사람에게는 신생new birth이 시작된다. 칭의와 신생은 시간적으로 구분되는 것이 아니라 논리적인 구분인데, 칭의가 상대적인 변화라면 신생은 진정한 변화다. 다시 말해서, 칭의는 하나님에 대한 우리의 외적 관계를 변화시켜 우리가 원수를 떠나서 하나님의 자녀가 되는 것이고, 신생은 우리의 내적 영혼이 변화되어 우리가 성화의 길로 나아가게 하는 것이다.[64]

그러면서 그는 "칭의는 ……실제적으로 바르고 의롭게 되는 것이 아니다. 그것은 성화다. ……칭의는 하나님이 그의 아들을 통하여 우리를 위해 역사하시는 것을 뜻하고, 성화는 그가 성령으로 우리 안에서 역사하시는 것을 뜻한다."[65]라고 주장하였다. 그는 칭의가 진정한 변화에 대한 자각을 동반하며 성령의 역사를 통해서 성화로 이르게 하는 출발점이 된다고 주장하는 것이다: "하나님의 자녀는 '그리스도의 완전한 성장'에 이를 때까지 자란다. 여기서 자명하게 되는 것은 신생의 본질이다. 신생은 한마디로 하면,

64) Williams CW(1983) : 앞의 책, p107.
65) Wesley J(1921) : 앞의 책, p119.

세상적 · 감각적 · 악마적인 마음이 '그리스도 안에 있는 마음'으로 전환되는 변화다."[66] 그는 이런 전체적인 변화가 단번에 이루어지지 않는다는 것을 알았다. 그래서 그는 칭의를 통한 신생은 그다음 긴 시간을 거쳐서 성화에 이르게 된다고 주장하면서 성화의 중요성을 강조하였다.

구원의 단계4 : 성화

구원의 마지막 단계는 성화인데, 그것은 그리스도인의 완전과 같은 말이다. 웨슬리가 가톨릭 신비주의에 몰두했던 것은 그가 어릴 때부터 경건교육을 받았기 때문이다. 그래서 그는 경건한 삶을 살려고 했으며 성결holiness을 열망하였다. 그렇다면 성화되었다는 것은 무엇인가? 그것은 완전해졌다는 것인데, 사람들이 내적인 부패에서 구원받고, 죄로부터 해방되어 사랑으로 가득 차게 되는 것을 의미한다. 성화는 칭의처럼 상대적인 변화가 아니라 실질적인 변화인 것이다. 그들은 성령으로 인이 쳐져서, "그들은 말할 때에도 자기 스스로 말하는 것이 아니라, 자기 속에서 말하는 이는 아버지의 영이심을 느낍니다. 그리고 그들의 손으로 무엇을 하든지 저희 안에 계신 아버지가 그 일을 하고 계심을 느낍니다. ……이전에는 악한 생각이 들어올 때면 저들은 정신을 차려서 이것을 소멸시키곤 했습니다. 그러나 지금은 우리 영혼이 하나님으로 가득

66) Wesley J(1921) : 앞의 책, pp233-234.

차 있어 악한 생각이 들어올 틈이 없으니 악한 생각이 들어오지도 못합니다. 그들은 기도할 때 잡념에서 해방되어 있습니다."[67)]

그러나 그리스도인의 완전이 간단한 문제는 아니다. 사람들이 그리스도를 아는 지식과 하나님의 사랑과 형상 안에서 죽을 때까지 성장해야 하기 때문이다. 그는 많은 반대가 있었음에도 불구하고 그리스도인의 완전이 불가능한 것이라는 생각에 동의하지 않았다. 그 가능성을 차단하면 그리스도인의 완전 자체가 불가능한 것으로 인식되기 때문이었다. 그래서 그는 이 문제를 해결하기 위해서 죄를 두 가지로 구분하였다. 첫째는 하나님으로부터 의식적으로 분리되는 것이고, 둘째는 하나님의 완전한 의지에 절대적으로 합치하는 것이다. 둘째 것을 기준으로 한다면 인간은 절대로 완전해질 수 없지만 첫째 것은 가능하다. 그러므로 그리스도인들은 순간순간 받는 은총의 선물을 통해서 신앙으로 성화될 수 있는 것이다. 그러면서 그는 "그렇다면 '완전한 자'라고 할 때, 당신은 누구를 지칭하는 것인가? 우리는 그리스도의 마음을 가지고 그가 가신 길을 걷는 자, 깨끗한 손과 마음의 소유자, 육과 마음의 추악에서 깨끗함을 받는 자, '걸려 넘어지지 않고' '죄를 범하지 않는 자'를 뜻한다. ……우리는 이것으로 하나님이 '몸, 마음, 영혼 전체를 성화시키신 자'를 말한다."[68)]라고 하였다. 성화는 "하나님의 이

67) Wesley J(2009) : "A Plain Account of Christian Perfection", 《존 웨슬리 논문집》, p239.
68) Wesley J(1921) : Works XI, p384.

위대한 선물인 우리 영혼의 구원은 다른 것이 아니라 바로 하나님의 형상이 우리 마음에 새롭게 인이 쳐진 것"[69]이라는 것이다. 그래서 웨슬리는 그런 성화를 향해서 나아갔고, 다른 사람에게 그것을 향해서 나아가라고 주장하면서 그렇게 살려고 노력하였다.

69) Wesley J(2009) : "A Plain Account of Christian Perfection", 《존 웨슬리 논문집》, p238.

결론: 신비주의와 정신적 발달

웨슬리와 신비주의의 관계는 시간이 지남에 따라서 변화되었고, 그는 그 관계를 통해서 많은 정신적 발달을 이루었다. 그는 처음 가톨릭 신비주의에 이끌려 1725년 첫 번째 회심을 하면서 개인적 공적을 통하여 그리스도인의 완전에 도달하려고 하였으나, 그것이 불가능하다는 사실을 깨닫고 1738년 독일 경건주의자들과 가까운 모라비언 교도를 통하여 이신칭의라는 프로테스탄트적인 복음을 접하고 두 번째 회심을 하였다. 그래서 그는 새로운 열정에 사로잡혀서 새로운 복음을 전했지만, 사람들이 칭의 이후에도 죄를 짓는 것을 발견하고 성화의 중요성을 주장하면서, 페늘롱과 드 렌티 등의 봉사의 신비주의에로 나아갔다. 그러면서 모라비언교도들의 정적주의에서 떠남으로써 가톨릭 신비주의와 개신교적 신비주의의 통합을 이루었다. 그는 이신칭의라는 종교개혁적인 바탕 위에서 하나님과의 합일에 의한 그리스도인의 완전이라는 가톨릭 신비주의의 이상을 추구하려고 하였던 것이다. 그는 이제 더 이상 하나님과의 합일의 조건으로 성화를 요구하지 않았고, 이신칭의의 열매로 성화를 주장했던 것이다. 그렇게 함으로써 그는 계몽주의 이래 의식적 발달을 이룬 새 시대의 그리스도인들에게 의지를 통해서 그리스도의 완전을 이루게 하는 새로운 길을 열었는데, 그의 역정을 도표로 표시하면 다음과 같다.

	정통신비가	정적주의적 신비가	경건주의자	웨슬리
인간의 공적	강조	강조	강조	처음 강조, 나중부정
외적선행 (성화)	강조	강조하지 않음	경우 따라 다름	매우 강조
신적 대상	성부 (내적불꽃)	성부 (내적불꽃)	그리스도	처음 성부, 나중 그리스도
이신칭의 (복음)	분명하지 않음	분명하지 않음	강조	처음 강조하지 않고 나중 강조
신비체험	있음	있음	강조하지 않음	강조하지 않음
자기부정	강조	강조	강조	강조

그가 이렇게 굴곡이 많은 신앙적 역정을 밟았던 것은 그가 어릴 때부터 그리스도인의 완전을 의미하는 성결한 삶을 추구하였지만, 성격적으로 너무 합리적이고 이지적이라서 신비체험을 하지 못하다가 개신교적 복음인 이신칭의에 의한 회심체험을 통하여 역동적인 삶을 살았기 때문이다.[70)]

웨슬리의 이런 태도는 그가 인간의 원죄의 깊이를 누구보다도 절감하였고, 그것을 해결하는 데 있어서 인간의 무능이 절대적이

70) 이와 같은 점을 가리켜서 디몬드는 "웨슬리의 성격은 신비주의적 황홀경에 미치지 못하고 정지하였으며, 신비적 죽음이나 연합이라고 불릴 만한 경험이 그의 생애에 존재하지 않았다." Dimond S(1926) : "The Psychology of the Methodist Revival", p77.

라는 사실을 깨달았기 때문이다. 그는 의식이 발달하면서 그에게 너무 깊은 죄성이 있다는 사실을 절감하였고, 인간은 아무리 해도 자신의 노력만으로 성결한 삶을 살 수 없다는 사실을 깨달았던 것이다. 그러나 그는 자신의 공적을 통한 하나님과의 합일을 포기하고 그리스도의 대속적 죽음을 받아들였을 때, 그를 오랫동안 가두어 두었던 자신으로부터 벗어날 수 있었고, 죄로부터 해방될 수 있었다. 그가 그렇게 오랫동안 찾았던 구원을 얻었던 것이다. 그에게서 존재의 변화가 이루어진 것은 그 순간이었다.

이렇게 생각할 때, 그에게서 1738년의 올더스게이트의 체험은 신비적 죽음과 조명이 동시에 이루어진 체험이라고 할 수 있다. 그는 그 이전의 신비가처럼 영혼의 죽음을 거친 다음 하나님과 합일되는 길로 나아가지 않고, 영혼의 죽음 없이 하나님의 은혜로 하나님과 하나가 되는 길로 나아갔던 것이다. 그래서 그는 엑스타시를 통한 합일이 아니라, 의지적 노력에 의한 실천을 통해서 그리스도인의 완전을 이루려고 하였으며, 그것이 가능하다고 주장하였다. 이와 같은 그의 태도는 프로테스탄트의 전형적인 태도다. 개신교도들은 고대나 중세인처럼 관상에 깊이 들어가서 하나님과 합일되려고 하기보다는 의식이 명료한 가운데서 의지적으로 하나님의 뜻을 실현시키려고 하는 것이다. 웨슬리는 1738년 회심체험 이후 그리스도인의 성화에 대해서 낙관했던 듯하다. 그에게 아직 회심체험의 감격이 남아 있었기 때문이다. 그러나 시간이 지나면서 인간의 죄성을 더 깊이 느끼면서, 그 생각이 약화되었지만 성화를 포기하지 않았고, 그 필요성을 더욱더 강조하였다.

웨슬리에게서 종래의 신비가들과 같은 신비체험이 있었는지는 확실하지 않지만, 그의 일기나 서간문을 보면 그에 대한 기록은 찾을 수 없으며, 올더스게이트에서의 정동체험이 그와 근접한 유일한 체험이다. 그 이유는 그가 너무 합리적인 사람이었고, 그에게 그런 체험을 가능하게 하는 종교 상징이 없는 개신교도였기 때문이다. 개신교도는 종교적 상징 없이 하나님에게 나아가기 때문에 무의식 깊은 곳에서 이루어지는 신비체험에 낯선 것이다. 그것은 현대 사회에 들어와서 가톨릭교도나 개신교도들에게 과거와 같은 신비체험이 많이 이루어지지 않는 것을 보면 알 수 있다. 현대인은 이제 의식을 통해서 하나님의 뜻을 실현해야 하는 지경에 처해 있는 것이다. 그와 같은 사실에 대해서 융은 "만약 개신교도가 그의 교회의 온전한 상실을 참고 견디어 내고, 그러고도 개신교도로 남아 있다면, 다시 말해 신 앞에서 무방비 상태에 남아 있다면 ……그는 직접적인 종교적 경험을 할 수 있는 유일무이한 정신적 능력을 가지게 된다."[71]라고 말하였다. 그런 의미에서 웨슬리는 새로운 시대의 그리스도인들이 나아갈 길을 먼저 제시해 주었다고 말할 수 있다. 그러나 우리는 여전히 종교상징을 많이 파괴한 개신교 정신에 대해서 불안해한 융의 태도에 동의하는데, 개신교도들이 모두 웨슬리처럼 이신칭의를 굳게 믿고 성화의 길, 즉 말

71) Jung CG(2008) : 《인간의 상과 신의 상》, p78.

씀을 육화시키는 길로 나아갈 수 있겠는가 하고 우려하는 것이다. 물론 인간에게 의식화가 더 많이 이루어지면 내면에 있는 하나님의 형상에서 나오는 메시지를 육화시키는 삶은 가능할 것이다. 그러나 그 단계에 도달하기 전, 종교상징의 도움으로 더 종교성에 접촉하면서 종교적인 태도를 가지고 사는 것도 필요할 것이다.

이렇게 웨슬리는 그를 분열시키는 죄를 극복하는 과정에서 그리스도라는 전체적인 상의 도움으로 해방될 수 있었다. 그를 괴롭히는 죄는 그리스도 안에서 이미 정복되었다는 사실을 믿음으로써 더 이상 거기 매달리지 않고, 죄에서 비롯되는 파괴적인 강박에서 해방될 수 있었던 것이다.[72] 그런데 그것은 바울, 어거스틴, 루터 등 기독교 신비가가 밟아 왔던 길이기도 하다. 그들 역시 그들의 내면에 있는 어두운 그림자, 다시 말해서 그들을 동물적인 상태로 떨어트리려는 본성적인 욕구와 싸우다가 그들을 구원하려고 자신을 바치신 그리스도의 사랑에 감격하면서 그리스도를 따르려는 정신으로 변환되었던 것이다. 그리고 그 신비가의 영향으로 또

72) 여기에서 우리는 믿음에 의한 구원을 강조한 웨슬리와 영지적 체험을 통한 구원을 강조한 융의 차이가 뚜렷이 부각되는 것을 볼 수 있다. 웨슬리는 그가 예리하게 느꼈던 죄의 문제를 그리스도의 대속적 죽음에 대한 믿음을 통해서 해결할 수 있었지만, 융은 현대인들에게는 믿음을 통한 구원이 잘 이루어지지 않고, 체험을 통한 깨달음이 정신적 고뇌를 해결할 수 있다고 강조했던 것이다. 그 차이는 웨슬리가 종교인이었고, 융이 정신의학자였기 때문일 것이다. 그러나 융은 믿음의 은혜에 대해서 부정하지 않았고, 기독교인들 가운데서 아무 갈등 없이 기존의 도그마를 믿을 수 있는 사람들은 그것을 통하여 정신적 문제를 통합할 수 있다고 주장하였다. 그러나 우리는 웨슬리가 강조한 믿음이 맹목적인 믿음이 아니라 체험적 믿음이라는 사실에서 융과 만날 수 있는 부분이 있지 않을까 생각한다.

다른 신비가는 그리스도의 부름을 듣고 또 다른 길에 나서는 것이 기독교의 역사다.

이렇게 생각할 때 인간에게서 본능적인 충동을 극복하고 정신성을 이루려는 분투는 생명의 원형적인 작업인 듯하다. 그것은 신비가가 더 예민하게 느껴서 더 격렬한 투쟁을 하는 것이지, 모든 사람 역시 그들의 삶에서 그와 비슷한 투쟁을 하는 것이다. 그래서 신화나 민담에서 그것을 영웅이 용이나 뱀 같은 괴물을 물리치는 것으로 묘사하였을 것이다. 웨슬리의 투쟁도 마찬가지였다. 그 역시 그를 괴롭히는 수많은 삶의 문제와 정신적인 문제와 맞서 싸우면서 본능적 충동에 지지 않고 더 높은 단계의 삶을 향해서 나아갔던 것이다. 그의 삶이 그만큼 치열했고, 그가 걸었던 길이 원형적인 길이었기 때문에 그는 개신교 한 종파의 창시자가 될 수 있었고, 지금도 많은 사람은 그를 따라서 그 자신들의 길을 찾아서 나아가려고 한다. 그러나 현재 한국 교회의 상황을 살펴보면 어쩌면 우리는 웨슬리가 우려했던 칭의 이후의 퇴보에 크게 빠져 있지 않은가 하는 생각을 하게 된다. 그가 강조했던 성화와 너무 멀리 떨어져 있는 듯하기 때문이다.

참고문헌

김성민(2010) : "존 웨슬리의 회심체험과 아이덴티티의 형성", 《생명과 치유, 그리고 그리스도》, 한들출판사, 서울, p187.

요시오 노로(1993) : 《존 웨슬리의 생애와 사상》, 김덕순 역, 기독교대한 감리회교육국, 서울.

Bergson H(1984) : *Les deux sources de la morale et de la religion, Oeuvres*, PUF, Paris.

Delacroix H(1938) : *Les Grands mystiques chrétiens*, Félix Alcan, Paris.

Erb PC(1994) : 《경건주의자들과 그 사상》, 엄성옥 역, 은성출판사, 서울.

Erikson EH(1982) : 《청년 루터》, 최연석 역, 도서출판 인간, 서울.

Fénelon F(2004) : 《그리스도인의 완전》, 크리스찬 다이제스트, 서울, p171.

Guyon J-M(1983) : *La Vie de Madame Guyon écrite par elle-meme*, Dervy-Livres, Paris.

James W(1997) : 《종교체험의 여러 모습들》, 김성민, 정지련 역, 대한기독교서회, 서울.

Jossua Jean-Pierre(1996) : *Seul avec Dieu: L'Aventure mystique*, Gallimard, Paris.

Jung CG(1953) : *Métamorphose de l'âme et ses symbole*, Librairie de l' Universite George, Genève.

________(2008) : 《인간의 상과 신의 상》, 한국융연구원 C.G.융저작번역위원회, 도서출판 솔, 서울.

Louth Andrew(2008) : 《서양 신비사상의 기원》, 배성옥 역, 분도출판사, 왜관.

McGinn Bernard(2000) : 《서방 기독교 신비주의의 역사》, 방성규, 엄성옥 역, 은성출판사, 서울.

Todd J(1958) : *John Wesley and Catholic Church*, Hodder and Stoughton, London.

Tuttle RG(1993) : 《웨슬리와 신비주의》, 은성출판사, 서울.

Underhill E(1974) : *Mysticism: A Study in the nature and development of Man's spiritual consciousness*, New American Library, New York.

Wesley John(1921) : *Wesley's Standard Sermons*, ed. Sugden EH, 2 vols, The Epworth Press, London.

__________(1909) : *The Journal of the Rev. John Wesley*, A. M., ed. Nehemiah Curnock, 8 vols, Eaton and Mains, New York.

__________(1980a) : *The Works of J. Wesley*. vol. 25: Letters I 1721-1739. Oxford University Press, London.

__________(1980b) : "Journal", 1 : 467 *The works of J. Wesley*. Oxford University Press, London.

__________(1992) : 《존 웨슬리의 일기》, 김영운 역, 크리스찬 다이제스트, 서울.

__________(2009) : "Thoughts on the Present Scarcity of Provisions", 김홍기 역,《존 웨슬리 논문집》, 한국웨슬리학회, 서울.

__________(2009) : "Thoughts upon Slavary", 김홍기 역,《존 웨슬리 논문집》, 한국웨슬리학회, 서울.

__________(2009) : "A Short History of Methodism", 김영택 역,《존 웨슬리 논문집》, 한국웨슬리학회, 서울.

__________(2009) : "The Principles of A Methodist", 이후정 역,《존 웨슬리 논문집》, 한국웨슬리학회, 서울.

__________(2009). "A Plain Account of Christian Perfection", 조종남 역, 《존 웨슬리 논문집》, 한국웨슬리학회, 서울.

Williams CW(1983) : 《존 웨슬리의 신학》, 이계준 역, 전망사, 서울.

Wehr Gerhard(2001) : 《유럽의 신비주의》, 조원규 역, 도서출판 자작, 서울.

결론

결 론

신비주의the mystic는 종교의 본질적인 부분이다. 모든 종교는 그 종교의 창시자의 신비체험에 바탕을 두고 있기 때문이다. 모든 종교에서 합리적이고 사회적인 측면이 한 축을 이루고 있다면, 비합리적이고 개인적인 측면은 또 다른 축을 이루고 있다. 더구나 하나의 종교가 창시될 무렵에는 신비체험자들이 많이 등장한다. 기독교에서도 예수 그리스도는 세례를 받을 때 하늘에서 성령이 비둘기 같이 내리는 신비체험을 하였고, 바울은 다마스커스로 가다가 부활한 그리스도를 만났으며, 마가의 다락방에서는 수많은 사람들이 한꺼번에 성령체험을 하였다. 그것은 그다음에도 마찬가지여서, 위대한 신비가가 탄생하면 그 주위에는 그의 영향을 받은 수많은 신비가들이 나타난다. 13세기 아시시의 성 프란체스코와 그의 주위에 있었던 성녀 클라라와 보나벤투라를 비롯한 작은 형제회, 14세기 독일의 에크하르트와 그의 주위에 있었던 H. 수소와 장 타울러 등 라인 강 유역의 신비가들, 16~17세기 프랑스의 프랑수아 드 살과 귀용 부인의 주위에 있었던 아카리 부인, 피에르 베륄, 라 콩브, F. 페늘롱 등은 그 사실을 말해 준다. 신비주의에는 강력한 감화력이 있는 것이다.

신비가의 삶과 역정을 살펴보면 그들의 특성이나 삶은 모두 다르지만 공통되는 것 또한 발견된다. 아시시의 성 프란체스코에게서 신비는 그가 보고 들었던 수많은 환청과 환상과 성흔의 형태로 나타났고, 귀용 부인에게서는 그녀를 엑스타시로 이끌어 갔던 지적 직관의 형태로 나타났으며, 존 웨슬리에게는 가슴이 뜨거워지면서 복음을 전하지 않으면 안 될 열정의 형태로 나타났다. 그래서 아시시의 성 프란체스코는 무너져 가는 가톨릭교회를 재건하기 위하여 극단적인 무소유의 삶을 살았고, 귀용 부인은 무사성無私性에 도달하여 '순수한 믿음'과 '순수한 사랑'을 주장하였으며, 존 웨슬리는 '이신칭의以信稱義'만 전하는 설교자가 되었다. 그들은 서로 다른 시대와 서로 다른 상황에서 그들이 체험한 구원의 도道를 전하려고 했던 것이다. 분석심리학적으로 말하자면, 그들은 그들의 자아가 그들의 내면에 있는 신적 중심인 자기를 실현하는 무대가 되게 하였던 것이다. 그리하여 그들의 자아는 내면에 있는 신성the divine이 그대로 드러나는 도구가 되어, 그것이 아무 구애拘碍도 받지 않고 그대로 드러나게 하려고 애썼다. 그 결과 그들 주위에 있던 사람들은 그들도 알 수 없는 강력한 정신적 에너지에 이끌려서 그들에게 다가갔고, 그들 역시 신성을 체험하여 또 다른 신비가가 되었다. 그래서 성 프란체스코는 13세기 쇠약해진 기독교를 새롭게 일으킬 수 있었으며, 귀용 부인은 프로테스탄트 경건주의가 태어나 새로운 시대의 영성으로 확립되는 기반을 닦았고, 웨슬리는 의식이 많이 발달한 근대인을 위한 새로운 실천적 종교를 만들었다.

인간의 이성만으로 하나님을 다 파악할 수는 없다. 하나님은 인간을 무한하게 뛰어넘는 존재이기 때문이다. 인간이라는 작은 그릇에 담길 수 있는 하나님은 하나님의 지극히 작은 부분인 것이다. 그러므로 어느 누구도 자기가 체험한 하나님만을 절대시할 수 없으며, 하나님은 모든 사람에게 서로 다르게 체험된다. 그러나 신비가가 체험하는 하나님에게 한 가지 공통점은 하나님이 전체적인 존재라는 점이다. 그래서 하나님을 체험할 때, 사람들은 그들의 분열되었던 내면을 통합하게 되고, 삶의 더 높은 단계로 들어서게 된다. 종교체험에는 구원적인 특성이 있고, 삶의 곤경에 처했던 사람들은 종교를 통해서 치유를 경험하는 것이다. 그래서 성 프란체스코를 괴롭혔던 외향적인 삶을 향한 성향과 내향적인 삶을 향한 성향, 귀용 부인을 괴롭혔던 남성적인 삶의 원리와 여성적인 삶의 원리, 존 웨슬리를 괴롭혔던 신적 은혜를 추구하려는 태도와 인간적 노력을 신뢰하려는 태도는 그들의 내면에서 서로 갈등을 일으키다가 그것들을 모두 담고 있는 하나님이라는 더 큰 그릇container 안에 담기면서 구원을 받았던 것이다. 그러나 그들은 한결 같이 겸손하였고, 그들을 괴롭혔던 두 성향은 조화롭게 다듬어졌다. 하나님을 진정으로 체험한 사람들은 하나님을 닮아서 어느 쪽에도 치우치지 않게 되는 것이다.

현대 사회에서도 많은 사람은 하나님을 체험하려고 한다. 하나님만이 유한한 인간을 괴롭히는 대극의 갈등을 통합하게 하고 치유하는 궁극적 의미의 원천이기 때문이다. 그러나 그 양상은 각각의 시대가 그 전과 시대적 · 문화적 · 개인적으로 전혀 달라서 다른 모습으로 나타난다. 자연히 이성이 많이 발달한 현대인들에게 하나님은 그 전 시대와는 전혀 다른 모습으로 체험될 수밖에 없을 것이다. 그러나 진정한 신비가들에게서 공통되는 점은 그들이 모두 자아自我의 내용을 모두 비웠다는 사실에 있다. 아시시의 성 프란체스코는 그의 본능적 욕망을 비웠고, 귀용 부인은 인간적 속성을 비웠으며, 웨슬리는 인간적 능력에 대한 신뢰를 모두 비웠던 것이다. 그때 하나님은 그들의 몸을 빌려서 그 자신을 드러낼 수 있었다. 그것은 예수 그리스도에게서도 마찬가지다. 그는 근본에 있어서는 하나님과 본체이지만 그 자신을 비워서 사람들과 같이 되셨고, 자기를 낮추어 죽음까지 복종하셨을 때, 그를 통하여 하나님은 그의 온전한 모습을 드러내실 수 있었다빌 2, 7-8. 그러므로 시대와 상황은 달라도 하나님이 인간을 통해서 나타나실 수 있는 조건은 이러한 비움에 있을 것이다.

이러한 신비神秘가 계몽주의 이래 의식이 많이 각성된 현대인에게 어떤 형태로 나타날 것인가? 또한 현대인들은 어떻게 이 신비에 다가갈 것인가? 프랑스 신비주의의 영향을 받은 테이야르 드 샤르댕은 역사의 궁극에는 신적 정신을 실현하는 인류가 출현할 것이라고 직관하였다. 그는 지구의 역사는 궁극적으로 하나님의 속성이 인간의 몸을 통하여 모두 실현되는 오메가 포인트를 향하여 나아가고, 그때 지구의 역사는 완성될 것이라고 주장하였던 것이다. 그러면서 그는 그런 모습은 이미 예수 그리스도를 통해서 나타났고, 인류는 그 예표를 따라서 세상 끝날까지 그리스도에게로 수렴될 것이라고 주장하였다. 그래서 생명체는 지금까지 지구상에서 오메가 포인트를 향해서 나아가는 인간이라는 종種을 탄생시키려고 진력해 왔다. 지구의 역사를 거대한 차원에서 보면 생명은 그리스도라는 사랑으로 정신화되는 신비를 향해서 나아가고 있다는 것이다. 바울 사도는 그것을 "이제는 내가 사는 것이 아니요, 내 안에 그리스도가 사는 것이다."라는 말로 표현하였다. 기독교의 궁극적인 지향은 그런 신비에 있는 것이다. 그래서 기독교의 위대한 신비가는 신비체험 속에서 하나님을 만나 깊은 정동체험을 한 다음 하나님을 닮은 삶을 살려고 하였다. 그들은 엑스타시 상태에서 하나님을 깊이 체험하여 인격이 변화되어 그 전과 전혀 다른 삶을 살았던 것이다.

그러나 현대 사회에 들어와서 의식화가 많이 진행된 현대인은 엑스타시를 통해서가 아니라 각성된 상태에서 하나님의 말씀에 사로잡히려고 하는 듯하며, 프로테스탄트의 영성과 가톨릭 영성 사이의 가장 큰 차이는 거기 있는 듯하다. 프로테스탄트들은 무의식상태에서 하나님을 체험하고, 하나님의 능력으로 변화되기보다, 각성된 상태에서 하나님의 말씀으로 무장되어 하나님의 뜻을 이 세상에서 실현시키려고 하는 것이다. 종교개혁자 마르틴 루터, 장 칼뱅, 존 웨슬리 등이 '말씀'을 강조한 이유는 거기에 있다. 그들은 의식이 각성된 현대 사회에서는 신비의 길the way of mystic보다 실천의 길이 더 중요하다고 강조하였던 것이다. 그래서 프로테스탄트 교회에서는 가톨릭교회에 비해서 신비체험에 대한 보고가 훨씬 적다.[1] 그것을 C. G. 융의 용어를 빌려 말하자면, 자기self의 내용이 자아를 통하여 실현되는 과정에서 가톨릭교회가 무의식의 체험을 중요시한다면, 프로테스탄트 교회는 의식화를 강조하는 것이다. 그래서 종교개혁자들은 영적인 것이 종교적 도구를 거치지 않고 말씀을 통해서 실천적 행동으로 나오게 하려고 진력하였다. 무의식적인 것이 우세했던 시대에는 하나님의 말씀이 엑스타시 상태에서 사람들에게 각인刻印되어야 의식에 영향을 끼칠 수 있었지만, 의식이 많이 각성된 현대인에게는 엑스타시를 통하지 않고도 의식에서 집행될 수 있다고 생각했기 때문이다. 그래서 프로테스탄트에서는 중세교회의 상징과 의례를 많이 폐지하였다. 그러나 개혁자의 노력이 성공적이었는지에 대해서는 논의의 여지가 많다. 프로테스탄트 교회에서는 세속화가 더 가속화되어서 교회 자체의 약화가 두드러지기 때문이다. 융이 "프로테스탄트교회의 발전사는 계속적인 우상파괴다. 교회의 벽은 하나하나 허물어졌던 것이다. ……프로테스탄트 신도는 바깥으로 밀려나 아무 보호도 받지 못하고, 떨 수밖에 없게 되었다."[2] 라고 말했던 것은 그

---

1) 오순절 교회에서는 방언을 강조하면서 신비체험을 하기도 하지만, 가톨릭교회의 신비체험과는 성격이 많이 다르다.

2) Jung CG(1971) : Les Racines de la conscience, Buchet/Chastel, Paris, p25. cf. "자연 과학의 엄청난 발전은 우선 심혼의 왕관을 성급하게 벗겨 버리고 마찬가지로 깊은 생

때문이다. 개혁자들이 인간의 정신이 궁극적으로 나아갈 길을 제시하였지만 너무 성급했다는 것이다.

중세의 연금술사는 '위에 있는 하늘sky above'과 '아래 있는 하늘sky below'이라는 말을 했다.[3] 위에 있는 하늘은 인간의 무의식 가운데서 영적인 영역, 아래 있는 하늘은 본능의 미분화된 영역을 가리키는데, 인간의 삶은 영적인 것이 미분화된 본능과 뒤섞이지 않고 그 둘을 통합할 때, 좀 더 높은 경지로 나아갈 수 있다는 것이다. 신비가가 신비체험을 하기 전 그들을 괴롭혔던 것은 두 하늘이 통합되지 않았을 때 오는 갈등이었다. 두 하늘이 태극 문양처럼 어느 한 원리가 그치는 곳에서 다른 원리가 시작되고, 그것이 그치는 곳에서 또 다른 원리가 뒤섞이지 않고 시작되면서 우리 삶은 조화와 균형을 이룰 수 있기 때문이다. 우리가 그렇게 되려면 그 둘을 통합한 무극을 체험해야 하며, 신비가들은 그것을 체험한 사람들이다. 그래서 진정한 신비가는 그 앞에서 인간적인 것의 무성無性을 절감하였다. 그러나 잘못된 신비가는 그에게 다가온 고통을 극복하는 과정에서 잠시 '하늘'을 경험하기는 했지만, 두 하늘을 온전히 통합하지 못하여 미숙한 모습을 드러내고 말았던 사람들이다. 그들은 무극을 멀리서 그 끝자락만 본 채, 영적인 것보다 본능적인 것을 향하여 나아갔기 때문에 시간이 지나면서 본래의 모습

각 없이 물질의 신격화로 인도했다." Jung CG(2002) : 《원형과 무의식》, p234.

3) cf. Jung CG(2004) : 《인격과 전이》, p198.

이 드러나 신뢰를 잃었던 것이다. 그러나 올바른 신비가는 그렇지 않았다. 그는 인간 내면에 있는 신-인god-man에서 떠나지 않았고, 그것을 실현시키려고 해서, 무의식 속에서만 그 흔적을 느꼈던 많은 사람들에게 커다란 반향을 불러일으켰고, 그들을 새로운 길로 안내할 수 있었다.

하나님이 알 수 없는 분이듯이, 인간의 깊이도 다 알 수 없다. 하지만 인간은 동굴에 벽화를 그렸던 시절부터 하나님을 찾았고, 주어진 상황에서 조화와 균형을 이루며 살고, 갈등적인 상황을 초월하려고 해 왔다. 신비의 길로 나아가려고 했던 것이다. 이제 의식화가 많이 진행된 현대 사회에서 초월을 향한 인간의 여정은 어떻게 전개될 것인가? 신비주의가 인류가 더 큰 정신성을 이루고, 내면에 있는 전체성을 실현시키려는 태초의 발달과정이었다. 신비주의는 앞으로도 인류가 여태까지와 또 다른 더 큰 통합을 향해서 나아가게 할 것이다. 인류가 앞으로 어떻게, 또 어떤 모습으로 거기 도달하게 될지 아무도 알지 못한다. 인류는 여태까지 그래왔듯이 선인들이 나아갔던 길을 따라서 나아갈 수 있을 뿐이다. 그러나 우리가 성실한 태도로 우리에게 다가오는 고통을 피하지 않고 견디며 나아가고, 궁극적인 경지를 향한 동경을 포기하지 않고 추구한다면 그 경지는 불현듯 다가올지도 모른다. 하나님은 우리 안에서 언제나 스스로를 드러내려고 하는 분이기 때문이다.

찾아보기

인명

거웨인 167
공달, M. 223, 228, 249
귀용 165, 172
그레고리우스 337

데카르트, R. 170
드 렌티 333, 351
들라크르와, A. 86, 231, 237, 238, 240, 250, 257, 301, 306, 322, 332

라 콩브 208, 233, 295
라드리에르, J. 60
레그널 167
레비-브륄, L. 39, 62
로우, W. 351

마르틴 루터 98, 388
마르틴 부버 16
맹트농 212
멜랑, M. 180, 182
몰리노스 172, 212

바울 78
번연, J. 179, 359
베륄, P. 171, 172, 384
베르고트, A 306
베르그송, H. 92, 181, 319, 322, 334, 338
베르나르 드 클레르보도 185
베어 334
보나벤투라 92
보쉬에, J. B. 215, 233, 304, 308
뵐러, p. 355, 356
부버 44
부아, H. 82

상탈 199
성 프란체스코 7, 78, 91, 101, 137, 157
성 프랑수아 드 살 199
소피 합키 353
수소, H. 384
스타인, M. 34

아들러, A. 20
아리스토텔레스 53
어거스틴 78, 330
언더힐, E. 174, 177, 187, 332, 340, 341, 344
에딘저, E. 308, 309, 312
에로스 20, 273
에크하르트, M. 183, 384
엘리아데, M. 183, 191
오리게네스 53, 337
오토, R. 301

요나 187
울라노프, A 313, 314
웨슬리, J 7, 8, 330, 346, 365, 388
위니컷, D 31
윌리엄 제임스 79, 84
윔베르, E. 27, 43, 65, 223, 307
융, C. G. 5, 16, 27, 28, 35, 38, 124, 126, 280, 284, 285, 307, 331

자네, P. 306
잔느-마리 드 귀용 164, 170, 194
장 라드리에르 147
제임스, W. 192, 266
진젠도르프, W. 263

첼라노, T. 91, 117

칼뱅, J. 359, 388
키네르, H. 34

터너, V. 180
터드, J. 350
터툴리안 53
테이야르 드 샤르댕 387
테일러, J. 348
토마스 아 켐피스 333, 348
틸리히, P. 59

파울리 41
페늘롱, F. 213, 333
페로, E. 296
프란체스코 98
프로이트, S. 19, 306
플라톤 53, 335
플로티누스 335, 336

호만스, P. 37

내용

가입의례 191
가치 55
가톨릭 170
갈등 196
감각 55, 245
___적인 것 182
___적인 세계 174
감리교 283
감정 55, 245, 296, 301, 304
개성화 35, 44
_____ 과정 269
개인무의식 38
___적 속성 228, 248, 249, 252, 266, 279, 311, 313
객관적 정신 38
거룩한 영역 33
검은 태양 129
결혼 179, 183
___의 상징 183
겸손 112, 364
계몽주의 67, 387
고난 192, 194
고양 180, 237
고통 7
고행 137, 276, 341
공포 303
공허감 271
관상 34, 241, 246, 265, 338

____기도 177
____상태 238
교만 197, 198, 202, 250, 255, 279
교의 300, 304
구속 228, 283, 294
구원 142, 284, 293, 331, 372
권력 20
그림자 42, 56, 81, 335
금식 285
금욕 137, 141, 276, 341
____수행 137
급격형 84
______ 회심 84
기도 102, 175, 285
깨달음 81, 174, 288, 341

남성 원리 278
____성 269
내적 기도 172, 177, 199, 245
____ 불꽃 337, 364
____ 조절자 66
____ 중심 271
____인 법칙 82
____인 소통 295
____인 신앙생활 245
내향적 54
______ 태도 54
누멘 36, 58, 165, 265, 303, 304
____체험 36

단순성 113
대극 8, 99, 239, 240, 285
____의 역전 157, 307
대상 54
도그마 26, 36
등가의 원리 125

로고스 20
리비도 47, 124
______의 운동 50

마녀 212, 306
망상 306
매력 180
매저키즘 306, 307
매혹적인 신비 302
명상 285
모라비언교도 357
모성 154, 241, 270
____ 결핍 31
____ 콤플렉스 347
목적론 271
목표지향적 사고 61
무능 175
무사성 208, 217, 221, 248, 253, 254, 279, 293, 320
무서운 어머니 151
무성 254, 310, 390
부시무시한 신비 302
무아 137
무의식 5, 25, 27, 29, 33, 294
묵상 246, 301
____독서 246
문명 149
미트라스 종교 143
민담 331

바스티유 195, 218, 280, 320
밤 바다의 항해 287
변환 62, 79, 80, 208, 284
보상 43
보편적인 상 40
본능적 충동 330, 331, 333
본성에 의한 기능 55

부모의 이미지 51
부성 콤플렉스 273, 276
분석심리학 34, 165, 269
분열 상태 79
불꽃 179
비합리적 기능 55

사고 55
사도성 241
____적인 삶 88
상상적 사고 61
상징 6, 19, 58, 59, 147
____체계 142
새로운 삶 88
______ 자아 192
______ 존재 187
______ 중심 192, 279, 283
______ 탄생 274
생명에너지 47
____의 약동 92, 319, 338
____의 흐름 92
선행 은총 366, 368
성령 95, 228, 248
성욕 48
성육신 37, 225, 319
____화 319
성자성 88, 175, 212, 266, 292
____의 신비주의 305
성화 309, 360, 372
성흔 92, 306
세계관 16, 94
____의 혼 284
세속주의 67
수동성 231
____적 정화 254, 343
순례 179, 278
____의 상징 179
순명 112, 113
순수한 믿음 172, 264
______ 사랑 172, 264, 364
시민의식 95
신경증 23, 66, 83
신비 44, 121
____가 5, 292
____경 224
____의 길 201, 341, 388
____적 융합 62
____적 인식 240
____적 죽음 194, 204, 217, 233, 254, 266, 275, 283, 285, 310, 343
____적 직관 239
____적 합일 295, 332
____주의 5, 173, 269, 332, 334
____체험 6, 169, 171, 174, 192, 209, 244
____현상 173, 223, 306
신생 371
신성 34, 218, 319
____력 33
____클럽 350
____혼 183
신의 부재 88, 343
____ 이미지 6
____ 현존 87, 88, 344
신적 부재 343
____ 실재 79, 173, 294, 300, 302, 303
____ 인간성 173, 182, 265, 266, 294, 319
____ 합일 239
____ 현존 343
신조 58
신학 165
신화 24, 151, 330, 331, 345

신화소 39
실존적 위기 84, 85
실천의 길 389
심리학적 유형 54
_______ 유형론 56
심층심리학자 46

아니마 42, 81
아니무스 42, 81
야망 139
어두운 밤 87, 179
에난시오드로미 343
에로스 273
엑스타시 86, 231, 304, 388
_______ 체험 83
엔트로피의 원리 48, 49, 125, 126
여성성 270, 271
연금술 6, 283, 284
열등기능 56
열정 174
영 283, 294
영감 264
영분별의 은사 236
영성 94
____수련 150
영약 283
영웅 41, 152, 331
____ 신화 269
영적 결혼 345
____ 순례 182
영지주의 6, 23
영혼 51, 183, 335, 336
____의 불꽃 337
____의 상실 143
____의 어두운 밤 174, 175, 190, 204, 257, 274, 343
예수 그리스도 72
옛 자아 192
외적인 신앙생활 245
____적 태도 54
욕망 47, 174
우울 271
____증 50, 66, 235, 274
원죄 331, 367
원형 7, 22, 40, 41, 42
____상 41
____적 사건 331
위기형 84
_____ 회심자 84
유아상태 309
융 심리학 31
융합 9
은사 87
의식 29, 42, 80
____화 8
의지 47, 219
____의 소멸 252, 253
____형 84
____형 회심자 84
이도스 40
이성의 작용 55
이신칭의 356
일방성 157
일자 336
일치의 기도 178
입문식 90, 182, 191
잉여 리비도 147, 148

자기 23, 38, 42, 43, 44, 165, 269, 279, 281, 282
자기 원형 282
____-관찰 210
____-몰두 310
____-소외 307

___-중심적 283
___-포기 85, 364
___성 341, 343
___애 202, 251, 252, 258, 279, 306, 307
___의 상징 44
___중심성 210
자동성 230
자동필사 223, 229
자아 42, 169, 186, 219, 279
___ 소멸 253
___-소외 312
___-의식 18
___-자기 71
___-자기의 축 32
___-중심적 283, 310
___-팽창 307, 309
___-팽창 42, 307
___의식 253
자연적 충동 141, 146, 149
자의식 302
재중심화 182
적그리스도 96
적극적 상상 22, 29
적응 50
전율 303
전이 296
전일성 23
전체 정신 270
___성 34, 35, 63, 282
전형 131
점진형 84
______ 회심 84
정감 47, 222
정동 41, 222, 277, 304
___체험 26, 83
정신병리 306
___분석학 26
___분열병 53
___성 142, 330, 331
___에너지 47, 48, 125, 127, 176, 274, 281
___역동 294
___의 발달 237, 269, 340
___의 중심 269
___이상 118
___적 감응 296
___적 기능 55
___적 발달 333
___적 충동 141
___적 태도 54
___치료 294
정욕 112
정적의 기도 177
___주의 171, 333, 360
___주의자 212
정체 50, 143, 275
정화 174, 175, 204, 279, 341
제의 137
조명 174, 175, 291, 342
종교 58, 141
___상징 32, 33, 61, 66
___심리학 83
___체험 8, 34, 164
죄 346
_성 175, 255, 331
_의식 35, 196, 247
주체 54
죽음 223
___과 재생 179, 187
___과 재생의 상징 187
___의 상징 188
중독증 66
중심화 282

지남력 288
지적 직관 237, 357
직관 55, 387
집단의식 135
___적 관념 39
___적 무의식 6, 31, 38, 131

창조적 환상 134
청빈 112, 137
초감각적인 세계 174
초연 209, 221, 253, 279
초월적 기능 63
_____ 실재 342
_____ 의식 341
충동 48
치유 43
침묵의 소통 296, 297
칭의 360, 361, 369

칼뱅파 209
콤플렉스 46, 90, 331
쾌락 112

타자 29
탈혼 231
통과의례 137
통합 81
___체험 33
퇴행 50, 62, 126, 127, 143
투사 26, 44, 284
투쟁 194

평형의 원리 48
피조물적 감정 302

하나님 17, 165
_____과 합일 175
_____의 부재 175, 204, 207
_____의 이미지 17, 18, 44, 300, 301
_____의 현존 200, 207
합리적 기능 55
합일 174, 178, 224, 235, 304, 341, 357
___체험 339
해방 86, 152
행동유형 40
허영 139, 200, 202, 255
헌신 180
현자의 돌 292
환상 40, 275
환시 101, 121, 134
황홀경 183
회심 42, 99, 101, 200, 212, 330, 341
___체험 78, 81, 83, 84, 89, 91, 124, 171, 330
회임 124
후기 융 학파 56
희생 152
___제의 143, 151, 196
히스테리 53

저자 소개

저자 **김성민**은 고려대학교와 감리신학대학 대학원을 졸업하였고, 프랑스 스트라스부르 II 대학교에서 박사학위를 받았다(Dr. en Theol). 현재 협성대학교 교수이며, 미국 뉴욕의 College of Pastoral Supervision and Psychotherapy와 한국융연구원에서 임상훈련을 받았고, 국제분석심리학회(I.A.A.P.) 정회원으로 C. G. 융학파 국제분석가다.

저서로는 《융의 심리학과 종교》(동명사), 《분석심리학과 기독교》(학지사), 《종교체험》(동명사), 《생명과 치유, 그리고 그리스도》 등이 있고, 역서로는 《C. G. 융의 생애와 사상》(C. G. 융), 《융의 심리학과 기독교 영성》(E. 반 드 빙켈), 《종교체험의 여러 모습들》(W. 제임스), 《인간의 욕망과 기독교 복음》(F. 돌토), 《죄의식과 욕망》(A. 베르고트) 등이 있다.

분석 또는 연락을 위한 E-mail 주소는 souyou67@uhs.ac.kr이다.

한국융연구원 연구총서 1

분석심리학과 기독교 신비주의

2012년 2월 20일 1판 1쇄 발행
2012년 7월 25일 1판 2쇄 발행

지은이 | 김성민
펴낸이 | 김진환
펴낸곳 | (주) 학지사

주 소 | 121-837 서울시 마포구 서교동 352-29 마인드월드빌딩 5층
등록번호 | 제313-2006-000265호
홈페이지 | http://www.hakjisa.co.kr
커뮤니티 | http://cafe.naver.com/hakjisa

ISBN 978-89-6330-823-4 93180

정가 15,000원